建築学テキスト

ARCHITECTURAL TEXT

Environmental Technology and Design in Architecture

建築環境工学

環境のとらえ方とつくり方を学ぶ

堀越哲美　藏澄美仁
Horikoshi Tetsumi　Kurazumi Yoshihito

石井　仁　長野和雄
Ishii Jin　Nagano Kazuo

宇野勇治　橋本　剛
Uno Yuji　Hashimoto Tsuyoshi

垣鍔　直　山岸明浩
Kakitsuba Naoshi　Yamagishi Akihiro

兼子朋也　渡邊慎一
Kaneko Tomoya　Watanabe Shinichi

学芸出版社

シリーズ刊行の趣旨

　「建築学」は自然との共生を前提としたうえで，将来にわたって存続可能な建築物を設計するための指針を与えるものだと考える．また言うまでもなく，建築物は人間のためのものであり，人間は〈自然〉のなかで生きる動物であるとともに，自らが作りだす〈社会〉のなかで生きる動物でもある．このような観点から，現時点で「建築学」を〈自然〉・〈人間〉・〈社会〉の視点からとらえ直し，その構成を考えることは意義があると考える．

　以上のような考えに立って「建築学」の構成をとらえ直すにあたり，従来行なわれてきた〈計画系〉と〈構造系〉という枠組みで「建築学」をとらえることをやめる．そして，建築物を利用する主体である〈人間〉を中心に据え，建築物や人間がそのなかにある〈自然〉および人間が生きていくなかで必然として生みだし，否応なく建築物や人間に影響を及ぼす〈社会〉を考える．

　そこで，「建築学」を構成する科目を大きく〈人間系〉・〈自然系〉・〈社会系〉の枠組みでとらえるとともに，〈導入〉や〈総合〉を目的とした科目を設定する．さらに，「建築学」はよりよい建築物の設計法を学ぶことを目的とするとの考えから，これまで「建築計画学」における「各論」でまとめて扱われることが多かった各種建築物の設計法を，建築物の種別ごとに独立させることによってその内容を充実させた．

　なお，初学者が設計法を身につける際には，その理解のための「叩き台」となるものを示すことが有効であると考えた．そこで，各種建築物の設計法に関するテキストには実在する建築物の企画段階から完成に至るまでの設計過程を示すことにした．さらに，学習の便を図るとともに，正しい知識を身につけるための関連事項や実例を充実させることにも留意した．

〈建築学テキスト〉編集委員会

まえがき

　地球規模の温暖化や都市の暑熱化が顕在化してきたことが認識され、くらしの中での環境配慮が求められている現在である。建築環境工学の分野は、建築学が明治期の日本で進展していく頃には、つくられた建築の安全性や健康性ひいては住み心地の良さをどのように創造するかという点で建築設計の理論ともいうべきものを求めたものへの知識の集成であったと考えられる。それと同時に、医学・衛生学的な発想から、室内の汚れた空気が疾病の原因になることを回避し、清潔な働く場や住まいを実現することが求められ、これが造家衛生や市区改正へとつながった。ここにおいて森林太郎（鴎外）の果たした役割は大きい。ある意味で、当時の建築環境工学は衛生的環境の保持のための建築設計法と建築の衛生環境の維持改善法をめざしていた。大正期にはいると、建築家や建築学者が衛生学の知識に基づき、そして佐野利器がいう科学立国を国是としてゆくという風潮も手伝って、建築を科学的に設計する方策を求めた。昭和へと進展する中、衛生学は細菌学へと舵を切り、建築の衛生的科学的問題は建築家と建築学者の手にゆだねられた。建築環境工学は、建築設計の基本事項あるいは建築計画原論として建築計画学の中枢をなすものであった。当時、暖房や照明は、まだ機械工学、電気工学の花形であった。

　第2次世界大戦後、建築環境工学は進展を続け、高度経済成長と共に環境調節装置としての建築設備の需要増と共に、機械や電気の分野での多角化や変化にともなって、室内環境の調節については総合的に取り扱うような傾向が出てきた。昭和38年には、日本建築学会で建築計画委員会が計画原論と設備を主体とする環境工学と建築各論を主体とする建築計画の2つの部門に分離した。前者の範囲はその後の進展にともなって室内と建築周辺の環境を調節する方法と設備についての分野として確立してきた。

　しかし、建築環境工学の分野は、決して建築設計と分離したわけではなく、健康で快適な建築を設計するための理論とその手法を取り扱う分野である。そのアプローチとして物理的な事項と健康科学（衛生学）的な事項を主に取り扱う学問分野といって良いであろう。そのながれの中で、安全のもとで健康さや快適さは、人間自身を知ることが必要であり、どう人間が建築を感じているかが重要であることが認識されてきた。その意味で環境の生理や心理を扱いながら、建築の環境を設計することがひとつの役割でもある。さらに、近年は建築が集合した都市にも建築の取り扱う範囲が広がり、都市気候から緑や水辺そして風の道などを考える都市の環境学も重要な位置と占めるようになったと考えられる。

　このような背景の中、本書は建築設計の基礎理論となるような基本的事項を取り扱い、環境要素である熱・音・光・空気・色・水などの物理的な側面が建築を創り維持していくために必要な知識を理解しやすいようにすると共に、そこで生活する人間が健康さや快適さを得られるようにする方策を学べるように配慮した。そこでは生理学的衛生学的な知識と共に、心理学的な事項も、建築設計へ向けたものとして説明するように心がけた。また本書の大きな特色として、建築環境デザインとしての要素を取り入れ、建築のみに限らず外部環境や都市の環境計画を積極的に取り扱っている。今後の建築分野だけでなく、都市や社会において、「環境」が益々必要になる時代を見据えて、読者の方々が新しい分野への展開をはかれる期待を込めている。

　本書を執筆するについては、愛知産業大学の武田雄二教授のお薦めと励ましにより実現したものであり、実際の企画と執筆場面では、株式会社学芸出版社の吉田隆氏、知念靖広氏の両氏には、大変ご迷惑をおかけしつつも、ご助力と激励を頂き完成するに至りました。三氏をはじめ執筆に際しお手伝いいただいた方々皆様に、心より感謝申し上げる次第であり、記して深謝の意を表します。

　最後に、本書は先行する研究、書物から様々な事柄について多く参考にさせていただきました。末筆ながら、ここに深謝の意を表します。

堀越哲美

目次

まえがき 3

1 自然環境と建築デザイン ……………………………………………… 8
- 1・1 気候風土と建築のデザイン 8
- 1・2 自然環境と人工環境の違いとは 9
- 1・3 自然条件としての気候・地形・植生を考える 10
- 1・4 建築デザインにおける環境調節の考え方 11
- 1・5 室内環境の実現目標を考える 12

2 人間と環境の関わり ……………………………………………… 13
- 2・1 温熱環境と人間 13
  人間に影響する温熱環境要素とは／人体熱収支と体温調節のしくみ／温熱環境指標とは
- 2・2 空気質と人間 22
  人間に必要な空気の条件／空気汚染質とその人間への影響／空気環境の守るべき基準／必要な換気量とは
- 2・3 視環境と人間 24
  人間の眼の働き／測光量と視感度／見やすく快適な明るさ／まぶしさの防止
- 2・4 音環境と人間 26
  人間の耳と音／人間の音の聞こえ／音の大きさの表し方／音のレベル表現／騒音をどのように評価するか
- 2・5 環境要素の複合影響 28
  複合要素の影響パターン／感覚・知覚に及ぼす複合影響／環境の総合評価と定量化

3 光の調節と採光計画 ……………………………………………… 32
- 3・1 太陽の運行と日照の状況 32
- 3・2 日照とそれによってできる建物の日影 33
- 3・3 建築への日照（日当たり）の調整方法 38
- 3・4 光源としての昼光 42
- 3・5 昼光照明と採光の手法 43
- 3・6 熱エネルギーとしての日射 45

4 熱・湿気の調節と室内気候計画 ……………………………………………… 47
- 4・1 熱と湿気の移動メカニズム 47
  熱伝導／対流熱伝達／熱放射／熱貫流／湿気の移動
- 4・2 建築の熱負荷 49
- 4・3 断熱の計画と冷暖房の軽減 49
- 4・4 省エネルギーの計画 50
  エネルギー消費量の抑制／エネルギー使用効率の向上／新エネルギーの利用
- 4・5 建築物の熱容量と室温変動 51
  熱容量／室温変動

- **4·6 暑さ寒さと室内気候計画** 52
  人間にとって快適な温熱条件は／熱の移動と快適／暖かさと快適／涼しさと快適／環境の捉え方と快適
- **4·7 結露の実態とその防止計画** 55
  結露の発生メカニズム／結露防止対策
- **4·8 自然エネルギーを冷暖房に利用** 57
  太陽熱／風力／地中熱／水分蒸発

5 空気の制御と通風換気計画 ... 58
- **5·1 空気の流れのメカニズム** 58
- **5·2 温度差・風力を利用した自然換気とは** 58
- **5·3 送風機などによる強制換気とは** 60
- **5·4 建築の気密性と換気計画** 61
- **5·5 通風を計画する** 62

6 照明と色彩の視環境計画 ... 65
- **6·1 人工光源の特性** 65
- **6·2 人工照明を計画する** 66
  照明光源／人工照明の所用照度と諸要素の影響
- **6·3 色をどう表すか** 68
  マンセル表色系／CIE 表色系
- **6·4 色彩調和の理論を考える** 70
- **6·5 色彩の心理と色彩調節の方法** 70
  色彩の物理的感覚／色彩調節

7 環境の心理学 ... 72
- **7·1 感覚量の定量化** 72
- **7·2 物理量と感覚量の関係** 72
  ウェーバー・ヘヒナーの法則／スチーブンスの法則
- **7·3 視環境の心理** 73
  窓と開放感／まちなみの印象把握
- **7·4 温熱環境** 75
  温熱環境の快適性／快適さの尺度／多様な心理状態の表現

8 音の調節と室内音響計画 ... 78
- **8·1 騒音の測定方法とその評価** 78
- **8·2 騒音の防止を計画する** 79
  壁体の透過損失／屋外から室内への騒音伝搬／壁の遮音性能
- **8·3 振動の性質とその防止** 81
  振動の伝搬／振動の防止
- **8·4 音場と残響のメカニズム** 82
  残響時間／その他の指標
- **8·5 室内の音響環境を計画する** 84
- **8·6 オーディトリアムのデザイン** 84

9 建築環境の計画 ……… 86

- **9・1** 建築平面と環境 86
  平面図で考える「風の道」／断面図で考える「風の道」／植栽計画／居心地のよい建築
- **9・2** 建築環境と構法材料 88
  日本の森林と木材／熱環境と材料／伝統的構法と建築環境
- **9・3** 室内空間と環境 90
- **9・4** 緩衝空間の計画 92

10 建築の外部環境計画 ……… 94

- **10・1** 風環境を制御し計画する 94
- **10・2** 建物緑化を進める方策 94
- **10・3** 敷地と隣棟間隔を計画する 95
- **10・4** 建物の色彩を計画する 96
- **10・5** 街路の環境を考える 97
- **10・6** 建築環境と景観 98

11 都市環境の計画 ……… 100

- **11・1** 都市の気候を考える 100
  都市のヒートアイランド／ヒートアイランドの緩和／大気汚染の防止／都市の「風の道」をデザインする
- **11・2** 都市の緑地が果たす役割 104
  緑地の効果／緑地の気候緩和効果／都市における緑化のタイプとその機能／緑と屋外空間
- **11・3** 都市の中の風と日照 107
- **11・4** 都市の水辺と親水性 108
- **11・5** 都市の騒音・振動を防ぐ 110
- **11・6** 都市と気候景観 112

12 人間のための建築・都市の環境デザイン ……… 114

- **12・1** 伝統建築から学ぶ 114
  伝統的住宅の環境調整手法／伝統的住宅に見られる防寒手法／民家の室内外気候／町家の室内外気候／
  伝統民家の開口部と気候／伝統を現代につなげる
- **12・2** パッシブデザインの原理 116
  パッシブデザインとアクティブデザイン／パッシブクーリング／パッシブヒーティング／昼光利用／計画上の注意
- **12・3** 自然の潜在力を使って建築をデザインする 118
  身近な場所からの発想／自然の潜在力を活かした伝統的な技
- **12・4** 生態的(エコロジー)建築と都市へのデザイン 120
- **12・5** 高齢者や乳幼児への配慮 121
- **12・6** 環境のバリアフリーとユニバーサルデザイン 122
  バリアフリーとユニバーサルデザイン／バリアフリーと法令等／熱環境とユニバーサルデザイン

索引 125
執筆者略歴 128

※本文中の図版・写真は、特記なきものは担当執筆者によるものです。

建築環境工学

第1章 自然環境と建築デザイン

1・1 気候風土と建築のデザイン

　建築の歴史の中で、気候風土に根ざした建築が生まれ、それがやがて目を見張るような、人工化された技術でつくられる建築が生み出されてきた。古代においても、ピラミッドやプエブロボニータのような石を用いた幾何学的な構築物、古墳のような円形を持った自然には存在しないような、人間の知恵の中から生まれでてきたものが登場した。近代までは、これらは神の居場所であり、権力や富の象徴であった。

　庶民は、自分の身のまわりにある自然の中から素材や場所を見つけて、自らの工夫の中で、その地の気候風土に適合した住まいをつくっていたと考えられる（写真1・1・1）。集住化することで、自然との関わりが持てなくなるとともに、人工的な環境に適応した住まいをつくる様になってきた。

　農業と牧畜の社会からエネルギーを用いる産業段階へ進むことで、工業化社会を迎え素材を加工し、原料から製品をつくることができる様になり、建築もこのような新しい素材を手に入れて大きな変革がもたらされた。産業の進展段階との関連がある。この素材こそが、工業製品としての鉄とガラスとコンクリートである。これと同じくして、近代の都市が生まれ発展した。近代都市の特徴は、今までにない人口の集中と居住密度の高さであろう。近代建築の素材があったからこそ、高層から超高層までの建築が可能となった。

　しかし、多くの人々は、風土の中に生きていることも事実である。人間はサバンナに生まれたといわれている。サバンナから寒い地へと住まいの地を求めて移動してゆくとき、寒さへの適応をしていった。人間の適応には、自律性体温調節によるものと行動性体温調節によるものがある[1]。これらの移動に際しては、行動性体温調節が力を発揮した。すなわち、衣服をまとい、たき火で暖をとり、住居に住まうことである。これらは、近代的工業がない場合には、自

写真1・1・1　極北地域サーミの住まい（上）とデンマークの草葺きの民家（下）

写真1・1・2　ヴァナキュラー（風土）建築の例。韓国の藁葺き民家（上）、沖縄竹富島の住居と防風壁（下）

らの手で行えることに頼るしかない。また、ものをつくる素材は自然にある身のまわりのものになる。また、そこの気候風土に適応するものでないと、生命を守ることができない。そのことが、風土に適応した住まいをつくらせたのであり、それこそがその土地に見合う住まいであり、暮らし方なのである。この建築がヴァナキュラー（風土）建築である。この例を写真1・1・2に示す。

1・2 自然環境と人工環境の違いとは

　風土に根付いた建築をつくったとしても、暮らしの中で人々は快適さや便利さを追求していった。それが、室内環境の改善である。

　建物ができて日中は心地よく過ごせても、夜間には底冷えする環境では暮らしができない。そこで、人工的な環境調節が行われる様になる。その第一歩が火を焚くことで暖をとることではなかったであろうか。

　はじめは裸火がそのまま用いられるが、不完全燃焼などによりガス中毒などが出ることで、煙突や換気口を設けるようになった。また、燃焼部分を石などで覆い煙突につなげることで暖炉へ発展したと考えられる。韓国のオンドルは、かまどの燃焼が隣室に土を通して伝わったことから発展したといわれている[2]。機能をより展開させて形態的にも整っていったことが伺える。

　したがって、同じ地の風土建築は独特の類似性を持つことがある。

　一方、構造的な側面では、寒い地域では、外部からの冷たい空気の侵入と内部の熱の流出を防ぐため、厚い壁や気密性を求めた。地域によって産出する素材として、石や丸太が用いられた。いずれにしても開口を持たなくてもよいということで、組積造の建築としてつくられた。木材では蒸籠づくりやログハウスのような木材を組み立てるのではなく、積み上げてつくるものである。これらの例を写真1・2・1に示す。

　暑く高湿な地域においては、室内環境は風を通す以外に涼しさを感じない。そのために大きな開口部が設けられることになる。通風の促進である。ジャワのトラジャ族の住居では、横に風が抜けるだけでなく、上方に暖かい空気が上昇する様に、屋根型が考えられている。

　これが、近代になることで、冷房装置の導入につながる。もっとも、冷房を含む空気調和は、印刷工業や繊維工業において製品保護のために開発されたものであり、オフィスや住居への導入は遅れる。湿気がたまらないようにするためにも高床式が用いられた。これらの例を写真1・2・2に示す。

　暑く乾燥するところでは、日射の遮蔽や厚い壁をつくる

写真1・2・1　組積造の風土住宅の事例。木造組積造の建築例（上）、石造り民家の事例（下）

写真1・2・2　高床式の倉庫の例：沖縄

ことで、外部からの熱を遮断することが行われてきた。白い住宅カサブランカは、日射を反射する装置でもある。中東地域では中庭の形成が行われ、池や噴水が設けられ、蒸発冷却による効果を利用している。また、風の塔から風を取り入れ、地下や水面を介してより涼しい空気の導入の試みが見られる。

これらの自然素材によりつくられた住居から、工夫された風土建築へと変遷し近代を迎える。近代ではエネルギーを自由に操れる様になり、環境条件としての様々な物理量が制御可能となってきた。そのことは、同じ形の同じ素材でできた建築がどこにでも建てられ使われる様になることを意味している。暑熱の砂漠も、寒冷の極地でも空気調和設備により快適な室内気候が形成される。

暗く寝るしかない夜間が、照明設備によって24時間の不夜城が実現することになる。給排水設備は清潔な空間を確保する。そしてこれはすべてが人工的な機械力・電気力による解決であった。それゆえに、自然の素材や気候風土の力を借りずに、むしろそれに対して自由にコントロールができるとさえ思えた。

しかし、これは化石燃料の莫大な消費の下に保証されるものであり、地球の温暖化や資源の枯渇というような現代的課題に直面することになる。

自然的環境は、あくまでも自然の中にある素材を用い、自然の持つ潜在力を利用して環境を調整あるいは快適な環境をつくり出す。しかし、人工環境は、エネルギーを用いることで、人間にとって都合のよいように、自然や人間では発揮できない力を用いることや時空間を超えた環境のコントロールを行う。前者は自然の生態系サイクルの処理範囲内に収まることが前提である。後者は、自然のサイクルに関してはその中に乗り切らない部分や、量的にまかないきれずに廃棄物や廃熱等として蓄積するおそれが大きい。このことが両者の大きな違いである。

本来的には、人工物や人工的な振る舞いは、生態系とは別の人工的な循環システムを確立させて、廃棄物、廃エネルギーなどの蓄積を避ける方策が必要である。

1・3 自然条件としての気候・地形・植生を考える

自然条件として、建築が考慮する必要のある条件として、風土を形成する気候、地形、植生を考えることが重要である。これらの3条件は密接な関係があり、本来は切り離して考えるべきではないが、ここでは環境を学ぶ上での事項として、それぞれを取り扱いたい。

気候は、その土地における動的な大気現象としての気象の平均的な姿である。1年を通した季節的変化や1日の変動、そして各時期における特色が現れる。大きくは太陽からの日射がこれらの変化の最も大きい要因である。1日の太陽の運行と年変化が気候を演出しているといっても過言ではない。気温の変化、そして空気の加熱・冷却によって起こる大気の循環と風、それはまた水の循環をも促している。これが大気状態では降水や湿度として現れる。

土地が異なることで、寒暑、乾湿、多雨寡雨、積雪、晴曇などが異なり、そこの風土を形成している。また、山岳地帯では、高度が高いことで気温と気圧が低下し独特の気候を呈している。これらによって気候区分を考えると、建築の計画にとって大変に便利である。

日本では暖かさの指数による4分類の気候区分が考えられる[3]。北海道を主とする亜寒帯気候区、本州北部と中部山岳地域にわたる冷温帯気候区、本州西部を中心とした温帯気候区、南西諸島から沖縄に至る亜熱帯気候区。これらは植生と関連している。気候区分図を建築的立場から作成したものを図1・3・1に示す[4]。

地形は、様々な影響を生活に与える。平野部では洪積台地と沖積平野が広がり、山岳地では水流により開析された谷ができ、その状態によって地形の複雑さが異なる。洪積台地では、地盤的には安定し建築には一般的には適しているが、水を得ることが難しい場合もある。沖積平野は、平らであり都市が発達しやすいが、地盤の問題や水害のおそれなどが指摘される。三角州と扇状地ではまた性格が異なり、土地利用も大きく異なる。山岳地では、谷部の地形による洪水のおそれや日照の多少が立地に影響する。山地があることで、平野部では山地から吹き下ろす風である「お

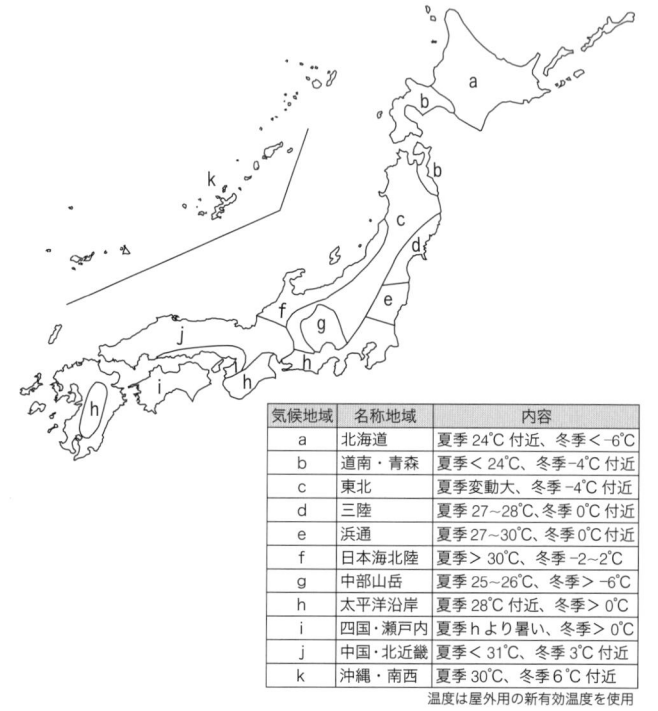

気候地域	名称地域	内容
a	北海道	夏季24℃付近、冬季<-6℃
b	道南・青森	夏季<24℃、冬季-4℃付近
c	東北	夏季変動大、冬季-4℃付近
d	三陸	夏季27~28℃、冬季0℃付近
e	浜通	夏季27~30℃、冬季0℃付近
f	日本海北陸	夏季>30℃、冬季-2~2℃
g	中部山岳	夏季25~26℃、冬季>-6℃
h	太平洋沿岸	夏季28℃付近、冬季>0℃
i	四国・瀬戸内	夏季hより暑い、冬季>0℃
j	中国・北近畿	夏季<31℃、冬季3℃付近
k	沖縄・南西	夏季30℃、冬季6℃付近

温度は屋外用の新有効温度を使用

図1・3・1 屋外用新有効温度ET*を用いた日本の気候区分

ろし（嵐）」の影響を受けることが多い。季節によって卓越するので卓越風、季節風と呼ばれるが、地域により吹く風という意味で地域風や局地風とも呼ばれる。地域風（季節風）として認識されるものはこのおろしが多い。強い風として清川だし、広戸風、やまじ風が有名である[5]。風対策として住宅周囲に防風垣や屋敷林が設けられることが多い。

植生的には、気候区分に植生が対応するといわれている。ケッペンの気候区分はほぼ植生と一致する。世界的なケッペンの気候区分では温帯多雨気候と亜寒帯気候である。山中[6]によれば亜寒帯に一致する植生は北海道と東北の山岳地域で、エゾマツ・トドマツの亜寒帯林（針葉樹林帯）である。東北地方ではオオシラビソとなる。東北地方から中部地方そして九州北中部地方ぐらいまでが、冷温帯林（温帯落葉樹林帯）である。これはブナに代表される森林帯である。東北南部の太平洋側から九州南部までが、暖温帯林であり、別名照葉樹林帯とも呼ばれる。代表的植生としては、クスノキ、タブ、ツバキなどである。日本の神社植生がこの照葉樹林として残っている。太平洋側と西日本一帯の潜在植生にもなっている。南西諸島から沖縄に分布している亜熱帯林としてヒルギ、ガジュマル、フクギなど独特の植生が見られる。これらの植生が、風土的建築の場合には地場の木材として利用されてきた。またこれらに付随する植生による様々な素材が用いられる。建材の地産地消を考えるとき、潜在的にある植生は重要である。

建築が立地する都市においては、自然的環境が失われていく。そこで緑の保全と育成が必要であり、これを水辺とつなげることで、健康で快適な居住環境を提供することができる。都市における環境的要素を図1・3・2に示す。

1・4 建築デザインにおける環境調節の考え方

建築において、環境調節を行うことは現代では必須である。それは、都市化が進み多くの建築が都市につくられることと、建築がたとえ田園地帯にあっても、そこの居住者は室内における環境の質を重視するからである。すなわち、夏涼しく冬暖かい、夜でも灯りがあり仕事や活動を休むことなく、静かで心地の良い環境を望んでいるからである。したがって、建築デザインを行うに際しては、このような心地よい環境を提供するような工夫をすることが求められるのである。

環境を調整することの意義をはじめから整理してみる。

人々が住まいに住み、オフィスや工場で働くとき、まず求められるのは安全である。そのためには、自然災害に見舞われないような敷地選択が必要である。そして、その地の気候風土を知り、周囲の地形や植生を十分に考慮に入れて敷地を定めるべきである。そこで初めて建築をつくることができる。その第一歩は、壊れない建物、人間にとって生命の危険や傷害のない安全な構造が求められる。その上で、機能や空間、環境が建築としての意味を持ち役割を果たせることとなる。

次のステップが、健康の確保である。これは建築環境工学の重要な役割の一つである。そこに暮らしたり、そこで働いたりする上で、疾病にかかったり、病弱であったりすることは問題であり、たとえ身体は何でもなくとも精神的に苦痛のある住まいは健康とはいえない。健康であるための環境を確保することが重要である。WHOでは、健康を次の様に定義している。

> 「健康とは、病気ではないとか病弱性ではないという肉体的にだけでなく、精神的にも、社会的にも「良い状態（福祉の状態）」にあることをいう」（小林の訳による）[7]

これは、単なる自らの満足ということではなく、社会の中でのコンセンサスを得た快適さを創造することにつながるとも考えられる。このことを実践するために、熱、空気、音、光、色、水という物理的な環境を整えるだけでなく、建築の衛生や環境の生理心理を学び、建築デザインに活かす必要がある。したがって、本書ではこれらのことを包含したものとして構成されている。建築環境工学はこれらのことを理解した上で学ぶことが望ましい。

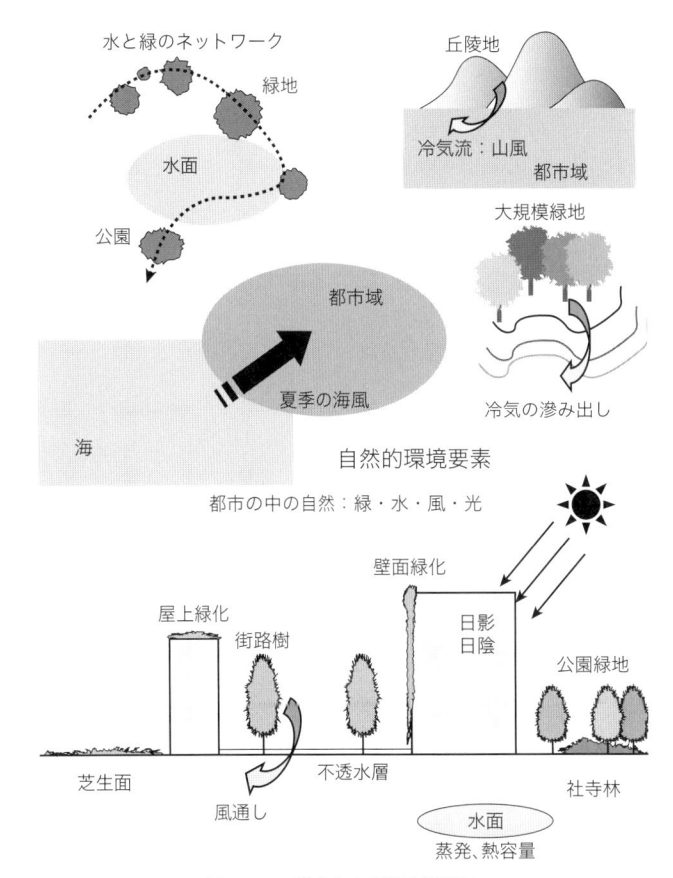

図1・3・2 都市の中の環境的要素

1・5 室内環境の実現目標を考える

室内環境はどのような状態にするのがよいであろうか？または、どのようにコントロールすべきなのであろうか？

住宅をつくる際には、「風通しと日当たりの良い家が望ましい」といわれたりする。これは、ある意味、的をいたものである。この例を写真1・5・1に示す。

風通しは、夏に室内で風を居住者が感じて涼しさを享受するだけでなく、室内の汚染された空気を外へ運び出す役割もある。換気の働きである。また、水蒸気の発生を速やかに戸外へ放出し、結露を防ぐ役割も考えられる。風を感じることは、ときには木々や花の香りを運び、暖かさと涼しさを持つ空気は季節を感じることにもなる。

日当たりは、日中だけであるが室内に明るさをもたらす。日差しの変化は1日の時間を表し、太陽の傾きは、季節をも表現する。冬の日差しは暖房にも増して暖かい心地よさを演出し、遮られた夏の日差しは日影をもたらす。冬の昼の日差しを床や壁に蓄えることで夜にもぬくもりが残る。障子を使えば、まぶしい光が柔らかい照明へと変化する。布団や洗濯物を干すことで、殺菌作用があり、ぬれたことから解放される。

このように、室内の環境が快適な条件として、適度な状況であることが室内環境の実現目標として意味を持つ。この状態を量的にあるいは可視化できる様に表現できれば、建築をデザインする際に直接的に使える。すなわち、機械的コントロールではなく、建築の平面／立面計画で開口部の位置決定や建具の素材選択、構造材・仕上げ材の決定、ひさしや軒の出のデザイン、建築方位、床下の計画、建築外部環境の外構植栽計画など様々な形や材料、機能の決定に関与することになる。さらに、室内をコントロールすることが容易になる。

ここでは、日当たりと風通しの2つの例を挙げたが、音や色のコントロール、水や湿気など多岐にわたることに対して、どのような状態にするかの条件を与えることで、実際的な建築形態と暮らしぶりが定まるのである。したがって、室内環境の実現目標を設計条件として決めることは重要である。藤井厚二[8]も標準となる状態を定めて、それに向かって設計することが必要なことを彼の著書「日本の住宅」の中で記述している。彼は、その条件として体感温度を挙げている。

機械設備によって人工的に室内環境をコントロールする場合の設定すべき条件は、自然的な環境や自然の潜在力を活かした方法である。日当たりや通風などに比べて厳密さを要求される。人工的な場合は自然がないだけに緩慢さや多様的なものではなく、制御対象が一つになるので、人間の冗長さが活かされない可能性があるからである。

さらに、内部環境は外部環境によって定まることも見逃せない。日射量や気温、風速、暗騒音、全天照度など、外部環境による目標を定めることも必要である。人間が室内外を出入りすることもある。その際、変化を体験し、「ショック」を感じることになるので、それをいかにして緩和するかも必要である。

近年はそれらを補うべく、ITの技術によるシミュレーションによる予測や居住者の心をも考える意味で環境心理的アプローチも行われてきた。これらの歴史的展開を図1・5・1に示す。

写真1・5・1 雁行型プランで、断面的には深いひさしが付けられた住宅（逗子湘汀園）。縁側を持ち、全面開口部となっていて、通風が期待される。深いひさしは夏の日ざしを防ぎ、冬の日射しを室内に取り入れる。

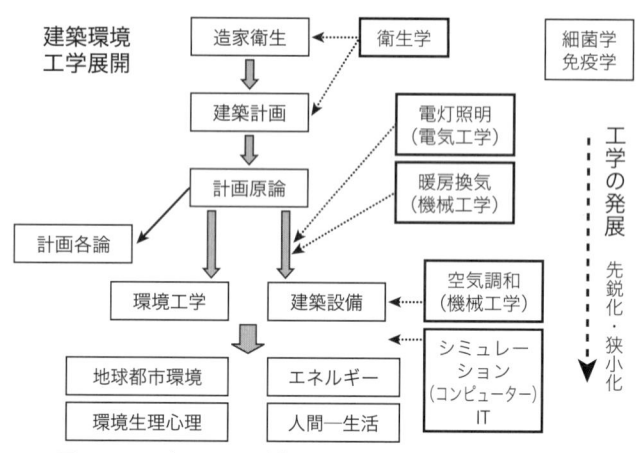

図1・5・1 日本における建築における環境調節技術の歴史的展開

参考文献
1・1 ～ 1・5
1) 本間研一・彼末一之編著『環境生理学』北海道大学出版会、2007
2) ㈳空気調和・衛生工学会『快適な温熱環境のメカニズム—豊かな生活空間をめざして—』㈳空気調和・衛生工学会、1997
3) 中村和郎・木村竜治・内嶋善兵衛『日本の自然5 日本の気候』岩波書店、1986
4) 後藤裕幸・堀越哲美「体感気候の分布及び変動に基づく日本の体感気候区分に関する研究」『日本建築学会大会学術講演梗概集』pp.865-866、1990）
5) 吉野正敏『世界の風・日本の風』成山堂、2008
6) 山中二男『日本の森林植生 補訂版』築地書館、1994
7) 小林陽太郎「健康の理念と健康生活を守る建築環境工学」『建築雑誌』昭和48年7月号、pp.739-742、1973）
8) 藤井厚二『日本の住宅』岩波書店、1928

第2章 人間と環境の関わり

2・1 温熱環境と人間

❶人間に影響する温熱環境要素とは

人間は体温をほぼ一定の状態に保つために、環境温度の変化に応じて人体からの産熱量や放熱量を調節している（図2・1・1）。この調節に関与する要因を温熱環境要素と呼んでいる。温熱環境要素には環境側と人体側の要素に分けられる。環境側の要素には気温や湿度、気流、熱放射がある。人体側の要素には年齢や体格、体型、皮下脂肪、性、体表面積、皮膚温、体力、身体活動、着衣、環境履歴など多くあるが、大きくは体表面積と皮膚温、身体活動、着衣にまとめることができる（図2・1・6参照）。宇宙や海底では、気圧や空気の組成が大きな意味を持ち、これらの考慮も必要となる。

その他の熱の移動現象としては対流と伝導、蒸発がある。なお、通常の室内空間では放射による熱の移動が多い。

通常の環境では、気流が人体に当たると体表面からの放熱量が多くなる。換気や通風、室内の温度差などにより気流が発生するが、屋外の風速が速い場合や機器を使用するなどの場合を除き、室内の気流の風速は通常1m/s程度以下である。

温熱環境から見た湿度は発汗による潜熱損失に関係する。空気中に含むことのできる水蒸気量は空気温度の指数関数に比例する。したがって、環境要素としてみる湿度は空気中に含まれている絶対量よりも含有できる限界量である飽和量との比が重要となる。

通常、人体から発生する水蒸気は人体周囲環境へと移動する。これは人体の湿度が100%に近いのに対して、周囲環境は人体に比較して著しく乾燥した状態にあるためである。このような環境にあって、水分の環境への移動は生体の維持から考えると生命にも関わる問題となる。しかし、人体と環境との間の熱収支を考えると、この水の環境への移動は非常に有益となる。水が蒸発して水蒸気になるには水の顕熱変化に対して蒸発潜熱は皮膚温が30℃では約580倍の大きさになる。

放射は熱の移動現象を表すものである。放射エネルギーは光子によって移動される。

この熱エネルギーの移動は身体表面の絶対温度と身体周囲物体の絶対温度との4乗の差に比例する。例えば、反射式ストーブの前面では暖かいが、背面では前面と比べて冷たく感じたり、冬季の風がないときには太陽光線を浴びると暖かいが、それが遮られると寒く感じる現象は放射による熱の授受の大小を如実に現している。

放射による熱の授受量は室内空間では、その波長帯が長波長域の電磁波が卓越しているために、主に人体の姿勢がその授受量に大きな影響を与えている。

対流は物質の流れによる熱の移動現象である。この移動は身体表面の皮膚温度と身体周囲空気温度の差と身体周囲の空気の移動速度とに比例する。しかし室内空間では静穏な気流状態の場合が多く、機器を使用して強制的に風を身体に受けることは多くない。

伝導は身体と直接接触した物体との間で、物質の移動を伴わない熱の移動現象である。この移動は身体の接触部の皮膚表面温と接触部の物体の表面温度との差に比例する。通常の室内での生活では、身体と室内構成面との接触面積は少なく、またその温度差も小さいことより、伝導による熱の移動は少ない。しかし冬季の電気カーペットや床暖房設備を使用する空間や日本人の室内空間では比較的平座位や臥位が多く床面との接触面席が多くなる睡眠布団姿勢では、伝導による熱の移動も考慮する必要がある。

蒸発は水の蒸発時の潜熱による熱の移動現象である。この移動は身体周囲空間の相対湿度に逆比例し、常に身体から熱が奪われる方に作用する。身体からの蒸発は皮膚表面からの発汗と気道からの蒸発がある。その量はおよそ1日に1ℓ程度であり、皮膚表面から約70%、気道から約30%

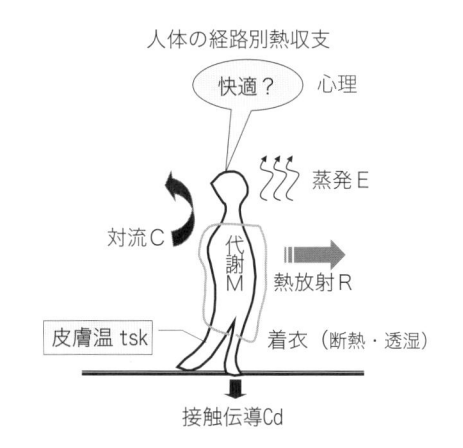

人体の経路別熱収支

快適？　心理

蒸発E
対流C
代謝M
熱放射R
皮膚温 tsk
着衣（断熱・透湿）
接触伝導Cd

物理的状態　熱平衡成立＝体温の維持
生理的調節　通常：血管収縮・拡張：皮膚温
　　　　　　暑熱時：発汗　蒸発促進
　　　　　　寒冷時：ふるえ熱産生

図2・1・1　人体の経路別熱収支

の割合である。

発汗は汗腺により行われ、汗腺にはエポクリン腺、エクリン腺があり、そのうちエクリン腺が体温調節に関与している。日本人では発汗機能を持つ汗腺数はおよそ180〜270万個である。特に発汗は身体の深部温との関連が深い。

以上の4つの経路による熱の放散があるが、身体の熱産生とのバランスにより人体の暑さ寒さという感覚が発現する。特に、寒冷環境下では主に気流が熱放散に顕著な影響を与える。一方、暑熱環境下では主に湿度が熱放散に顕著な影響を与える。体温の体内の調節は、通常時には血流の調節により行われる。低温時にはふるえ熱産生が生じる。これらをまとめると図2・1・2a,bとなる。

後述の人体の熱収支における熱エネルギーの移動はすべて人体の体表面積にて基準化が行われている。人体周囲環境への熱の移動は皮膚面や気道を経由して行われるが、通常の生活状態では気道を経由した熱移動は無視できる。すなわち、熱の移動上ではこの体表面積が伝熱面積となる。

体表面積は体型や体格などで変化する。通常は、身長や体重といった比較的容易に身体の特徴を捉えることが可能な人体計測値から体表面積算出式が求められている。海外では、DuBoisの体表面積算出式[1]が広く利用されている。一方、日本では、藤本・渡辺の体表面積算出式[2]が広く利用されてきた。しかし、日本人は食生活や住まい方の変化に伴い体型や体格に大きな変化を示した。この体型や体格の変化に対応した算出式として藏澄の体表面積算出式[3]も利用されている。

❷人体熱収支と体温調節のしくみ

● 人体熱収支

日本における日本人の生活空間では行動の自由度が高いために、環境に働きかけを行い温熱環境を調整する行動性体温調節が行われている。例えば、窓の開閉度を調節することによる換気や通風による室温や気流速の調節、窓や壁面などからの相対的な位置を変える移動による日射や放射熱の調節、体を広げたり、せばめたりするなどの姿勢を変えることによる環境との間の熱交換量を調節することなどが挙げられる。これら行動性体温調節のうち、熱収支に関与する人体の係数値に強く影響を与える行動は姿勢を変えることである。通常の日本における日本人の生活空間では、起居様式に象徴されるような床面と密接な関係にある多様な姿勢が多くとられている（図2・1・3）。

後述する温熱環境指標や快適な温熱環境は各種の理論や手法をもとに導出されている。上述の温熱環境要因を取り込んだ多くの温熱環境指標は、人体とその周囲環境との間の熱収支を表現している熱平衡式に基づいている。人体の熱平衡式は伝熱学的に記述されるが、熱量を算出するには

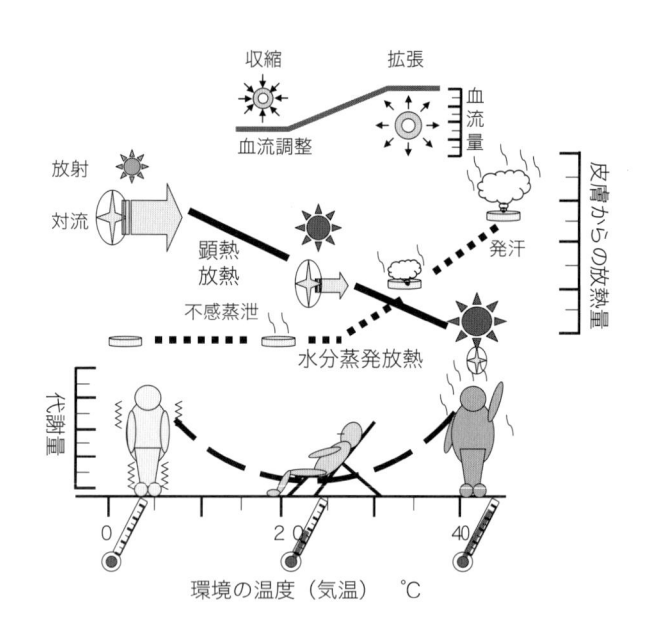

図2・1・2a 体温調節のメカニズム

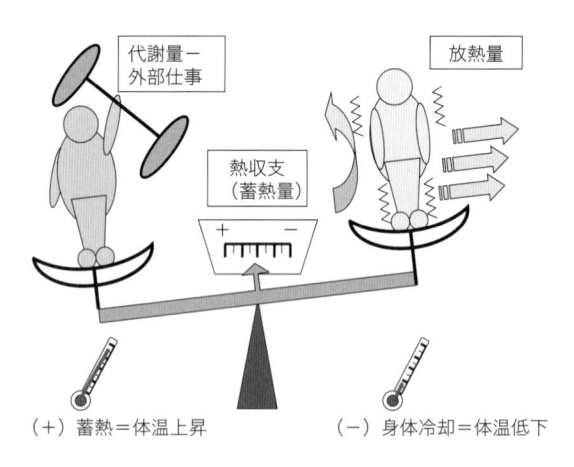

図2・1・2b 人間と環境との間の熱授受と体温調節メカニズム

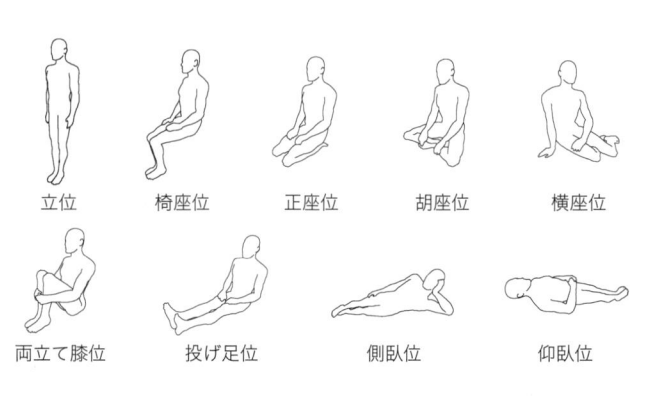

図2・1・3 生活空間での代表的な姿勢

人体に関わる様々な数値を特定しなければならない。

　人間の暑さ寒さの感覚は、人体の熱平衡すなわち環境温と新陳代謝とのバランス、生物学的な要因により発生する。人間は体温を37℃付近のごく狭い範囲に恒常的に保つため、熱放散や熱産生により体温調節を行っている。これらのことは、環境温や体温の温度差に伴って生ずる人体と環境との間の熱交換が関連し、生理負担の増減や新陳代謝の変動等の生理反応が生ずる。人体と環境との間の熱平衡式は次式のように表現できる。

$M - w = C_v + R + E + C_d + a + e + e' + S$ ……（式 1）

ここで
　M：代謝による熱産生量 [W/m²]
　w：機械的仕事への変換熱量 [W/m²]
　C_v：対流による熱交換量 [W/m²]
　R：放射による熱交換量 [W/m²]
　E：蒸発による熱交換量 [W/m²]
　C_d：伝導による熱交換量 [W/m²]
　S：人体への蓄熱量 [W/m²]
　a：呼吸による熱交換量 [W/m²]
　e：食物摂取による熱交換量 [W/m²]
　e'：排泄による熱交換量 [W/m²]

熱交換量はすべて人体の体表面積にて基準化されている。体表面積は次式により算出することができる。

DuBois の式[1]
　$A_s = 71.84 W^{0.425} H^{0.725} \times 10^{-4}$ ……（式 2）
藤本・渡辺らの式[2]
　$A_s = 88.83 W^{0.444} H^{0.663} \times 10^{-4}$ ……（式 3）
藏澄らの式[3]
　$A_s = 100.315 W^{0.383} H^{0.693} \times 10^{-4}$ ……（式 4）

ここで
　A_s：体表面積 [m²]
　W：体重 [kg]
　H：身長 [cm]

人体と環境との熱交換は皮膚表面や気道を介して行われる。通常の室内空間での生活においては、食物の摂取および排泄による外部環境への熱交換は他の要因に比べて微少または存在しないものとできる。また、この熱交換は大部分が皮膚表面を介して行われる。

　気道を介する熱交換（呼吸による熱交換）は次式[4]により算出することができる。

$a = C_{res} + E_{res}$ ……（式 5）

ここで
　a：呼吸による熱交換量 [W/m²]
　C_{res}：呼吸による顕熱交換量 [W/m²]
　E_{res}：呼吸による潜熱交換量 [W/m²]

$C_{res} = 0.0014 M (34 - t_a)$ ……（式 6）

ここで
　C_{res}：呼吸による顕熱交換量 [W/m²]
　M：代謝による熱産生量 [W/m²]
　t_a：人体の周囲空気温度 [℃]

$E_{res} = 0.0173 M (5.87 - p_a)$ ……（式 7）

ここで
　C_{res}：呼吸による顕熱交換量 [W/m²]
　M：代謝による熱産生量 [W/m²]
　p_a：人体の周囲空気に含まれる水蒸気分圧 [kPa]

　人体が行った仕事は、仕事を行うに要したエネルギー量とそれが仕事に変換される効率とで表すことができる。効率は性差や年齢差、身体の鍛練度、体格などが影響する。

　人体と接触する物体との熱交換は、日本における生活では多様な姿勢がとられていることより、人体が触れる面を介する熱交換量は無視できない。したがって、人体の熱平衡式は次式となる。

$M = C_v + R + E + C_d + S$ ……（式 8）

ここで
　M：代謝による熱産生量 [W/m²]
　C_v：対流による熱交換量 [W/m²]
　R：放射による熱交換量 [W/m²]
　E：蒸発による熱交換量 [W/m²]
　C_d：伝導による熱交換量 [W/m²]
　S：人体への蓄熱量 [W/m²]

● 代謝による熱産生量　M

　生体では筋運動、体熱の産生、心臓の搏動、腺の分泌など様々な生命現象が休みなく営まれ、エネルギーが消費される。これは、栄養素の分解により、代謝による熱産生となる。体表面積当たりの熱量として表され、1[Met] = 58.1 [W/m²] を基準として用いることが多い。

● 人体への蓄熱量　S

　人体は体温を恒常的に維持するため、代謝による熱産生量の調節のみで外部環境との間に熱平衡を成立させている。この場合、人体の熱収支バランス量、すなわち蓄熱量 S は 0 となっている。放熱をしのぐ産熱量がある場合、人体には熱が蓄積され蓄熱量 S は正の符号をとり体温の上昇を伴う、その逆の場合は負の符号をとり体温の降下状態となる。

　通常、体組成の定圧比熱と組織温の変化量から算出される。ここでは、人体への蓄熱量の算出値の妥当性が日本人の被験者を対象として検証[5]されている次式[6]にて算出する。

ふるえや発汗を伴う寒いまたは暑い範囲

$S = 0.72 \dfrac{m}{A_s} \{(1 - 0.5a) \triangle t_b + 0.25 a \triangle t_s\}$ ……（式 9・1）

温熱的中立なふるえや発汗のない涼しい範囲

$$S = 0.72\frac{m}{A_s}\{(1-0.63a)\triangle t_b + 0.38a\triangle t_s\} \cdots\cdots\cdots (式9\cdot2)$$

ここで
- S ：代謝による熱産生量 [W/m²]
- m ：体重 [kg]
- A_s ：人体の体表面積 [m²]
- a ：脂肪組織率 [N.D.]
- $\triangle t_b$：体温の単位時間当たりの変化量 [℃/h]
- $\triangle t_s$：平均皮膚温の単位時間当たりの変化量 [℃/h]

● **対流による熱交換量 C_v**

対流熱交換量は次式にて算出する。

$$C_v = h_c(t_s - t_a)f_{conv} \cdots\cdots\cdots\cdots\cdots (式10)$$

ここで
- C_v：対流による熱交換量 [W/m²]
- h_c：人体の対流熱伝達率 [W/m²・℃]
- t_s：人体の平均皮膚温 [℃]
- t_a：人体の周囲空気温度 [℃]
- f_{conv}：人体の対流伝熱面積比 [N.D.]

人体の対流伝熱面積比（f_{conv}）は、全体表面積（A_s）に対する対流熱交換に関わる伝熱面積の比である。

$$f_{conv} = \frac{A_{conv}}{A_s} \cdots\cdots\cdots\cdots\cdots\cdots\cdots (式11)$$

ここで
- A_{conv}：人体の対流による熱交換に関与する伝熱面積 [m²]
- A_s：人体の全体表面積 [m²]

通常、人体の対流熱伝達率は人体の対流伝熱面積比を掛け合わせたものが用いられている。伝熱面積を考慮した自然対流時の対流熱伝達率と強制対流時の対流熱伝達率を図2・1・4a、bに示す。

● **放射による熱交換量 R**

放射熱交換量は次式にて算出する。

$$R = se_s e_i(T_s^4 - MRT^4)f_{rad} \cdots\cdots\cdots\cdots (式12)$$

ここで
- R ：対流による熱交換量 [W/m²]
- s ：ステファンボルツマンの定数 [W/m²K⁴]（$= 5.67 \times 10^{-8}$）
- e_s ：人体の放射率 [N.D.]
- e_i ：人体と放射熱交換の関係にある面の放射率 [N.D.]
- T_s ：人体の平均皮膚温 [K]
- MRT：人体に対する平均放射温度 [K]
- f_{rad} ：人体の放射伝熱面積比 [N.D.]

平均放射温度（MRT）は人体周囲面を形態係数にて重み平均したものである。

$$MRT = \sum F_{s-i}T_i \cdots\cdots\cdots\cdots\cdots\cdots (式13)$$

ここで
- F_{s-i}：人体 s と壁面 i との間の形態係数 [N.D.]
- T_i ：壁面 i の表面温度 [K]

人体の放射伝熱面積比（f_{rad}）は、全体表面積（A_s）に対する放射熱交換に関わる伝熱面積の比である。

$$f_{rad} = \frac{A_{rad}}{A_s} \cdots\cdots\cdots\cdots\cdots\cdots\cdots (式14)$$

ここで
- A_{rad}：人体の放射による熱交換に関与する伝熱面積 [m²]
- A_s ：人体の全体表面積 [m²]

放射による熱交換量の（式12）は、線形化することにより次式にて表される。

$$R = h_r(t_s - mrt)f_{rad} \cdots\cdots\cdots\cdots\cdots (式15)$$

ここで
- h_r ：人体の放射熱伝達率 [W/m²・℃]
- t_s ：人体の平均皮膚温 [℃]

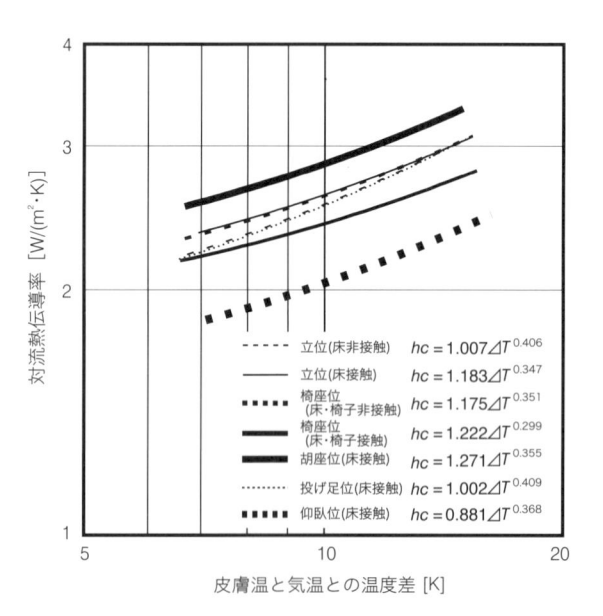

図2・1・4a　自然対流における人体の対流熱伝導率 (出典：Kurazumi, Y., Tsuchikawa, T., Ishii, J., Fukagawa, K., Yamato, Y., Matsubara, N., *Radiative and convective heat transfer coefficients of the human body in natural convection*, Building and Environment, 43 (12), pp.2142-2153, 2008 より作成)

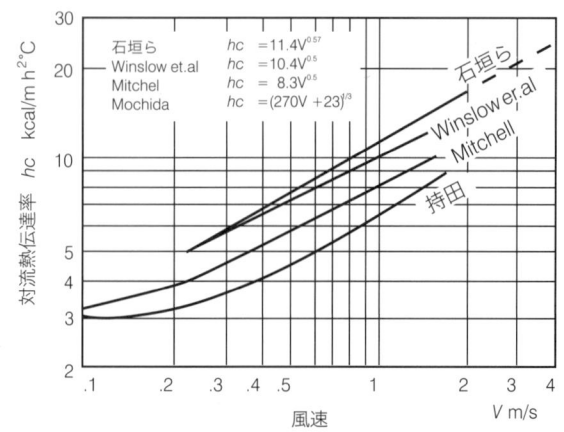

図2・1・4b　人体の強制対流熱伝導率 (出典：同上)

mrt：人体に対する平均放射温度［℃］

f_{rad}：人体の放射伝熱面積比［N.D.］

通常、人体の放射熱伝達率は人体の放射伝熱面積比を掛け合わせたものが用いられている。

● **蒸発による熱交換量　E**

人体の皮膚表面からの水分蒸発に伴って放熱される熱交換量である。気道を介する蒸発放熱量も考慮し、体重の減少量より次式にて算出する。

$$E = \frac{\triangle wr}{A_s} \quad \cdots（式16）$$

ここで

E：蒸発による熱交換量［W/m²］

$\triangle w$：体重減少量［g/h］

r：皮膚温 t_s における水の蒸発潜熱［Wh/g］

A_s：人体の全体表面積［m²］

● **伝導による熱交換量　C_d**

伝導熱交換量は次式にて算出する。

$$C_d = \frac{\lambda}{d}(t_c - t_w)f_{cond} \quad \cdots（式17）$$

ここで

C_d：伝導による熱交換量［W/m²］

λ：人体皮膚面と接触する物体の熱伝導率［W/m・℃］

d：人体皮膚面と接触する物体の厚さ［m］

t_c：接触部の平均皮膚温［℃］

t_w：接触物体の底部表面温［℃］

f_{cond}：人体の伝導伝熱面積比［N.D.］

人体の伝導伝熱面積比（f_{cond}）は、全体表面積（A_s）に対する伝導熱交換に関わる伝熱面積の比である。

$$f_{cond} = \frac{A_{cond}}{A_s} \quad \cdots（式18）$$

ここで

A_{cond}：人体の伝導による熱交換に関与する伝熱面積［m²］

A_s：人体の全体表面積［m²］

熱流量が実測される場合は次式にて算出する。

$$C_d = \sum Q_{di} f_{condi} \quad \cdots（式19）$$

ここで

C_d：伝導による熱交換量［W/m²］

Q_{di}：部位の熱流量［W/m²］

f_{condi}：人体の部位の伝導伝熱面積比［N.D.］

人体の部位の伝導伝熱面積比（f_{condi}）は、全体表面積（A_s）に対する伝導熱交換に関わる部位の伝熱面積の比である。

$$f_{condi} = \frac{A_{condi}}{A_s} \quad \cdots（式20）$$

ここで

A_{condi}：人体の伝導による熱交換に関与する部位の伝熱面積［m²］

A_s：人体の全体表面積［m²］

● **熱収支式に関与する人体諸値**

人体と環境との間の熱交換量を算定するには人体に関わる様々な数値を特定する必要がある。

すべての熱移動経路に関与するのが体表面積である。そして、エネルギー代謝量、対流熱伝達率、有効対流面積率、放射率、有効放射面積率、放射熱伝達率、形態係数、伝導面積率、平均皮膚温である。その他に、着衣を熱抵抗として取り扱うことでクロ値（I_{clo}）と着衣面積増加率（f_{cl}）が必要となる。

クロ値は着衣の熱抵抗をclo値で表したもので、1cloは0.155m²℃/Wである。着衣面積増加率（f_{cl}）は着衣人体の表面積（A_{cl}）と裸体人体の体表面積（A_s）との比である。

$$f_{cl} = \frac{A_{cl}}{A_s} \quad \cdots（式21）$$

ここで

f_{cl}：着衣面積増加率［N.D.］

A_{cl}：着衣人体の全表面積［m²］

A_s：人体の全体表面積［m²］

これらの式から人体熱収支を求めた事例を図2・1・5に紹介する。軽作業の人体の熱収支であり、気温が30℃を超えると発汗している様子がよくわかる。

● **体温調節**

人体はよく内燃機関にたとえられ熱エネルギーの移動問題に特化した取り扱いをされているが、実際は化学エネル

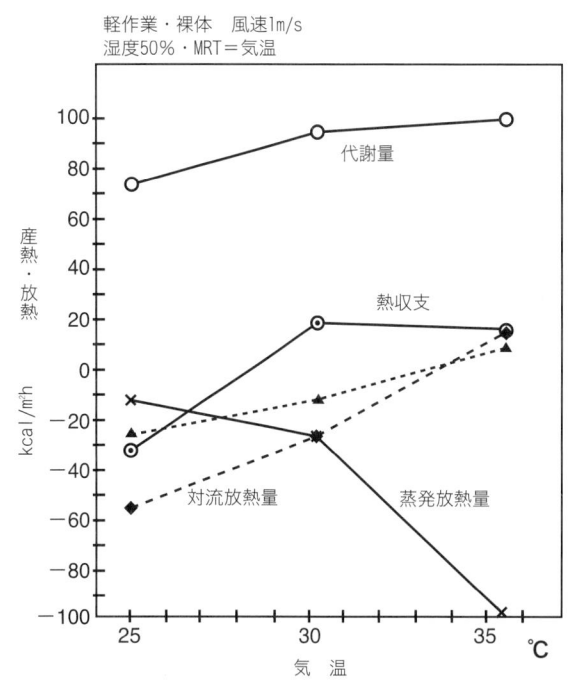

図2・1・5　気温段階による人体熱収支図（出典：堀越哲美、南野脩、磯田憲生、小林陽太郎「人工気候室における温熱条件と人体側条件の人体影響に関する実験的研究」『日本建築学会論文報告集』229、pp.129-139、1975より作成）

ギーの生成を行っている。食事をすることによる栄養摂取により、体内で消化・吸収される糖質、蛋白質、脂質のエネルギー源は物質代謝により酸化され化学エネルギーを放出している。

体温調節は人体周囲の温熱環境から受ける温度刺激を温度受容器が受け、体温調節中枢が寒冷や暑熱を判断し、体温調節効果器により制御されている。

温度感覚は、皮膚表面に点在する皮膚温度受容器と身体の深部温度に関る温度受容器とがある。この受容器への刺激は自律神経系の体温調節の信号となる。

これら温度受容器を通して受け取られた温度情報は、主に視床下部を中心とした体温調節中枢から体温を制御する体温調節効果器へと伝えられ、身体からの産熱や放熱の制御が行われる。

産熱は体内へ摂取した食物の糖質や脂肪、蛋白質の化学エネルギーの代謝により熱に転換させられる現象である。代謝は様々な部位で行われる。例えば骨格筋や肝臓、脳、心臓などである。身体周囲の環境が温熱的中性域で身体の活動が安静のときには、脳や肝臓、骨格筋でそれぞれ全代謝量の20％程度を占めている。それに対して作業強度が強くなると、次第に骨格筋での代謝割合が大きくなり、全代謝量の80〜90％を占める。摂取したエネルギーのうち100〜75％が物質の酸化過程で熱エネルギーとして産出される。放熱は放射と対流、伝導、蒸発により身体から外部へ放散する現象である。放熱は通常の室内空間では圧倒的に放射による熱の移動が多い。

3 温熱環境指標とは

人体からの産熱量や放熱量の調節に関与する温熱環境要素には気温や湿度、気流、熱放射といった環境側の要素と体表面積や皮膚温、身体活動、着衣といった人体側の要素がある。すなわち、温熱環境はこれら多くの要素によって表現される。それは人体の生理反応と心理反応を説明できるものであるその指標となるものが提案されている。温熱要素と反応との関係を図2・1・6に示す。

温熱環境指標は、人間が活動する空間を設計したり、そこに形成される温熱環境を客観的に予測・評価するには不可欠なものである。

代表的な温熱環境指標を説明する。

● **有効温度：ET**（Effective Temperature）

この指標は1923年にHoughtenとYaglouにより提案された。有効温度（ET）は実在環境と同じ温熱感覚を与える相対湿度100％の無風の等温環境の気温として定義されている。環境要素のうち気温と湿度、気流を総合的に評価できる。気温と湿度、気流が任意に組み合わされた温熱環境が、気温と平均放射温度が等しく、相対湿度100％、風速0.1m/s以下に制御された実験室の気温と等しく感じる場合の温度により表現される。多くの被験者実験による主観的判断に基づいたものである。通常の着衣での快適なETは夏21.8℃、冬18.9℃とされている。1925年には気温と湿度、風速をパラメータとするノモグラムのET線図を提案している。生理的反応との対応が悪く、放射と伝導の影響は考慮されていない。

● **グローブ温度：Tg**（Globe Temperature）

この指標は1930年にVernonにより提案された。有効温度（ET）では考慮されなかった放射の影響を測定できる。環境要素のうち気温と気流、放射を総合的に評価できる。黒色艶消し塗布した直径15cmの中空銅球内部に挿入したアルコール温度計の指度で表す。後述の作用温度（OT）を近似的に計測する機器として用いられている。形状が球のため、全方位からの放射の影響を均一化して取り扱うことになり、放射の方向性については考慮できない。湿度と伝導の影響は考慮されていない。

● **修正有効温度：CET**（Corrected Effective temperature）

この指標は1932年にVernonとWarnerにより提案された。環境要素のうち気温と湿度、気流、放射を総合的に評価できる。有効温度（ET）に放射の影響を組み込めるように、気温をグローブ温度（t_g）に、相対湿度を相当湿球温度（絶対湿度は等しく、気温をグローブ温度（t_g）とした場合の湿球温度）としたものである。グローブ温度計と同様に、全方位からの放射の影響を均一化して取り扱うことになり、放射の方向性については考慮できない。伝導の影響は考慮されていない。

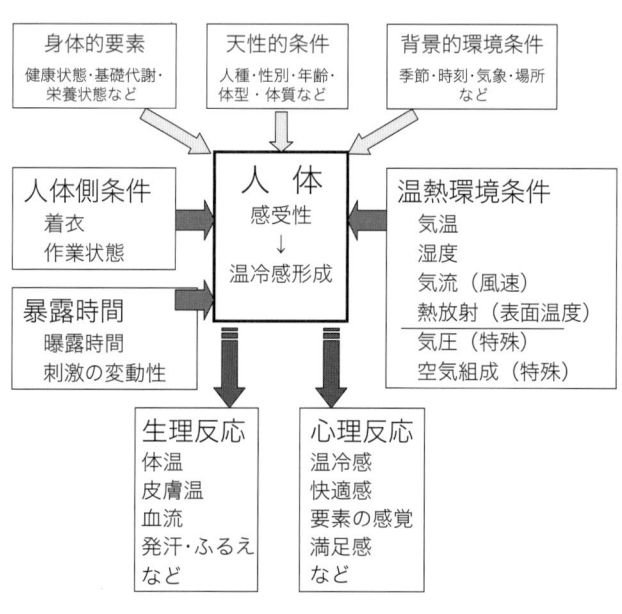

図2・1・6　温熱条件と人体反応

● 作用温度：*OT*（Operative Temperature）

　この指標は 1937 年に Winslow らにより提案された。環境要素のうち気温と気流、放射を総合的に評価できる熱平衡式に基づいた指標である。気温と平均放射温度が等しくない非等温な温熱環境にいる人体が対流と放射によって放熱する熱量が気温と平均放射温が等しい等温な温熱環境にいる人体が放散するとした場合の仮想環境温度と定義される。人体と周囲環境との間の顕熱交換量に対する熱平衡式に基づいている。気温と平均放射温度をそれぞれの熱伝達率で重み平均したものとなる。平均放射温度を用いているために、全方位からの放射の影響を均一化して取り扱うことになり、放射の方向性については考慮できない。湿度と伝導の影響は考慮されていない。

$$OT = \frac{(h_c t_a + h_r MRT)}{(h_c + h_r)} \quad \cdots\cdots\cdots\text{（式 22）}$$

　ここで
　　OT　：作用温度［℃］
　　h_c　：人体の対流熱伝達率［W/m²・℃］
　　h_r　：人体の放射熱伝達率［W/m²・℃］
　　t_a　：気温［℃］
　　MRT：平均放射温度［℃］

● 熱ストレス指標：*HSI*（Heat Stress Index）

　この指標は 1955 年に Belding と Hatch により提案された。環境要素のうち気温と湿度、気流、放射、活動量を総合的に評価できる熱平衡式に基づいた指標である。高温作業環境や耐暑限界の予測に利用さる。気温と放射、水蒸気圧、気流、活動量をもとに人体の熱平衡式より蒸発によって失われるべき熱量を算出し、その温熱環境における最大の蒸散熱量との比で表される。高温・高湿度の温熱環境のために各熱伝達率の値を検討する必要がある。

$$HSI = \frac{E_{rq}}{E_{max}} \quad \cdots\cdots\cdots\text{（式 23）}$$

　ここで
　　HSI：熱ストレス指数［N.D.］
　　E_{rq}　：熱平衡に必要な水分蒸発放熱量［W/m²］
　　E_{max}：最大可能水分蒸発放熱量［W/m²］

● 湿球グローブ温度指数：*WBGT*（Wet-Bulb Globe Temperature）

　この指標は 1957 年に Yaglou と Minard により提案された。環境要素のうち気温と湿度、気流、放射を総合的に評価できる。ベトナム戦争時、熱射病などの危険性より野外軍事訓練実施の適否を判断する際の根拠とされた。現在では、鋳物工場や溶鉱炉、精練所、夏季のスポーツなどの暑熱労働環境の評価にも用いられる。乾球温度計と湿球温度計、グローブ温度計を用いた気温と湿度、気流、放射の計測値より有効温度（*ET*）の近似値を表す。グローブ温度計と同様に、全方位からの放射の影響を均一化して取り扱うことになり、放射の方向性については考慮できない。通常の温熱環境を評価する温熱指標には適さない。伝導の影響は考慮されていない。

・日射のある場合（屋外）
$$WBGT = 0.7 t_w + 0.2 t_g + 0.1 t_a \quad \cdots\cdots\text{（式 24）}$$

・日射のない場合と屋内
$$WBGT = 0.7 t_w + 0.3 t_a \quad \cdots\cdots\text{（式 25）}$$

　ここで
　　$WBGT$：湿球グローブ温度指数［N.D.］
　　t_w　：湿球温度［℃］
　　t_g　：グローブ温度［℃］
　　t_a　：乾球温度［℃］

● 温度湿度指数：*THI*（Temperature Humidity Index）

　この指標は 1957 年に Thom により提案された。環境要素のうち気温と湿度を総合的に評価できる主観的経験的な指標である。乾球温度と湿球温度の重みづけの和として表現される。通常の暑熱や高温の場合の蒸し暑さの不快度を簡単に示せる。温度湿度指数（*THI*）が 70 で 10%、75 で 50%、80 で 100% が不快と感じる。気流と放射、伝導の影響は考慮されていない。

$$THI = 0.72(t_a + t_w) + 40.6 \quad \cdots\cdots\text{（式 26）}$$

　ここで
　　THI：温度湿度指数［N.D.］
　　t_a　：乾球温度［℃］
　　t_w　：湿球温度［℃］

● 有効放射場：*ERF*（Effective Radiant Field）

　この指標は 1967 年に Gagge らにより提案された。作用温度における熱放射の影響を気温に換算し、気温に対する増分として表現したものである。熱放射の人体影響を分離表現したものである。平均放射温度を用いているために、全方位からの放射の影響を均一化して取り扱うことになり、放射の方向性については考慮できない。伝導の影響は考慮されていない。

$$OT = t_a + \frac{ERF}{(h_c + h_r)} \quad \cdots\cdots\text{（式 27）}$$

$$ERF = h_r (MRT - t_a) \quad \cdots\cdots\text{（式 28）}$$

　ここで
　　OT　：作用温度［℃］
　　t_a　：気温［℃］
　　MRT：平均放射温度［℃］
　　h_c　：人体の対流熱伝達率［W/m²・℃］
　　h_r　：人体の放射熱伝達率［W/m²・℃］
　　ERF：有効放射場［W/m²］

● **予測平均温冷感申告：PMV**（Predicted Mean Vote）

　この指標は1970年にFangerにより提案された。環境要素のうち気温と湿度、気流、放射、着衣量、活動量を総合的に評価できる。算出式により−3〜+3の7段階で温冷感を表現するものである。予測平均温冷感申告（PMV）は大多数の人を対象とし、予測平均温冷感申告（PMV）が0の場合でもその温熱環境を不満とする人が約5％存在するようになっている。平均放射温度を用いているために、全方位からの放射の影響を均一化して取り扱うことになり、放射の方向性については考慮できない。伝導の影響は考慮されていない。

$$PMV = (0.303e^{-0.036M} + 0.028)[(M-W) - 3.05 \times 10^{-3}\{5733 - 6.99(M-W) - p_a\} \\ - 0.42\{(M-W) - 58.15\} - 1.7 \times 10^{-5}M(5867 - p_a) \\ - 0.0014M(34 - t_a)3.96 \times 10^{-8}f_{cl}\{(t_{cl}+273)^4 - (MRT+273)^4\}f_{cl}h_c(t_{cl}-t_a)] \quad \text{(式29)}$$

$$t_{cl} = 35.7 - 0.028(M-W) - 0.155I_{cl}[3.96 \times 10^{-8}f_{cl}\{(t_{cl}+273)^4 - (MRT+273)^4\} + f_{cl}h_c(t_{cl}-t_a)] \quad \text{(式30)}$$

ここで
- PMV：予測平均温冷感申告［N.D.］
- M：代謝量［W/m²］
- W：外部仕事［W/m²］
- I_{cl}：衣服の熱抵抗［clo］
- f_{cl}：着衣面積増加率［N.D.］
- t_a：空気温度［℃］
- MRT：平均放射温度［℃］
- p_a：水蒸気分圧［Pa］
- h_c：対流熱伝達率［W/m²・℃］
- t_{cl}：衣服表面温度［℃］

● **予測不満足者率：PPD**（Predicted Percent Dissatisfied）

　この指標は1970年にFangerにより提案された。予測平均温冷感申告（PMV）より室内の温熱環境を不満とする人の割合を算出するものである。

$$PPD = 100 - 95\exp^{(0.03353PMV^4 + 0.2179PMV^2)} \quad \text{(式31)}$$

ここで
- PPD：予測不満足者率［N.D.］
- PMV：予測平均温冷感申告［N.D.］

● **湿り作用温度：HOT**（Humid Operative Temperature）

　この指標は1971年にNishiとGaggeにより提案された。環境要素のうち気温と湿度、気流、放射を総合的に評価できる熱平衡式に基づいた指標である。作用温度（OT）に湿度の影響を評価できるようにしている。作用温度（OT）は気温と平均放射温度をそれぞれの熱伝達率で重みづけ平均したものであったが、湿り作用温度（HOT）はさらに露点温度を加えて重み平均化したものである。現実の温熱環境におかれた人体からの熱損失量が皮膚からの蒸散による熱損失量と等しくなる相対湿度100％での気温で表現されている。相対湿度100％の環境は一般的とはいえず、通常の環境には適用し難い。平均放射温度を用いているために、全方位からの放射の影響を均一化して取り扱うことになり、放射の方向性については考慮できない。伝導の影響は考慮されていない。

$$HOT = \frac{(h_c t_a + h_r MRT + h_e t_{dew})}{(h_c + h_r + h_e)} \quad \text{(式32)}$$

ここで
- HOT：湿り作用温度［℃］
- t_a：気温［℃］
- MRT：平均放射温度［℃］
- t_{dew}：露点温度［℃］
- h_c：対流熱伝達率［W/m²・℃］
- h_r：放射熱伝達率［W/m²・℃］
- h_e：蒸散に伴う熱伝達率［W/m²・℃］

● **新有効温度：ET***（New Effective Temperature）

　この指標は1971年にGaggeらにより提案された。環境要素のうち気温と湿度、気流、放射、着衣量、活動量を総合的に評価できる熱平衡式に基づいた指標である（*は新しい指標を表す）。発汗による体温調節機能を考慮した熱平衡モデル（Two-node Model）に基づき、気温や放射、湿度、気流、着衣、作業量、気圧、人工空気などの環境変数より、生理的因子としての皮膚温や体内温、発汗量、蓄熱量などを総合的に評価できる。湿り作用温度（HOT）の相対湿度が50％における表現化がされている。相対湿度を50％としたときの乾球温度と湿球温度、相対湿度、絶対湿度を評価軸とした新有効温度（ET*）線図が提案されている。

● **標準新有効温度：SET***（Standard New Effective Temperature）

　この指標は1973年にGaggeらにより提案された。標準湿り作用温度（SHOT）の相対湿度が50％における表現化がされている。温熱感覚と放熱量が実在におけるものと同等になるような相対湿度50％の標準環境の気温と定義さ

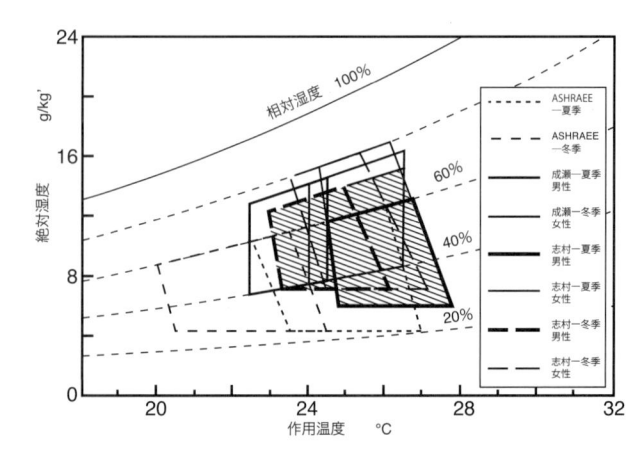

図2・1・7　湿り空気線図上の至適域（出典：志村欣一、堀越哲美、山岸明浩「日本人を対象とした室内温湿度条件の至適域に関する実験研究―夏季至適域の提案」『日本建築学会計画系論文集』480、pp.15-24、1996より作成）

れる。標準新有効温度（SET*）は相対湿度50%、風速0.1m/s、代謝量1met、着衣量0.6cloの温熱環境におけるETと等しくなる。標準新有効温度（SET*）を求める線図が提案されている。平均放射温度を用いているために、全方位からの放射の影響を均一化して取り扱うことになり、放射の方向性については考慮できない。伝導の影響は考慮されていない。

このSET*によって、米国では快適域が設定されている。これを図2・1・7に示す。日本人の場合の快適域を成瀬等と志村等の場合を併記する。日本人の場合はいずれも着衣量がほぼ同様でも高い気温、高い湿度条件に広がっている。

● 標準湿り作用温度：SHOT（Standard Humid Operative Temperature）

この指標は1977年にGaggeらにより提案された。環境要素のうち気温と湿度、気流、放射、着衣量を総合的に評価できる。標準風速を用いて湿り作用温度（HOT）に気流の影響を組み込んでいる。標準風速0.1m/s、標準着衣0.6clo、標準相対湿度100%の環境を基準としている。湿り作用温度（HOT）が平均放射温度を用いているために、全方位からの放射の影響を均一化して取り扱うことになり、放射の方向性については考慮できない。伝導の影響は考慮されていない。

$$SHOT = \frac{C}{C_o}HOT + \frac{(1-C)}{C_o}t_s \quad \cdots\cdots\cdots（式33）$$

$$C = hF_{cl} + h_e F_{pcl} \quad \cdots\cdots\cdots（式34）$$

$$C_o = h_o F_{clo} + h_{eo} F_{pclo} \quad \cdots\cdots\cdots（式35）$$

ここで
- $SHOT$：標準湿り作用温度［℃］
- HOT：湿り作用温度［℃］
- h：人体の総合熱伝達率［W/m²・℃］
- h_e：人体の蒸散による熱伝達率［W/m²・℃］
- h_o：標準状態の人体の総合熱伝達率［W/m²・℃］
- h_{eo}：標準状態の人体の蒸散による熱伝達率［W/m²・℃］
- F_{cl}：着衣の伝熱効率［N.D.］
- F_{pcl}：着衣の透湿係数［N.D.］
- F_{clo}：標準状態の着衣の伝熱効率［N.D.］
- F_{pclo}：標準状態の着衣の透湿係数［N.D.］
- t_s：平均皮膚温［℃］

● 修正湿り作用温度：HOTV（Corrected Humid Operative Temperature）

この指標は1985年に堀越らにより提案された。湿り作用温度（HOT）に気流の影響を組み込んでいる。風速の影響を気温に換算し、仮想的気温である風速修正気温の考え方を温熱風速場として表現している。気温と湿度、気流、放射の人体への影響をそれぞれ分離して示せる。また、環境要素の総合的影響を単一の温度指標として表現することもできる。気流、放射、湿度の影響の温度換算値を、それぞれ温熱風速場（TVF：Thermal Velocity Field）、有効放射場（ERF：Effective Radiant Field）、減効湿度場（RHF：Reduce Humid Field）と表現できる。平均放射温度を用いているために、全方位からの放射の影響を均一化して取り扱うことになり、放射の方向性については考慮できない。伝導の影響は考慮されていない。

$$HOTV = t_s + \frac{TVF}{K_{tv}} + \frac{ERF}{K_{tv}} + \frac{RHF}{K_{tv}} \quad \cdots\cdots（式36）$$

$$TVF = (h_c F_{cl} - h_o F_{clo})(t_a - t_s) \quad \cdots\cdots（式37）$$

$$ERF = h_r F_{cl}(MRT - t_a) \quad \cdots\cdots（式38）$$

$$RHF = Lbwh_c F_{pcl}(t_a - t_{dew}) \quad \cdots\cdots（式39）$$

$$K_{tw} = h_o F_{clo} + h_r F_{cl} + h_e F_{pcl} \quad \cdots\cdots（式40）$$

ここで
- $HOTV$：修正湿り作用温度［℃］
- K_{tv}：人体の湿り総合熱伝達率［W/m²・℃］
- h_o：標準状態の人体の対流熱伝達率［W/m²・℃］
- h_r：人体の放射熱伝達率［W/m²・℃］
- F_{clo}：標準状態の着衣の伝熱効率［N.D.］
- F_{cl}：着衣の伝熱効率［N.D.］
- F_{pcl}：着衣の透湿効率［N.D.］
- t_a：気温［℃］
- MRT：平均放射温度［℃］
- t_{dew}：露点温度［℃］
- t_s：平均皮膚温度［℃］
- L：Lewisの関係［℃/kpa］
- w：ぬれ面積率［N.D.］

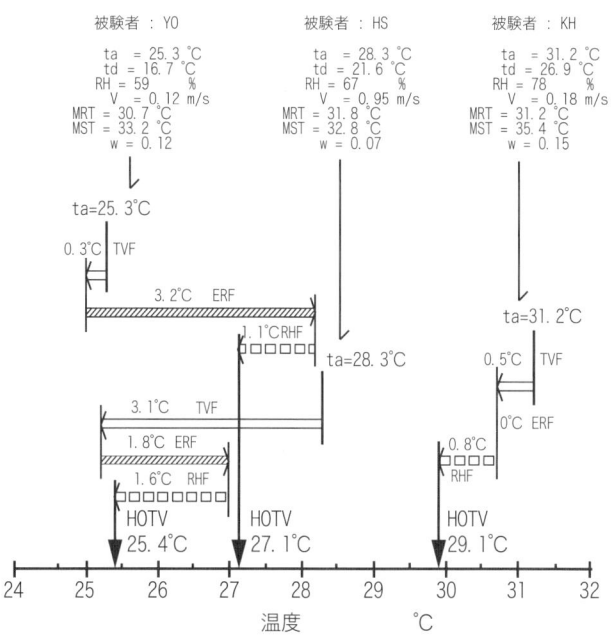

図2・1・8　HOTVの図示例（出典：堀越哲美、小林陽太郎「総合的な温熱環境指標としての修正湿り作用温度の研究」『日本建築学会計画系論文報告集』355、pp.12-19、1985）

b ：線形化のための定数 [kpa/℃]
TVF ：温熱風速場 [W/m²]
ERF ：有効放射場 [W/m²]
RHF ：減効湿度場 [W/m²]

これを用いて環境を評価した事例を図2·1·8に示す。最終的な体感温度が、気温を基準にして、風速、湿度、熱放射の効果として気温に換算された温度差として表示されている。各要素の効果が明瞭になる点が有利である。

● 不快さの要因

以上の説明の中でも触れたが、環境の不均一性や非定常性などがありそれらが不快さの要因になる場合がある。その要素を図2·1·9に示す。

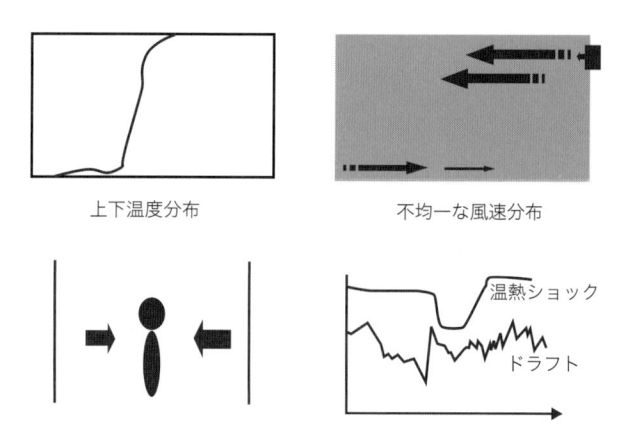

上下温度分布　　　　不均一な風速分布

上下、左右の放射不均一　　時間変動、変化
図2·1·9　人間の不快要素

2·2 空気質と人間

1 人間に必要な空気の条件

空気の汚染によって人間が健康を害することはよく知られている。室内空気の汚れを除去し清浄に保つことが必要であることは古くからいわれている。Billingsは結核予防のためには一人当たりの換気量として75から100m³/hが必要であることを19世紀末に述べていた。米国ASHVEでは当初から必要換気量を提唱し室内空気の汚染に対して注意すべき事項としていたといってよいであろう。

しかし、第2次世界大戦後の高度成長期の中で、1973年に第1次オイルショック、続いて2次オイルショックが起き、その影響で建築におけるエネルギー消費が問題となった。そのために主にオフィスなどを中心に暖房温度の引き下げ、冷房温度の引き上げが行われたが、欧米では、必要換気量の切り下げが行われた。米国ではおよそ換気量を1/3に減らした。その結果起こったことは、シックビル症候群である。欧米のビル勤務者は体の不調を訴えたり、病気で休んだりが目立ったという。しかし、日本では換気量を減少させることがなかったため、欧米のようなシックビル症候群が蔓延することはなかった。欧米で、換気量をもとに戻すなどの処置をとったことで、これを回復することができた。これはまさに重要な歴史的教訓であった。

換気とは、内外の空気を単に入れ替えるだけではなく、室内の清浄な空気質を維持するために必要不可欠のものである。必要な換気量の維持が室内空気質を保証するものでもある。しかし、日本ではシックビル症候群については回避できたものの、住宅においてシックハウス症候群と呼ばれる、室内空気質の悪化による健康被害が起こってしまったのである。

人間にとって健康であるための、室内空気質の守るべき条件を整備する必要がある。それらは、温湿度、風速、浮遊粉塵などの固体粒子、人間自ら呼吸で出すCO_2や燃焼に伴って発生するガス状物質など日常生活の中で空気の状態を変化させるものがまず第一に取り上げるべきであろう。そして、日常生活の中で発せられるにおい（臭気）を除去するような換気を行うこともある。米国では戦前体臭除去やタバコ臭の除去により換気量が提案されたこともある。近年は、生活の中のにおいをコントロールすべき空気質と位置づけられてきている。さらに、通常は存在しないが、有毒性を持ったものが出ないようなしくみが必要である。

2 空気汚染質とその人間への影響

現代は、建築材料が多様化し、その構造や工法も進展してきたので、従来のように、すべてを自然素材でつくることは難しくなってきている。そのために化学的に合成されたものや有機溶剤を必要とするもの、接着剤の進展、家電・機械の使用などが室内空気の組成を変えたり、思いもつかない物質が放散されることにもなった。代表的な空気組成物、汚染質の人間への影響を概観する。

①酸素

酸素はその濃度が低下することで、酸欠になり大きな影響を与える。酸素濃度18％をきると表2·2·1aに示すような影響が出始める。

②二酸化炭素

二酸化炭素そのものには有害説と無害説があったが近年には濃度が濃くなることで有害な影響が出ることが指摘されている。労働環境では5,000ppmが許容値である通り、表2·2·1bに示すように1％（10,000ppm）を超えると影響が出始める。

③一酸化炭素

有毒ガスで知られた物質である。不完全燃焼などの際に生じることがある（表2·2·1c）。

④ホルムアルデヒド

合板や室内仕上げ材、そして接着剤などに含まれたものが放散することで室内濃度が増加することが知られてきて、その被害も多く報告されてきた。家具などでもよく使われ

表 2・2・1 a　酸素濃度と影響の関係

濃度[%]	症　状
17〜16	呼吸・脈拍増加、めまい
15〜14	労働困難になる。注意力・判断力の低下
11〜10	呼吸困難となり、眠気を催し、動作が鈍くなる
7〜6	顔色が悪く、唇は青紫色になり、感覚鈍重となり、知覚を失う
4以下	40秒以内に知覚を失い、卒倒する

表 2・2・1 b　二酸化炭素濃度と影響の関係

濃度[%]	影　響
0.55[5,500ppm]	6時間曝露で、症状なし
1〜2	不快感が起こる
3〜4	呼吸中枢が刺激されて呼吸の増加、脈拍、血圧の上昇、頭痛、めまい等の症状が現われる
6	呼吸困難となる
7〜10	数分間で意識不明となり、チアノーゼが起こり死亡する

表 2・2・1 c　一酸化炭素（CO）に関する各種基準

法律等		基準値	備　考
一般環境	建築物衛生法	10ppm	空気調和設備又は機械換気設備を備えた居室
	建築基準法	10ppm	中央管理方式の空気調和設備を備えた居室
	学校環境衛生基準法	10ppm	
	興行場・旅館・公衆浴場	10ppm	
	WHO Air Quality	100mg/m³	15分間平均値
		60mg/m³	30分間平均値
		30mg/m³	1時間平均値
		10mg/m³	8時間平均値
	大気環境に係る環境基準	10ppm	24時間平均
		20ppm	8時間以上
	米国大気環境基準（NAAQS）	35ppm	1時間平均値
		9ppm	8時間平均値
労働環境	事務所衛生基準規則（労働安全衛生法）	50ppm	
		10ppm	中央管理方式の空気調和設備を備えた場合
	日本産業衛生学会許容濃度	50ppm	
	ACGIH TLV	50ppm	

表 2・2・1 d　ホルムアルデヒド濃度と人体への影響

濃度[ppm]	症　状
0.01	結膜の刺激
0.03〜0.05	中等度の眼の刺激
0.08	WHOの基準値
0.16〜0.45	眼・鼻・のどの灼熱感、角膜刺激症状
0.8	臭気を感じる
1〜3	眼・鼻・のどへの刺激、不快感を感じる
5〜10	眼・鼻・のどへの強い刺激、軽い流涙
15〜20	咳が出る。深呼吸は困難
50以上	深部気道障害を招く

(出典：建築物の環境衛生管理編集委員会『厚生労働大臣登録建築物環境衛生管理技術者講演会テキスト、建築物の環境衛生管理 上巻第2版』財団法人ビル管理教育センター、2005)

表 2・2・2　建築物における衛生的環境の確保に関する法律施行令における室内空気の管理基準

	管理基準
浮遊粉じんの量	0.15mg/m³ 以下
一酸化炭素の含有率	10ppm 以下（大気が10ppmをこえるため居室に10ppm以下で供給できないときは20ppm以下）
二酸化炭素の含有率	1,000ppm 以下
温度	① 17℃以上28℃以下 ② 居室における温度を外気温より低くする場合は厚生労働省令で定めるところにより、その差を著しくしないこと
相対湿度	40%以上70%以下
気流	0.5m/s 以下
ホルムアルデヒドの量	0.1mg/m³ 以下

ていた。0.01ppm になると粘膜の刺激が始まる。表 2・2・1 d に示すように WHO の基準値までででも眼の中等度の刺激がある。

3 空気環境の守るべき基準

空気環境の達成すべき基準はまだ決められていないが、守るべき最低基準は建築物衛生法（旧ビル管法）で空気環境の調整に関する基準が定められている。これを表 2・2・2 に示す。

空気質については、建築基準法による機械による空気調整を行った場合の基準と同じである。これを表に示す。近年、ホルムアルデヒドの基準値が WHO の値を参考にして取り入れられた。ここでは mg/m³ での表示であるが、ppm に換算すると 0.08ppm で WHO の基準と同じである。

4 必要な換気量とは

必要換気量は、一人当たり1時間に換気すべき量として提示される。しかし、室内の気積が大きく、在室人数が少ない場合には換気量は緩和されるとする考え方が支配的である。西[2] は米国の換気規準の変遷をまとめた。それによると 1845 年に 17m³/h 人であったものが 1898 年から 51m³/h 人となり、変遷の中で m³/h 人を否定したり肯定したりしてきた。1936 年に Yaglou が体臭除去の観点から必要換気量を 15-18m³/h 人とした。それが続いたもののオイルショックで、1973 年に 8.5m³/h 人に引き下げられる。この場合、CO_2 濃度は 2,500ppm が想定されている。1986 年にはシックビル症候群により、換気量は 25.5m³/h 人に戻る。この場合は室内想定濃度は 1,000ppm であり、整合性が図られている。日本では換気設備を設ける技術的基準として、建築基準法施行令で実質的に 20m³/h 人が必要であるとされている。東京都では 25m³/h 人を指導している。建築基準法では居室においては、換気用の開口部として床面積の 1/20

を求めている。そして、2003年の改正建築基準法でホルムアルデヒドなどの影響を避けるなどのシックハウス対策として、住宅を含む建築物に24時間換気が原則義務づけられた。

2・3 視環境と人間

❶人間の眼の働き

　人間の眼の構造は図2・3・1に示すようになっている。光は水晶体からガラス体を通り網膜の視細胞に達する。虹彩は入射する光の量を調整する機能を持つ。視細胞は大きく分けて2種ある。一つは錐体細胞で、光に対する感度は高くないが形状や色を識別できるといわれている。もうひとつはかん体細胞であり、感度がよい細胞で暗い場合に働く。網膜上の視細胞の分布は均一ではなく、中心付近にある中心窩付近には錐体細胞のほとんどが分布している。かん体は網膜の周辺に多い。この分布状態を図2・3・2に示す。人間の眼は、周辺の明るさにあわせて感度の調節が行われる。暗い環境に合わせた状況になることを暗順応といい、明るい環境に合わせた状況になることを明順応という。暗順応には時間がかかり、はじめの5分程度で錐体細胞が暗さに順応し、さらに30分程度かかって、かん体細胞が暗さに順応する（図2・3・3）。明順応は早く、2分程度で順応する。暗さに順応して見る状態を暗所視、明るい状態に順応して見る状態を明所視という。これらの中間の場合を薄明視という。夕方に明るい状態から暗くなってゆく間に、明順応から暗順応へ移行していく過程で、青がだんだん鮮やかに見ることがある。これをプルキンエ現象という。

❷測光量と視感度

　人間の眼は可視光線と呼ばれる380nmから780nmの波長の光に対して感じるようになっている。波長は人間にとっては色として感じる要素である。しかし、波長による感度特性は均一ではない。可視光線の範囲の中で555nm付近が感度最大といわれている。このときの値を最大視感度という。このように波長による感度特性を現すものとして、視感度がある。380nm付近は感度がほとんどなくて、急激に上昇し555nmで最大に達し、減少し780nmでほとんど感度がなくなる。この感度を最大視感度に対する比率として求められたものが比視感度である。これを量的に関数として表したものが国際照明委員会による標準視感曲線$V(\lambda)$である。λは波長を表す。図2・3・4に示すようにこの曲線は明所視の場合のものであり、暗所視のときは最大視感度が505nm付近と青よりの短い波長に移る。これを表すのが$V'(\lambda)$である。人間の視感度は最大視感度に視感曲線の値をかけたものである（図2・3・5）。

　光の明るさを表現する量は、測光量と呼ばれる。これは

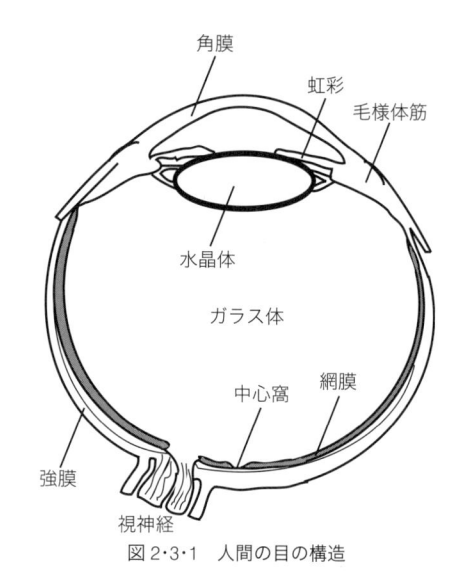

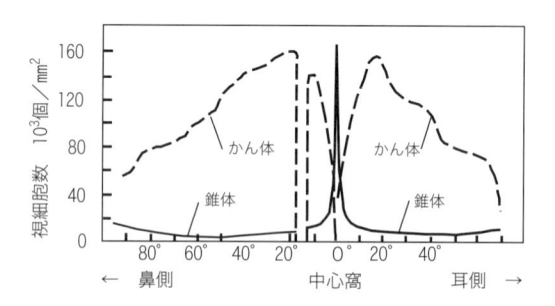

図2・3・1　人間の目の構造

図2・3・2　視細胞（受容器）の分布（出典：乾正雄『照明と視環境』理工図書、1978より作成）

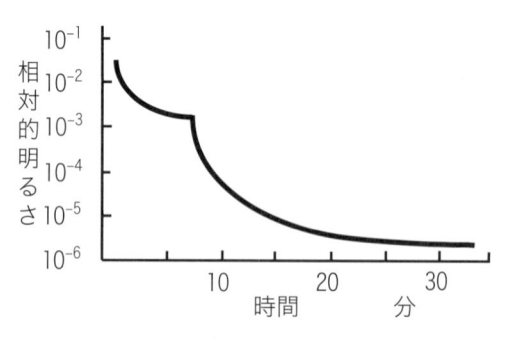

図2・3・3　目の順応過程（暗順応）の模式図（出典：間田直幹・内薗耕二・伊東正男・富田忠夫 編『新 生理学 上巻 動物的機能編』医学書院、1982より作成）

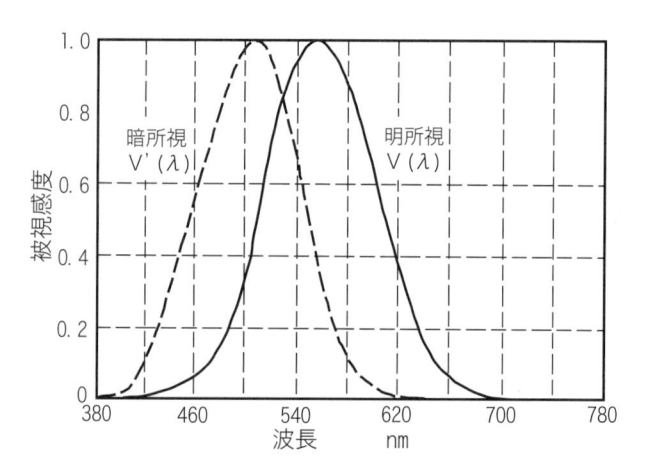

図2・3・4　比視感度曲線　$V(\lambda)$と$V'(\lambda)$（出典：乾正雄『照明と視環境』理工図書、1978より作成）

光の単なるエネルギー量ではなく、上述の人間の感度である視感度が考慮された量である。すなわち人間が可視光線として感じ、かつ波長ごとの感じ方を考慮したエネルギー量である。光が光源から発せられ、ものを照らし、その光を人間が感じるシステムを図2・3・6に示す。ここに示される、明るさや光の状態を表わす測光量が表2・3・1に示されるように定義されている。

❸ 見やすく快適な明るさ

見やすい明るさは、明視照明と雰囲気照明では考え方が異なる。雰囲気照明は、その場所の雰囲気が最も良くなるように行うものなので、正確な見え方や判読といった要素はあまり気にせずに、使う人々の要求に従って行うことが適当である。これに対し、明視照明は、眼に負担がかからずに、視対象物を容易に見分けたり、認識したりできなくてはいけない。特に非常時には、間違いを起こさないことや誤解するようなものであってはならない。明視の条件がある。大きさ、明るさ、対比、時間である。大きさは視対象物に求められるものである。対比は、視対象とその周囲との関係である。時間は、人がいかにして見るかということに関係する。そこで明るさについては、JISによって部屋の用途により、適正な照度が定められている。これは、第6章の表6・2・1を参照されたい。これらは、作業を行うときに、作業対象を見る場合のものとある空間や場所を使用したり移動したりするときにその環境が認知できることである。また、非常時に安全なところまで逃げ出す場合や、待避経路がわかるようにすることのためのデータでもある。作業では、机上の書籍や書類、作業台上の部品や図面などが想定されていると考えられる。

人などの顔を見る場合に、立体的なものを立体的に把握することが重要視されるところでは、モデリングと呼ばれる立体的にあるいは平板的に見えるかの照明環境が要求される。その場合には次のような指標が用いられる。

図2・3・7に示すような背中合わせの照度計に入射する照度L_1とL_2の差が最大になる3次元方向において、方向性を持ってその照度の差を表すものを照明ベクトルと呼ぶ。この照度の差をベクトル照度の大きさとし、そのときの照明ベクトルの示す方位と高度（照度差が最大となる3次元的方向）を以て、そこの点の照明ベクトル（ベクトル照度）を表現する。さらに、ピンポン球のような微小球に入射する全方向からの光による照度を測り、これをスカラー照度L_sという。

照明ベクトルの大きさとスカラー照度の比を、ベクトル・スカラー比といい、その点における光の指向性の強さを表す。ベクトル・スカラー比と光源の高度による見え方の組み合わせを図2・3・8に示す。これと主光線の角度（高

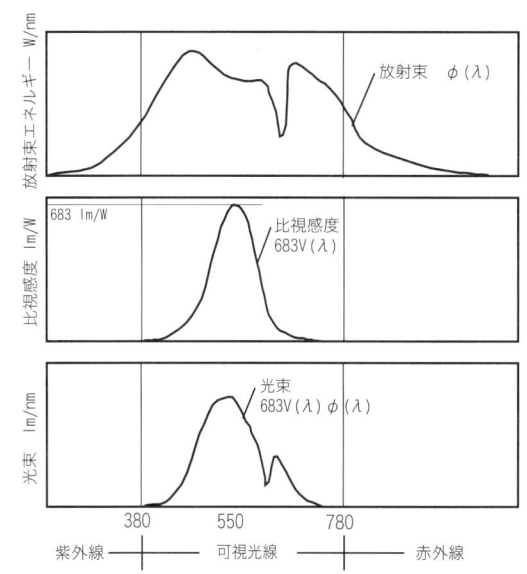

図2・3・5 光束の求め方。放射束に視感度曲線をかけ全波長域で積分

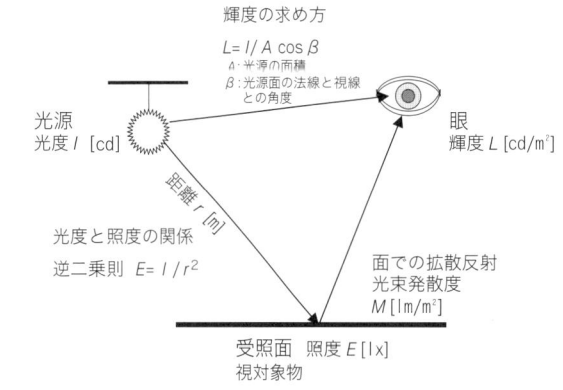

図2・3・6 光源・受照面・眼との関係と、関係する測光量

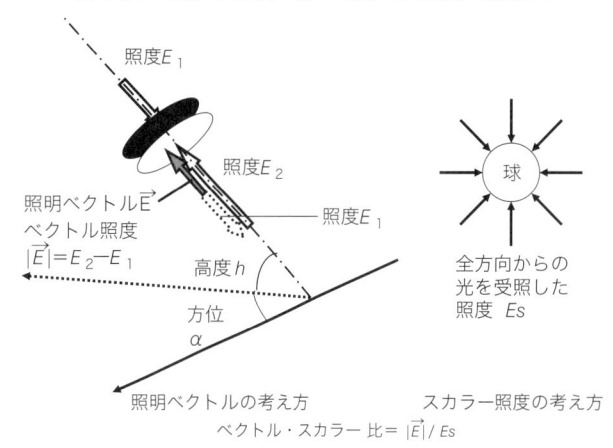

図2・3・7 照明ベクトルとスカラー照度の考え方

度）を用いて、人の顔の見え具合の判定ができる。

さらに、色の問題がある。光の色によって適正な照度が異なるといわれている。図2・3・9はクルイソフの線図と呼ばれるものであるが、色温度によって適正な照度範囲が異なる。色温度が高い方が適正な照度範囲が広い。しかし、最近の研究では、白熱電球が発するような低い色温度範囲でも、500lx程度までの範囲は決して不快な範囲ではなく、6,000Kを超えるような色温度でも従来より低い照度も適正範囲と考えられる。

4 まぶしさの防止

明視照明では、適正な明るさが確保されていても、そこにまぶしさを感じる場合があり、周囲に視作業を損なうものや環境があると問題である。そこで、視作業にとって妨げになるものは何かを考える。

視対象物が机の上にある場合、視対象物周囲が極端に明るい場合や暗い場合は見にくく感じ、またまぶしさを感じる場合もある。視対象物と周囲との間に対比が大きくならないようにする必要がある。視対象物の輝度を L_s とし、周囲の輝度を L とした場合、輝度対比 C が定義される。

$$C = \frac{L - L_s}{L} \quad L > L_s \text{の場合} \quad \cdots\cdots\text{(式41)}$$

$$C = \frac{L_s - L}{L_s} \quad L_s > L \text{の場合} \quad \cdots\cdots\text{(式42)}$$

この値が、3倍を超えないようにすることが大事である。さらに、机とその周囲との関係の場合も同様である。

ものを見る場合に、明るさは十分でもまぶしい場合がある。視野の中に高輝度のものがあったり、輝度対比や輝度比が極めて大きく、まぶしさを感じたり見やすさを損なうことをグレアという。グレアには、まぶしくて心理的に煩わしさを感じるなどの場合の不快グレアと、光の強さに生理的に見ることができなくなる場合のような減能グレアという段階がある。

CRT画面などに太陽光線が当たり、幕がかかったようになり、画面が見えなくなる光幕反射や、太陽を背にした人物の顔が見えないなどのシルエット現象なども、見え方が損なわれる現象である。これらの現象が起こらないような設計が行われるべきである。室内では直射日光の遮断や拡散性の光への変換などが、改善方法として挙げられる。

2・4 音環境と人間

1 人間の耳と音

人間の耳の構造は図2・4・1に示すようになっている。耳介で空気中を振動で伝わる音（音波）を集音し、外耳道を通り鼓膜を振動させ、それが3つの小骨にてこの原理で伝わり、蝸牛殻に伝わる。そこで液体が入っている蝸牛殻内の繊維の振動として捉えられ、聴神経へと伝播され、脳内で処理される。

2 人間の音の聞こえ

音の性質として三要素がありそれは、大きさ、高さ、音色、である。大きさはエネルギーの大小と関係し、エネルギーが大きければ、音も大きくなる。高さは周波数に対する感覚で、周波数が低いと低い音に、高ければ高い音に聞こえる。耳の周波数特性は、20Hzから20,000Hzを感じることができる。この範囲を可聴域という。音色は高さと強

表2・3・1 測光量

名称	定義式		単位（呼称）
光束 (luminous flux)	$\Phi = 683 \int V(\lambda)\Phi_e d\lambda$ $\Phi_e(\lambda)$：単位波長幅当り放射束 $V(\lambda)$：標準比視感度		lm （ルーメン）
照度 (illuminance)	$E = \dfrac{d\Phi}{dA}$	$d\Phi$：入射光束 dA：入射面積	lx （ルクス）
光束発散度 (luminous exitance)	$M = \dfrac{d\Phi}{dA}$	$d\Phi$：発散光束 dA：発散面積	lm/m² （ルーメン 毎平方メートル）
光度 (luminous intensity)	$I = \dfrac{d\Phi}{d\Omega}$	$d\Phi$：点源発散光束 $d\Omega$：発散立体角	cd （カンデラ）
輝度 (luminance)	$L = \dfrac{dI}{dA \cos\theta}$	dI：発散面積 dA の θ 方向の光度	cd/m²* （カンデラ 毎平方メートル）

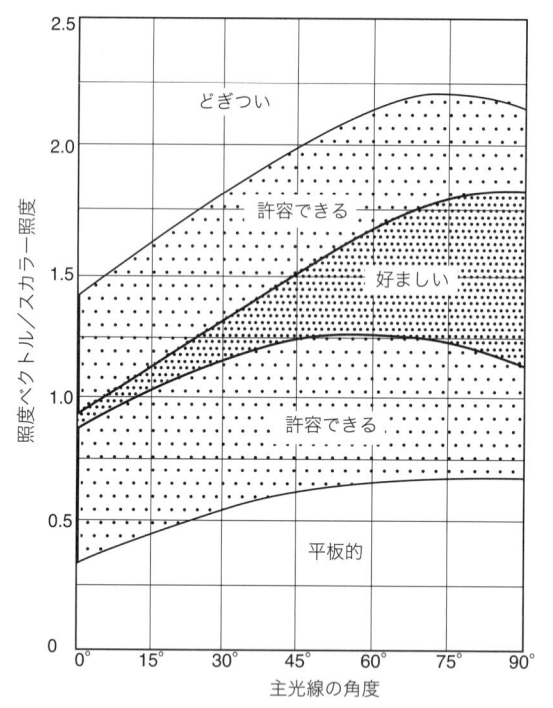

図2・3・8 人の顔のモデリングを考えた主光線の角度とベクトルスカラー比
（出典：乾正雄『照明と視環境』理工図書、1978より作成）

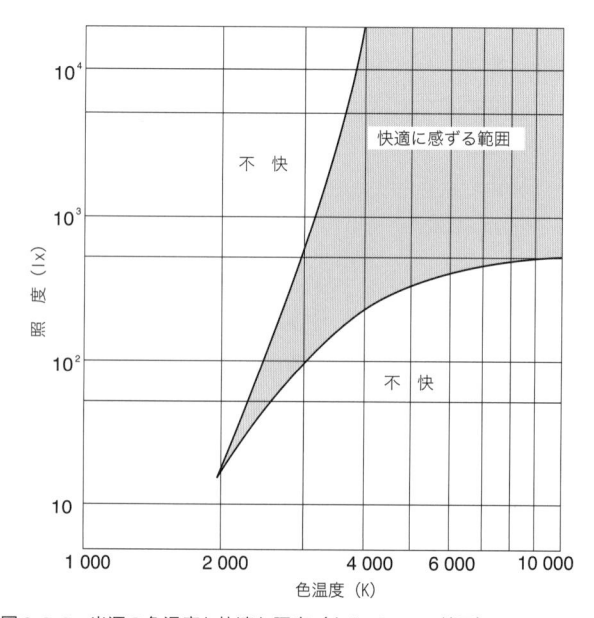

図2・3・9 光源の色温度と快適な照度（クルイソフの線図）（出典：Kruithof, A. A., *Tubular Luminescence Lamps for General Illumination*, Philips Technical Review, vol.6, No.3, pp.65-73, 1941より作成）

弱、波形・周波数の時間変化の複合的作用である。

人間の聞こえる音の周波数特性を表すものとして、等感曲線（等ラウドネス曲線）がある。これは図2・4・2に示されるもので、横軸が周波数、縦軸が音の大きさを表す量（ここでは音圧レベルで、内容は後述する）である。ある周波数におけるある大きさの音と異なる周波数においてそれと等しい大きさに聞こえる音をプロットしたものである。これらの曲線は低周波数で大きい値であり、周波数の増加と共に減少し、4,000Hz付近で最低となり、再び上昇傾向になる。すなわち、低周波数や高周波数では、人間の感度は低く、4,000Hz付近で最大になることを示す。

3 音の大きさの表し方

音を表す量音は波動であるので、その量は空中を伝わる場合は空気振動の疎密波となるので、音の圧力として表現できる。一方、エネルギーとしても表現できる。

音の量を表す場合の圧力を音圧 p [Pa] という。一方、音のエネルギー表現の一つとして、単位面積あたりを通過する音のエネルギーとして音の強さを用いる。音の強さ I [W/m^2] は単位面積あたり単位時間に通過する音のエネルギーである。両者の関係は、

$$I = \frac{p^2}{\rho c} \quad \cdots\cdots\cdots\cdots\cdots\cdots\cdots\cdots\cdots\cdots\cdots (式43)$$

ここで
　ρ：空気の密度 [kg/m^3]
　c：音速 [m/s]

また、空間での単位体積あたりのエネルギーとして表す音響エネルギー密度 E [J/m^3] がある。これは、

$$E = \frac{I}{c} \quad \cdots\cdots\cdots\cdots\cdots\cdots\cdots\cdots\cdots\cdots\cdots (式44)$$

4 音のレベル表現

1 音の強さのレベル

これらの、物理量で音を表すと、10^{-5} から 10^5 程度までの数値の桁が大きく異なる範囲を取り扱うことになる。これでは音の量を表わす数値が日常生活や人間の感覚とあまりにも対応しない。そこで、人間の感覚も考慮し、Weber-Fechnerの法則に準拠して表現することが試みられた。

レベルという考え方である。人間の最小可聴値 $I_0 = 10^{-12}$ [W/m^2] を基準として次の量を考えた。$Y = \log(I/I_0)$、単位を B（ベル）とした。ただこれでは、扱う数値が整数1桁と小数1桁の範囲が大半なので、整数2桁が扱いやすいので、10倍の量を採用した。

すなわち

$$IL = 10 \log\left(\frac{I}{I_0}\right) \quad \cdots\cdots\cdots\cdots\cdots\cdots (式45)$$

これを音の強さのレベルという。単位はBの1/10なので

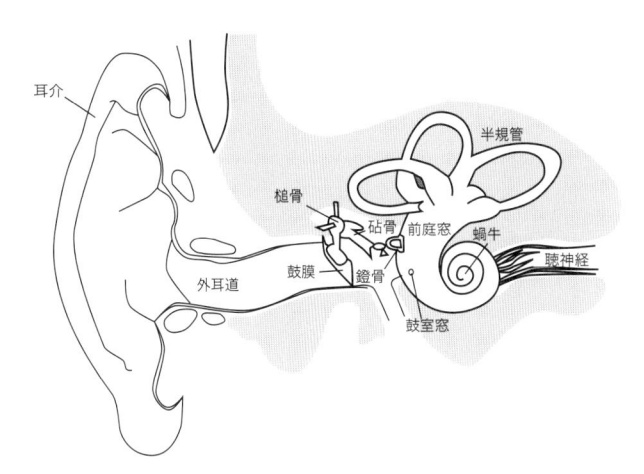

図2・4・1　人間の耳の構造

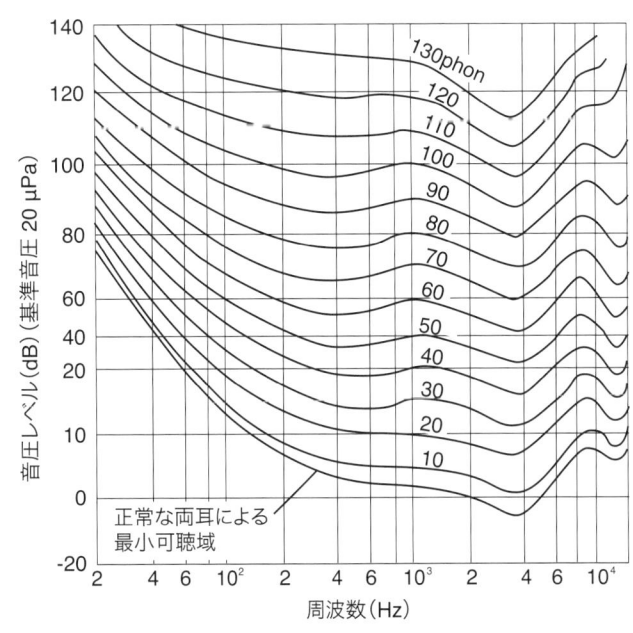

図2・4・2　等ラウドネス曲線

デシdを用いdB（デシベル）とした。

2 音圧レベル

音圧と音の強さの関係式から、音圧レベル SPL が次式で求められる。

$$SPL = 10 \log\left\{\frac{\left(\frac{p^2}{\rho c}\right)}{\left(\frac{p_0^2}{\rho c}\right)}\right\}$$

$$= 10 \log\left(\frac{p}{p_0}\right)^2$$

$$= 20 \log\left(\frac{p}{p_0}\right) \quad \cdots\cdots\cdots\cdots\cdots\cdots (式46)$$

ただし、$p_0 = 2 \times 10^{-12}$ [Pa]

したがって IL と SPL は基本的に等しい数値になる。

3 音響出力レベル（パワーレベル）

音源の音響出力を W [W] とすると、音響出力のレベルであるパワーレベル PWL は、ただし $W_0 = 10^{-12}$ [W] で

$$PWL = 10 \log \left(\frac{W}{W_o}\right) \quad \cdots\cdots\cdots\cdots\cdots\cdots(式47)$$

4　透過損失

壁や屋根などの材料を音が透過するとき、入射エネルギーiのうち透過するエネルギーをtとすると、t/iを透過率τという。これを感覚的にわかりやすいレベルの形にした透過損失TL[dB]を用いる。

$$TL = 10 \log \left(\frac{1}{\tau}\right) \quad \cdots\cdots\cdots\cdots\cdots\cdots(式48)$$

材料はこの透過損失を測定して防音などの目安としている。

5 騒音をどのように評価するか

騒音は、等感曲線のカーブに似せた周波数特性を持つ騒音計を用いて測定し、評価する。騒音計は現在、一般にA特性とC特性の2つの周波数特性を持ち、切り替えて使えるようになっている。A特性は、人間の耳の周波数特性に似せ、低周波数で感度が鈍く、高い周波数域で高く、それを超えると若干感度が下がる特性を持つ。騒音はA特性を用いて、音のレベルを測定し、単位としてはA特性を利用していることを表すためにdB(A)と表示する。C特性は周波数特性がほぼフラットであり、音圧レベルにほぼ近い値を測定する。

騒音は、常時変動しているのが一般的であり、この点を考慮して評価する必要がある。

1　等価騒音レベル

図2・4・3に示されるように、変動する騒音レベルを連続的に測定し、一定時間内のエネルギー平均値を求めてレベルで表現する方法がある。これを等価騒音レベルL_{Aeq}という。最適な評価法であるともいわれている。これを式表現すれば以下のようになる。

$$L_{Aeq} = 10 \log_{10}\left(\frac{1}{\tau}\right)\int \left(\frac{p(t)}{p_o}\right)dt \quad \cdots\cdots\cdots(式49)$$

2　時間率騒音レベル

連続測定できない場合などの場合に用いられる方法で、従来よく使われてきた。一定時間間隔に騒音を多数回測定し、その頻度分布から評価する方法である。一般的には、50回法が用いられる。5秒間隔に騒音を測定し、その瞬時値を記録する。このデータを騒音レベルの低い順に並べ、累積度数曲線を作成する。全測定時間（回数）に対して、ある騒音レベルをどの程度の割合［％］超過したかを読み取る。一般にはL_{50}という、記録された騒音レベルの中央値を50％超えるとする値を用いる。しかし、実際には50％以上をL_{50}より大きいレベルの騒音を聞いているので、感覚的にあまり合わないとされてきた。そこで、L_5を用い

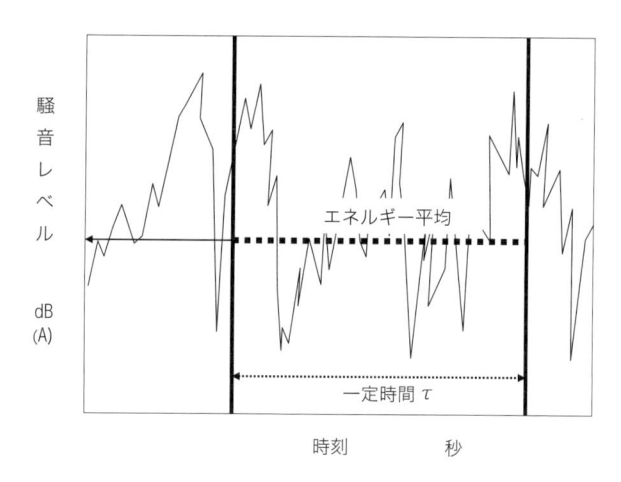

図2・4・3　騒音の時間的変動の例（模式図）

ることも多い。これはL_5の騒音レベルより大きい騒音は全時間中5％しか発生しないことを示すものである。

3　そのほか

くい打ち機など、単発で間欠的に騒音が発生する場合は、継続する騒音の1秒間の騒音として大きさを表す。単発騒音レベルという。

飛行機が飛ぶ場合にはうるささ指数といわれるWECPNLという指標を用いる。これは飛行機の騒音レベルと時間帯ごとに重みづけした飛行機の数から求められる。

2・5　環境要素の複合影響

1 複合要素の影響パターン

風鈴の音を聞いて涼感を得たり、夏の暑い日ににぎやかな蝉の鳴き声を聞いてよりいっそう暑さを実感した経験はないだろうか。このとき、温度とは別に、暑さ寒さの感覚に対し本来関係がないはずの音が何かしら関連していることになる。このように、人間の心理・生理、あるいは行動に複数の環境要素が作用することを複合影響という。気温だけでなく、同じ温熱要素である湿度・風速などが暑さ寒さの感覚に及ぼすのも複合影響の一つであるが、ここでは気温と色・騒音などのように、異なる種類の環境要素の組み合わせの場合が対象である。

仮に環境要素Aの水準a_1、a_2（$a_1 < a_2$）と、環境要素Bの水準、b_1、b_2（$b_1 < b_2$）が組み合わされた複合条件（Aがa_1、Bがb_2のとき「$a_1 b_2$条件」のように表示する）があるとする。$a_1 b_1$条件を基点としてみた場合、要素A、要素Bの評価値への複合影響パターンを大まかに分類すると、(i) 加算、(ii) 促進、(iii) 緩和、(iv) 反転と緩和、(v) 反転、(vi) 無効果、に分けられる。

(i) 加算は、要素Aの水準による評価値の差異が、要素Bの水準に関わらず同じ場合である。同時に、要素Bの水準による評価値の差異は、要素Aの水準に関わらず同じで

ある。図2·5·1 (i) の場合、b_1 と b_2 間の差異は要素 A の水準が a_1 でも a_2 でも l であり、a_1 と a_2 間の差異は要素 B の水準が b_1 でも b_2 でも m である。このとき、a_1b_1 の評価値と a_2b_2 の評価値との差異は l と m の加算として表される。

(ii) 促進は、要素 A の水準による評価値の差異が、要素 B の水準が b_1 のときよりも b_2 のときの方が大きい場合である。同時に、要素 B の水準による評価値の差異が、要素 A の水準が a_1 のときよりも a_2 のときの方が大きい。一方の要素の効果が他方の要素によって顕著になる点で、互いの要素の影響を促進させている。

(iii) 緩和は、要素 A の水準による評価値の差異が、要素 B の水準が b_1 のときよりも b_2 のときの方が小さい場合である。同時に、要素 B の水準による評価値の差異が、要素 A の水準が a_1 のときよりも a_2 のときの方が小さい。一方の要素の効果が他方の要素によって曖昧になる点で、互いの要素の影響を緩和させている。

(iv) 反転と緩和は、要素 B の水準が b_1 のときは a_1 より a_2 の方が大きい（小さい）のに対し、b_2 のときは a_1 より a_2 の方が小さい（大きい）場合である。(i)(ii)(iii) では要素 A(B) の水準による評価値の差の符号が要素 B(A) によって変わらないのに対し、(iv) では要素 A の水準による評価値の差の正負が要素 B によって反転する。ただし、要素 B の水準による評価値の差異は要素 A によって緩和されるが符号は変わらない。

(v) 反転は、(iv) 反転と緩和と同様であるが、要素 B の水準による評価値の差の正負も要素 A によって反転する。

(vi) 無効果は、要素 A の水準ごとの評価値が、要素 B に関わらず同じである場合である。要素 B が評価値に影響せず、無効果である。図2·5·1(vi) では要素 A の水準によって評価値に差異があるが、要素 A も評価値に影響しなければ、図2·5·1(vi) 中の線は水平になる。

2 感覚・知覚に及ぼす複合影響

理解を容易にするために誤解をおそれず大雑把にまとめると、暑さ寒さや明るさ、うるささのような直接的な感覚の場合、(vi) のパターンがほとんどである。明るさの感覚に影響を及ぼす要素 A は主として照度、暑さの感覚なら気温、うるささなら騒音レベルであり、他の要素 B の影響はあったとしてもごく小さい。色彩が温冷感に影響を与えるとする hue-heat 仮説は複合影響研究の中でも最も多く扱われてきた組み合わせの一つであるが、顕著な影響がないとする報告が多い[1]。

ただ、全くないというわけではなくて、上の例でも条件が整えば見られることがある。例えば、光源色と作用温度の組み合わせ実験では 25℃、28℃ のとき、蛍光ランプ（4,200K）に比べ白熱電球（2,850K）のときの温冷感は暑い

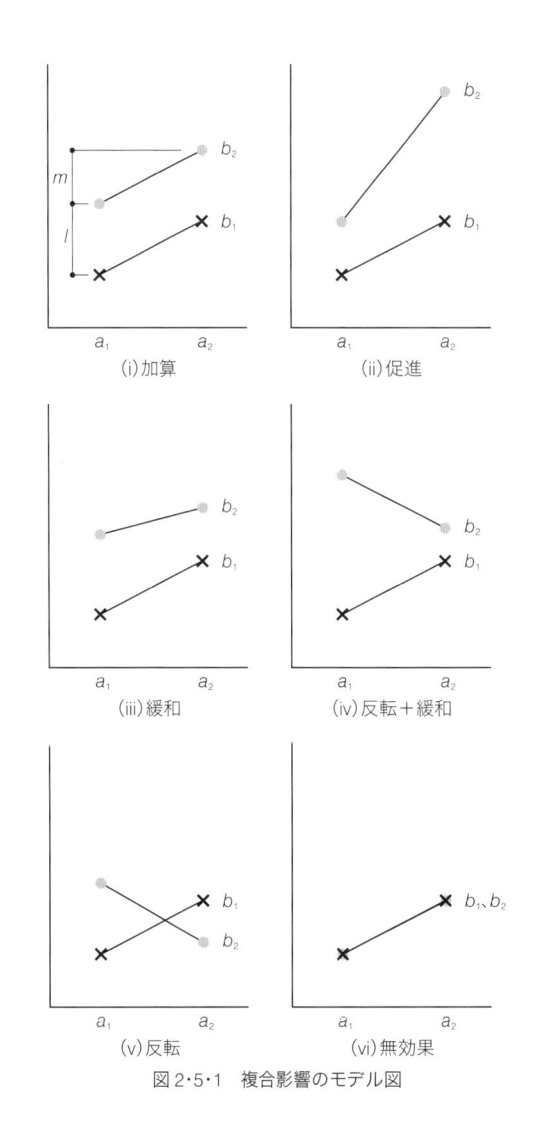

図2·5·1 複合影響のモデル図

(i)加算　(ii)促進
(iii)緩和　(iv)反転＋緩和
(v)反転　(vi)無効果

側であったが 31℃ のときには温冷感の差異が認められなかった[2]。また別の実験では赤色曝露により暖かく、青色曝露により涼しく感じ、特に高温時の青色曝露、低温時の赤色曝露で顕著であった[3]。このように、熱的不快を緩和するような働きが期待されるような状況下で温冷感に対する色彩の効果が顕在化しやすい。

一方、熱的快適感や視覚的快適感のような、感覚・知覚レベルよりも高次の価値判断レベルでは、もう少し顕著な複合影響が見られる。騒音が大きいと熱的快適感が下がるとする報告が一貫して見られるほか[4]、色温度と照度の快適な組み合わせ範囲を示す Kruithof カーブについては、年齢・性別・季節・室温等が、相互に関連する結果が報告されている[5〜8]。

このように、複合影響はどのような環境条件の組み合わせでも見られるわけではないし、見られるような組み合わせでも環境条件の水準によってもその程度やパターンが異なる。むしろ複合影響が存在しえるのはどの条件の、どのような状況か、が重要な視点である。

3 環境の総合評価と定量化

暑くも寒くもなくちょうどいいけれど、どうにもうるさ

い環境と、とても静かだけれども暑くてたまらない環境と、どちらがどの程度いいのか悪いのか。このようなときも個々の環境要素だけではなく、総体として捉える必要がある。総合評価を定量的に表す方法はいくつか提案されており、そのうちの2つを紹介する。

表2・5・1に示す各条件のスコアを合計することで、環境の総体を「普通・やや不快・不快」と判断できる[9, 10]。この方法によれば、夏期0.55・冬期0.54以上のとき総合的に「普通」、夏期−0.85・冬期−0.82以下のとき総合的に「不快」である。

図2・5・2、3は、気温と騒音レベルの組み合わせから、等しい総合的不快評価を表す線図である。図2・5・2は夏期・暑熱環境用[11]、図2・5・3は冬期・寒冷環境用[4]である。

これらの評価方法からも読み取れるように、一般に極端に強く不快を与える環境条件があるとき、総合的な評価も不快と判定されることが多い。しかしその他の条件も原則として同様にそれぞれの感覚器を通して情報が入力されているから、感覚・知覚情報が処理され価値づけされる中で選別され、取捨選択されると推察される。しかし情報処理過程の知見の蓄積はほとんどなく、今後の研究の進展が待たれる。ともかく、見かけ上は中庸条件の影響が最終的に排他的に見えることから、複合影響の排他的性質と呼んでおり、現象そのものの再現性は環境条件の種類に関係なく高い。

逆に、特に不快でない（消極的に快適な）状況においても、複合的な作用が見られにくい傾向がある。例えばやや不快なときには心地よい環境音によって不快さが緩和されるが、消極的に快適なときには同じような効果は見られないとする報告が知られる。

中等度に不快な状況を緩和するような環境刺激に対して、人は意識的あるいは無意識的に「期待」をしてしまうのかもしれない。あるいは、あまり極端な不快でなければそのような期待を抱く「余裕」があるということか。いずれにしても、単に客観的な物理環境条件や性差等の属性だけでなく、環境情報の受け取り手である人間の心的状況によって、影響の程度が異なるということを示している。環境に対する価値判断とは、ある意味では内面に培われた知識や経験と照合する行為であるから、このことはむしろ当然であり、複合影響の全容に迫るには、これまで歩んで来た履歴や文化的背景に対する深い理解が不可欠であることを意味している。

表2・5・1 不快さを外的基準とした数量化2類によるスコア

要因	カテゴリー	スコア	PCC
夏期			
室温 [℃]	22	0.762	0.762
	26	0.706	
	30	0.180	
	34	−1.637	
騒音 [Leq]	40	0.168	0.257
	50	0.151	
	60	0.052	
	70	−0.374	
照度 [lx]	170	−0.057	0.053
	700	0.006	
	1,480	0.052	
冬期			
室温 [℃]	10	−1.480	0.569
	15	0.051	
	20	0.688	
	24	0.697	
騒音 [Leq]	40	0.436	0.325
	50	0.337	
	60	−0.097	
	70	−0.676	
照度 [lx]	170	−0.271	0.158
	700	0.207	
	1,480	0.080	

（出典：堀江悟郎、桜井美政、松原斎樹、野口太郎「室内における異種環境要因がもたらす不快さの加算的表現」『日本建築学会計画系論文報告集』387、pp.1-7、1988））

図2・5・2 夏期における熱・音条件を軸とした等不快線図（出典：長野和雄、堀越哲美「暑熱および交通騒音が心理反応に及ぼす複合影響の定量的表現」『日本建築学会計画系論文集』524、pp.69-75、1999））

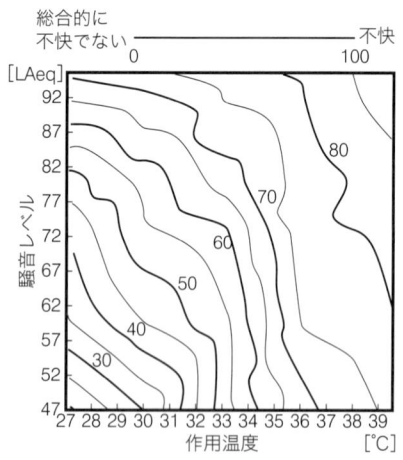

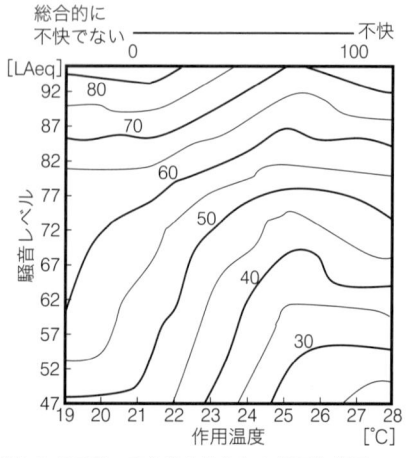

図2・5・3 冬期における熱・音条件を軸とした等不快線図（出典：長野和雄、堀越哲美「軽度寒冷及び交通騒音曝露下における快適性評価の定量化」（『日本生気象学会雑誌』41 (1)、pp.5-18、2004)

参考文献

2・1

1) DuBois, D., DuBois, E. F., *Clinical calorimetry fifth paper a formula to estimate the approximate surface area if height and weight be known*, Archives of internal medicine, 17 (6), pp.863-871, 1916
2) 藤本薫喜、渡辺孟、坂本淳、湯川幸一、森本和枝「日本人の体表面積に関する研究 第18篇、三期にまとめた算出式」(『日本衛生学会誌』23 (5)、pp.443-450、1968)
3) 藏澄美仁、堀越哲美、土川忠浩、松原斎樹「日本人の体表面積に関する研究」(『日本生気象学会雑誌』31 (1)、pp.5-29、1994)
4) ASHRAE, *2001 ASHRAE Handbook Fundamentals*, ASHRAE Inc., Atlanta, 2001
5) 垣鍔直、鈴木健次、土川忠浩、堀越哲美「体組成を考慮した蓄熱量の算定と皮膚面からの放熱特性に関する実験的研究」(『日本建築学会計画系論文集』493、pp.85-91、1997)
6) Kakituba, N., Mekjavic, I. B., *Determining the rate of body heat storage by incorporating body composition*, Aviation, Space, and Environmental Medicine, 58 (4), pp.301-307, 1987
7) Kurazumi, Y., Tsuchikawa, T., Ishii, J., Fukagawa, K., Yamato, Y., Matsubara, N., *Radiative and convective heat transfer coefficients of the human body in natural convection*, Building and Environment, 43 (12), pp.2142-2153, 2008
8) 堀越哲美、南野脩、磯田憲生、小林陽太郎「人工気候室における温熱条件と人体側条件の人体影響に関する実験的研究」(『日本建築学会論文報告集』229、pp.129-139、1975)
9) 志村欣一、堀越哲美、山岸明浩「日本人を対象とした室内温湿度条件の至適域に関する実験研究―夏季至適域の提案」(『日本建築学会計画系論文集』480、pp.15-24、1996)
10) 堀越哲美、小林陽太郎「総合的な温熱環境指標としての修正湿り作用温度の研究」(『日本建築学会計画系論文報告集』355、pp.12-19、1985)

2・2

1) 建築物の環境衛生管理編集委員会『厚生労働大臣登録建築物環境衛生管理技術者講演会テキスト、建築物の環境衛生管理 上巻第2版』財団法人ビル管理教育センター、2005
2) 西安信「最小換気規準の変遷」(『日本生気象学会雑誌第24巻増刊号』p.26、1987)

2・3

1) 乾正雄『照明と視環境』理工図書、1978
2) 間田直幹・内薗耕二・伊東正男・富田忠夫 編『新 生理学 上巻 動物的機能編』医学書院、1982
3) Kruithof, A. A., *Tubular Luminescence Lamps for General Illumination*, Philips Technical Review, vol.6, No.3, pp.65-73, 1941

2・4

1) 前川純一『建築・環境音響学』共立出版、1990

2・5

1) 松原斎樹「複合環境」(日本建築学会編『人間環境学』朝倉書店、pp.47-51、1998)
2) 石井仁、堀越哲美「異なる作用温度、照度レベル、光源の組み合わせが人体の生理・心理反応に及ぼす複合的影響」(『日本建築学会計画系論文集』517、pp.85-90、1999)
3) 松原斎樹、伊藤香苗、藏澄美仁、合掌顕、長野和雄「色彩と室温の複合環境に対する特異的及び非特異的評価」(『日本建築学会計画系論文集』535、pp.39-45、2000)
4) 長野和雄、堀越哲美「軽度寒冷及び交通騒音曝露下における快適性評価の定量化」(『日本生気象学会雑誌』41 (1)、pp.5-18、2004)
5) 垣鍔直、中村肇、稲垣卓造、堀越哲美「心理・生理反応から評価した好みの色温度と室温の組み合わせに関する実験的研究:その1 照度が1,500ルクスの場合の好みの色温度の季節差」(『日本建築学会計画系論文集』528、pp.67-73、2000)
6) 垣鍔直、茂吉雅典、中村肇、稲垣卓造、堀越哲美「心理・生理反応から評価した好みの色温度と室温の組み合わせに関する実験的研究:その2 照度が200ルクスの場合の好みの色温度の季節差」(『日本建築学会計画系論文集』532、pp.87-92、2000)
7) 石船淳、堀越哲美、横家あさみ、宇野勇治「照度・色温度、気温、周囲色彩が人間心理に及ぼす複合影響:その3 夏季・冬季の違いの考察」(『日本建築学会東海支部研究報告集』40、pp.405-408、2002)
8) 長野和雄、石船淳一、横家あさみ、堀越哲美「光源照度・色温度、気温、周囲色彩条件が室内快適性に及ぼす複合影響」(『空気調和・衛生工学会中部支部学術研究発表会論文集』6、pp.71-76、2005)
9) 堀江悟郎、桜井美政、松原斎樹、野口太郎「室内における異種環境要因がもたらす不快さの加算的表現」(『日本建築学会計画系論文報告集』387、pp.1-7、1988)
10) 堀江悟郎、桜井美政、松原斎樹、野口太郎「加算モデルによる異種環境要因の総合評価の予測」(『日本建築学会計画系論文報告集』402、pp.1-7、1989)
11) 長野和雄、堀越哲美「暑熱および交通騒音が心理反応に及ぼす複合影響の定量的表現」(『日本建築学会計画系論文集』524、pp.69-75、1999)

第3章 光の調節と採光計画

3・1 太陽の運行と日照の状況

1 太陽の運行

太陽の動きは季節により異なるため、建物による影や日の当たり方は変化する。そのため設計する際には太陽の運行を考慮する必要がある。太陽の運行は、天動説のように自分の立っている地点（観測点）を中心に考えた方が便利である。図3・1・1のように観測点を中心とする仮想の球面を考えると太陽の見える方向（太陽位置）は球面上の点で表現することができる。この仮想球面のことを天球という。観測点の真上を天頂、太陽が春秋分に運行する軌道面－地球の赤道面と同一の平面－を天球の赤道という。この天球の赤道面に垂直な直線で観測点を通る直線が天球と交わる点を天球の北極、南極という。天球の北極と南極を通る円で真南（南点）を通るものを子午線といい、太陽が子午線上にあるときを南中という。天球の北極と地平面とのなす角度が観測点の緯度となる。

図3・1・1 天球

2 太陽位置

天球上の太陽位置は図3・1・2のように太陽高度hと太陽方位角Aで表される。太陽高度は地平面と太陽のなす角度であり、地平面が0°、天頂が90°となる。また南中のときの太陽高度を南中高度という。太陽方位角は観測点から真南を向いたときの地平面での太陽のなす角度であり、真南を0°として真南から西にあるときを正の値、東にあるときを負の値で表す。

ある地点、日時の太陽高度hと太陽方位角Aは、それぞれ次式によって計算することができる。

$$\sin h = \sin \phi \sin \delta + \cos \phi \cos \delta \cos t$$
$$\sin A = \frac{\cos \phi \sin t}{\cos h} \quad \cdots\cdots\cdots\cdots\cdots (式1)$$

ここで
ϕ：緯度［°］
δ：太陽の赤緯［°］
t：時角［°］

太陽の赤緯は天球の赤道と太陽のなす角度のことであり、天球の赤道を0°として天球の北極側を正の値、南極側を負の値で表す。図3・1・3のように日赤緯は1年を通じて日々変化し、夏至に＋23.4°、冬至に－23.4°、春秋分に0°となる。

時角は時刻を角度に換算したもので、1時間は15°に相

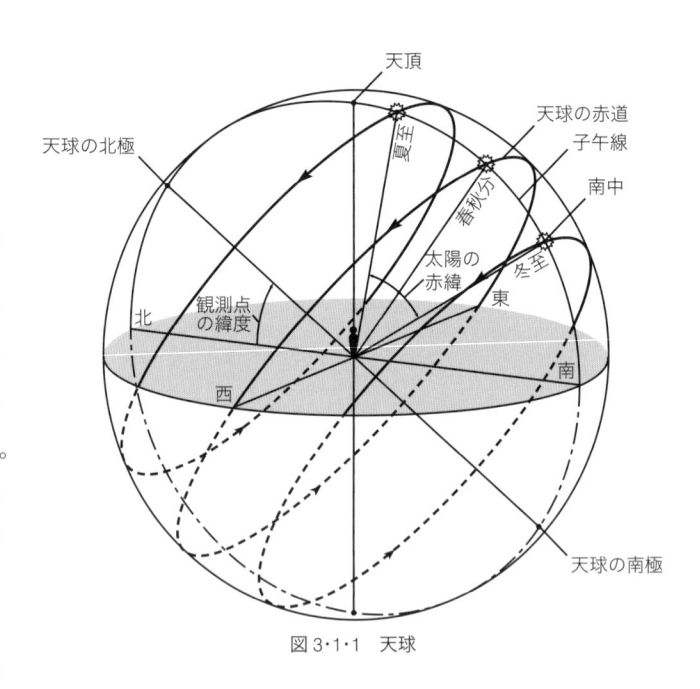

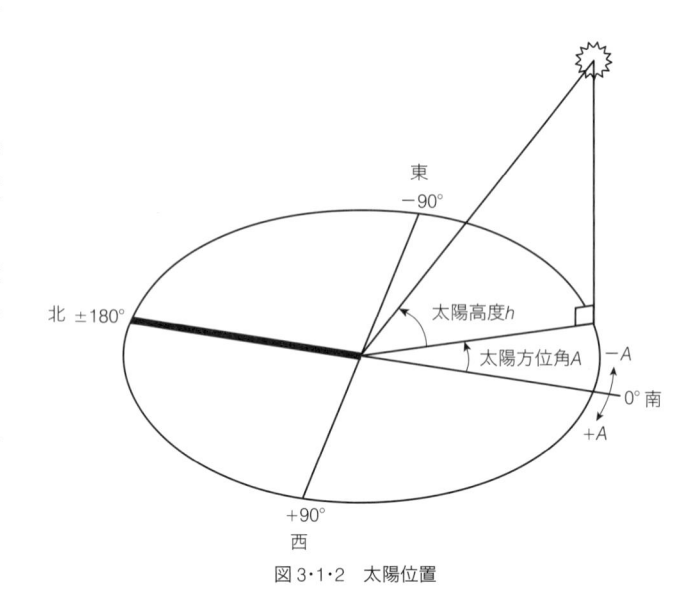

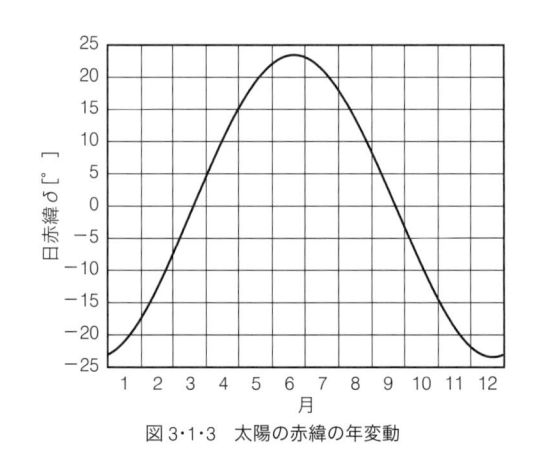

図3・1・2 太陽位置

図3・1・3 太陽の赤緯の年変動

当する。時角は太陽が南中したときを0°として、その時刻以降を正の値、以前を負の値で表す。時角 t は日本中央標準時 T [時]、観測点の東経 L [°]、均時差 e [分] により次式で求めることができる。

$$t = 15(T-12)+L-135+\frac{e}{4} \quad \cdots\cdots\cdots\cdots\text{(式2)}$$

均時差は、その地点の真太陽時と平均太陽時との時差であり、図3・1・4のような年変動を示す。真太陽時は太陽が南中してから翌日に南中するまでの1日——これを真太陽日という——を24等分したものであり、地球の公転軌道が楕円軌道であるため1年間を通じて一定でない。そこで、真太陽日の年間平均を24等分したものを平均太陽時といい、日本では兵庫県明石市を通る東経135°における平均太陽時を日本中央標準時としている。

3 太陽位置図

図3・1・5のように、ある地点（緯度）の天球上の太陽の軌道を平面に投射した図を太陽位置図といい、ある地点の日時（時刻は真太陽時）がわかれば上述の計算をしなくても太陽高度と太陽方位角を読み取ることができる。

4 日照の状況

日照とは地表に直接到達する太陽光のことをいう。日照という場合には太陽の光的側面、熱的側面、心理的側面をそれぞれ含むことが多い。建築で用いられる日照時間は可照時間から周囲の建物などにより日照を遮られた時間を差し引いたものをいう。図3・1・6のように太陽位置図に魚眼レンズによる写真を重ね合わせることによって日照時間を読み取ることができる。この例では冬至の日照時間は、ごく僅かである。

3・2 日照とそれによってできる建物の日影

1 日影曲線

日影とは、太陽の直射光が周囲の建物などにより遮られて影になることや、影になる部分をいう。建物が周囲につくる日影を検討するときに日影曲線が利用される。図3・2・1のように、垂直に立てた棒によってできる影の先端は、太陽の運行に伴って平面上に曲線の軌跡を描く。これを日影曲線という。日影曲線は太陽の方位角、高度により変化するので、年間にまとめて描いたものを日影曲線図といい、緯度ごとに作図されている。北緯35°の日影曲線図を図3・2・2に示す。日影曲線により、ある地点（緯度）ある日時（時刻は真太陽時）の日影の方位と長さが読み取れる。また図3・2・3のように単純な輪郭の建物であれば影の方位と長さを描くことができる。

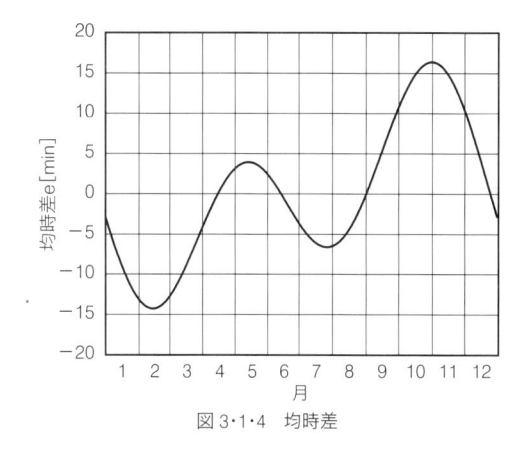

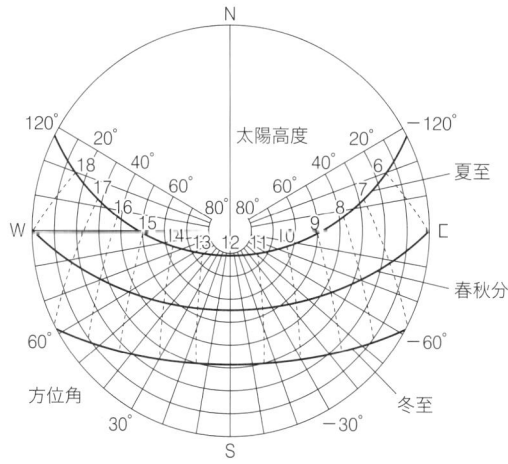

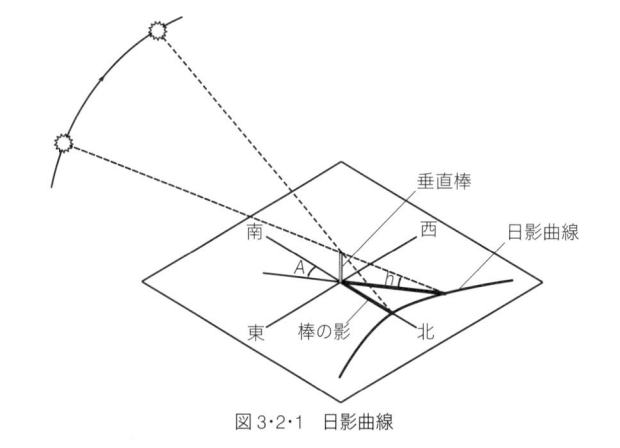

図3・1・4　均時差

図3・1・5　太陽位置図（北緯35°極射影）（出典：〈建築のテキスト〉編集委員会編『初めての建築環境』学芸出版社、1996）

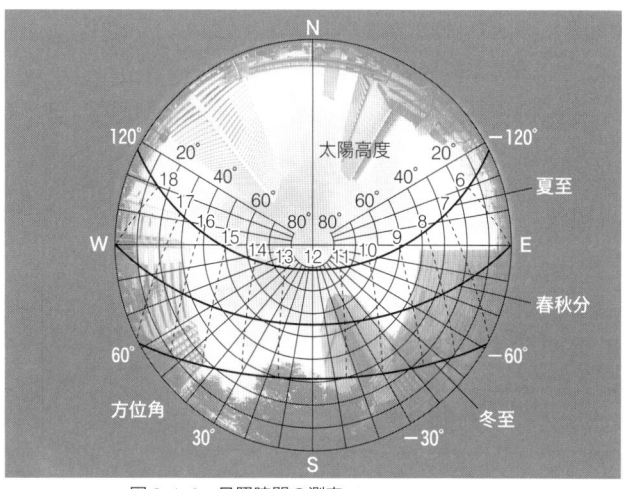

図3・1・6　日照時間の測定（写真提供：大西正宜）

図3・2・1　日影曲線

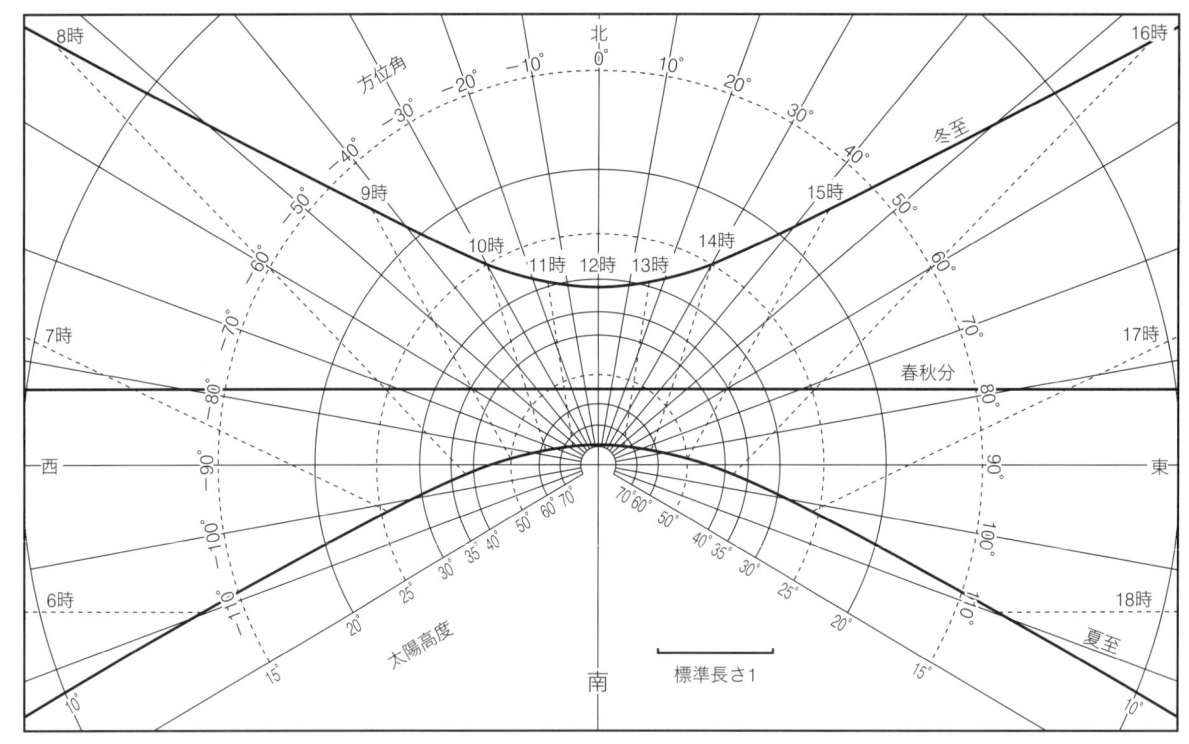

図3・2・2　日影曲線図（北緯35°）（出典：〈建築のテキスト〉編集委員会編『初めての建築環境』学芸出版社、1996）

2　日影図

図3・2・4のように建物の日影が一定の時刻ごとに推移する様子を描いたものを日影図という。夏至の頃は日の出・日没時に南側に影ができ、日中の北側にできる影は短い。春秋分は北側にできる影が直線上になる。冬至の頃は日中、北側に広範囲の影ができる。

3　日影時間図

一定の時間間隔で描かれた日影図において、日影の輪郭線の交点を結ぶ線を等時間日影線という。図3・2・5において8時にできる日影と9時にできる日影の輪郭線の交点は、8時から9時までの間ちょうど1時間だけ日影となる点である。9時にできる日影と10時にできる日影の輪郭線の交点についても同様である。そこで順次、1時間ごとの日影の輪郭線の交点を結んでいくと1時間日影線を描くことができる。同様に2時間、3時間の等時間日影線も描くことができる。そして図3・2・6のように等時間日影線を一定の時間間隔で描いたものを日影時間図という。

4　建物形状と日影

図3・2・7に示すように建物の形状・配置により日影のでき方は異なる。建物が東西方向に幅が広がると北側に長時間日影となる範囲が広がる。建物が高くなると影は遠くまでできるが長時間日影となる範囲はあまり変化しない。建物を東西方向に並べて配置すると建物から離れた部分に長時間日影になる部分ができ、これを島日影という。

日の出から日没まで日影となる場所を終日日影という。夏至に終日日影となる場所は、年間を通して日影となるのでこれを永久日影という。終日日影や永久日影は健康面や植栽に影響を及ぼすので極力避けることが望ましい。図3・2・8のように凹形やL字形の平面を持つ建物は入隅部を北側に向けると終日日影や永久日影となる部分が発生することがある。

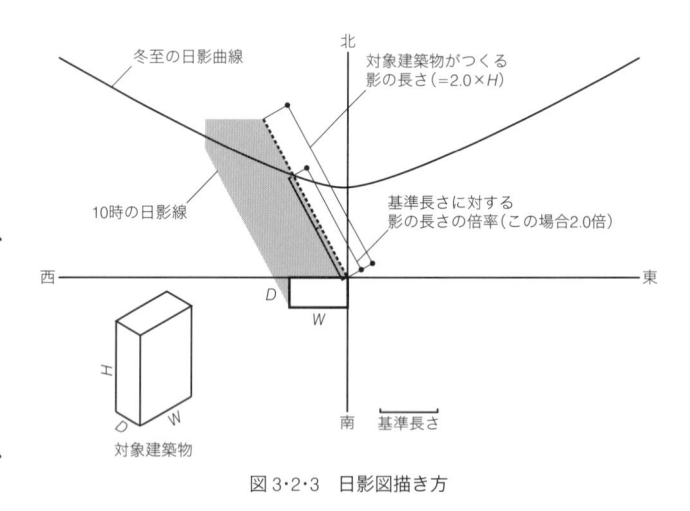

図3・2・3　日影図描き方

5　日影時間の法的規制

建築基準法では、冬至の真太陽時で8時から16時（北海道では9時から15時）に中高層の建築物が敷地の周囲につくる日影の時間数を規制している。日影時間の限度は表3・2・1にある数値から地方公共団体が、その地方の気候や土地利用状況を考えて条例で制定する。規制される範囲は、敷地境界線から5〜10mの部分と10mを超える部分であり、測定する高さは表3・2・1にあるように用途地域により1.5mと4mまたは6.5mとされ、地盤面よりも高く設

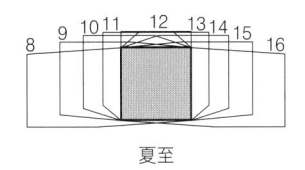

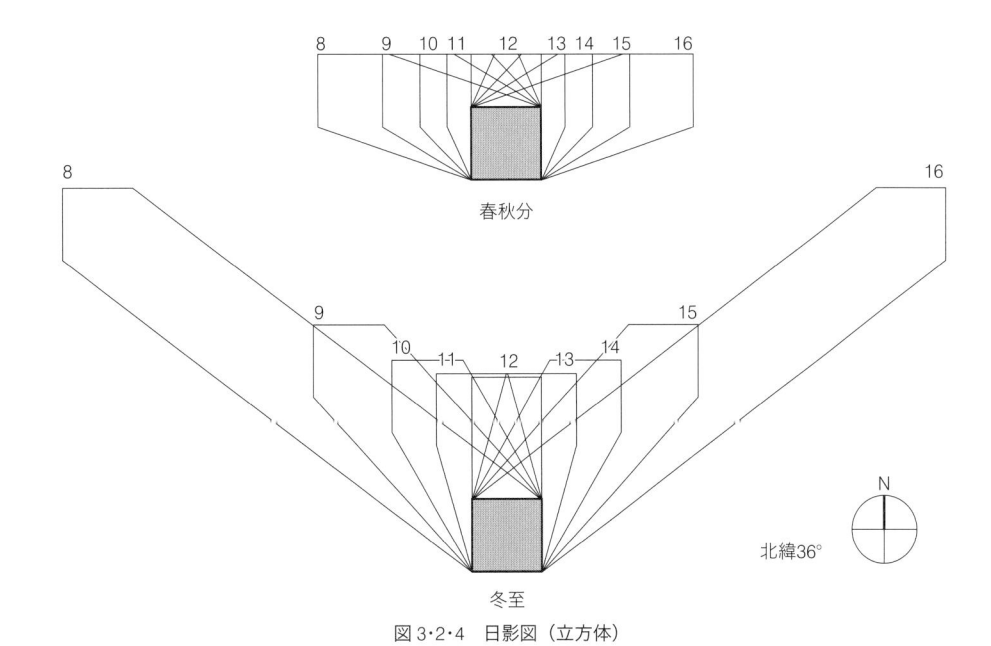

夏至

春秋分

冬至

図3・2・4 日影図（立方体）

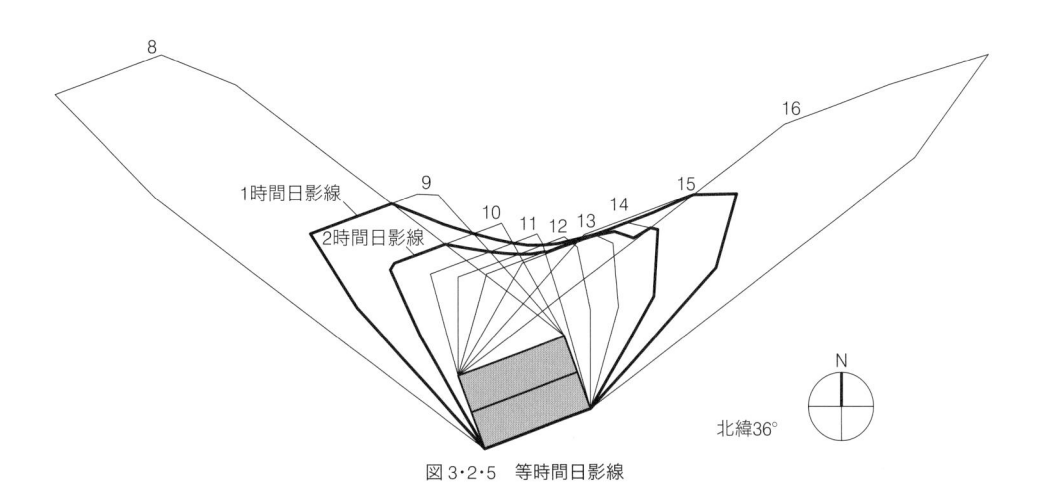

北緯36°

図3・2・5 等時間日影線

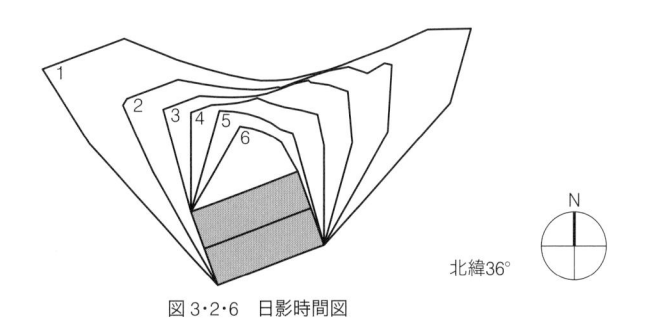

1時間日影線
2時間日影線

北緯36°

図3・2・6 日影時間図

北緯36°

W×D×H=10×10×10

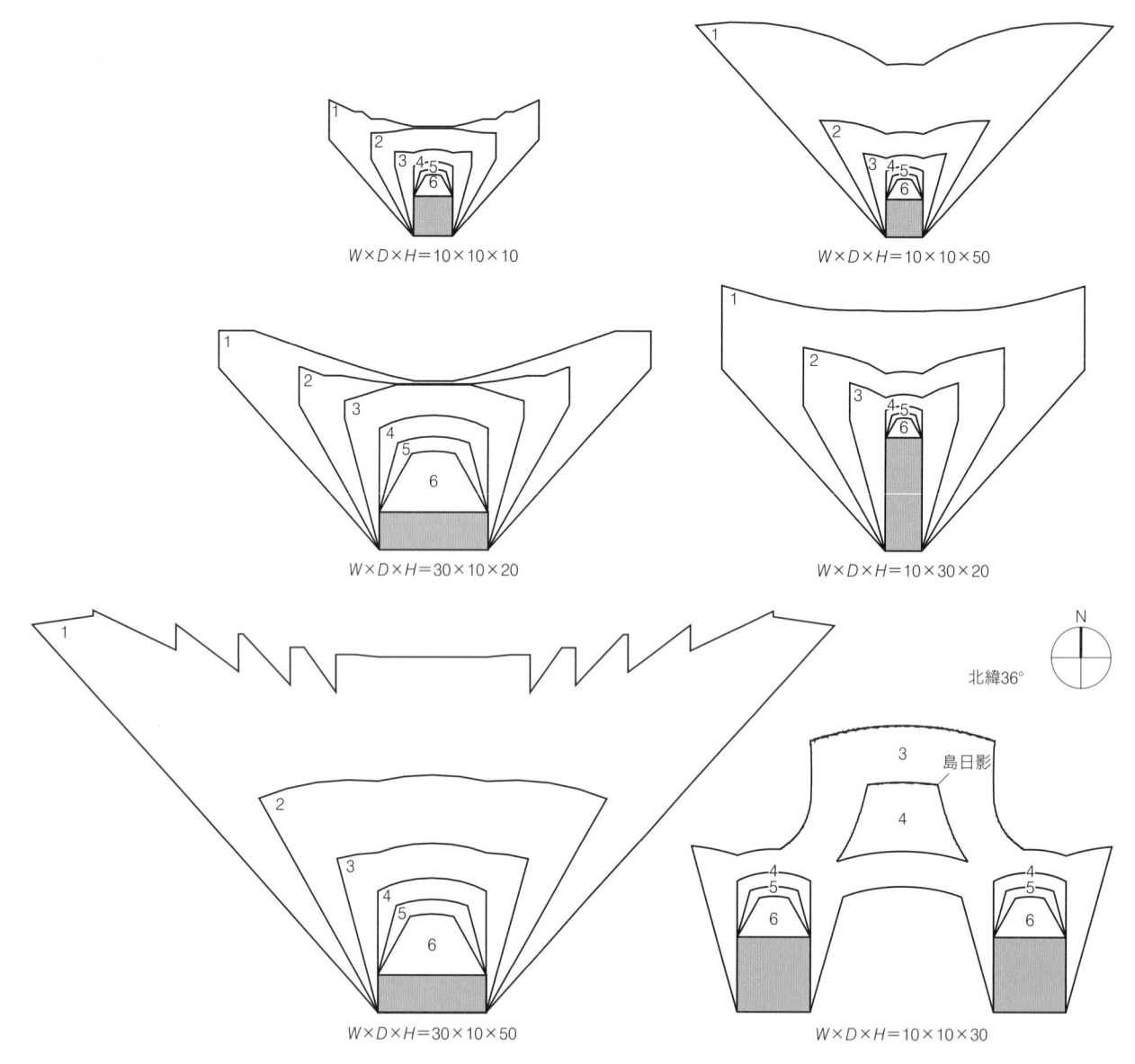

W×D×H=10×10×50

W×D×H=30×10×20

W×D×H=10×30×20

W×D×H=30×10×50

W×D×H=10×10×30

北緯36°

図3・2・7 建物形状と日影

定されている。敷地の周囲状況（道路、川、隣地との高低差）により規制は緩和されるが、島日影のような周囲の建物と複合してできる日影は対象とはならない。また建物がある程度の高さになると長時間日影となる範囲があまり変化しないため日影が生じても規制が及ばない。

6　コンピュータの利用

日影図や日影時間図は複雑な形状の建物になると短時間に正確な作図が行えない。そこでコンピュータの作図用ソフト（CADソフト）が利用されることがある。また日影規制、斜線制限、敷地境界からの建築物の後退距離などから建築可能な容積を検討できる逆日影図（鳥かご図）を作図するソフトもある。図3・2・9に一例をそれぞれ示す。

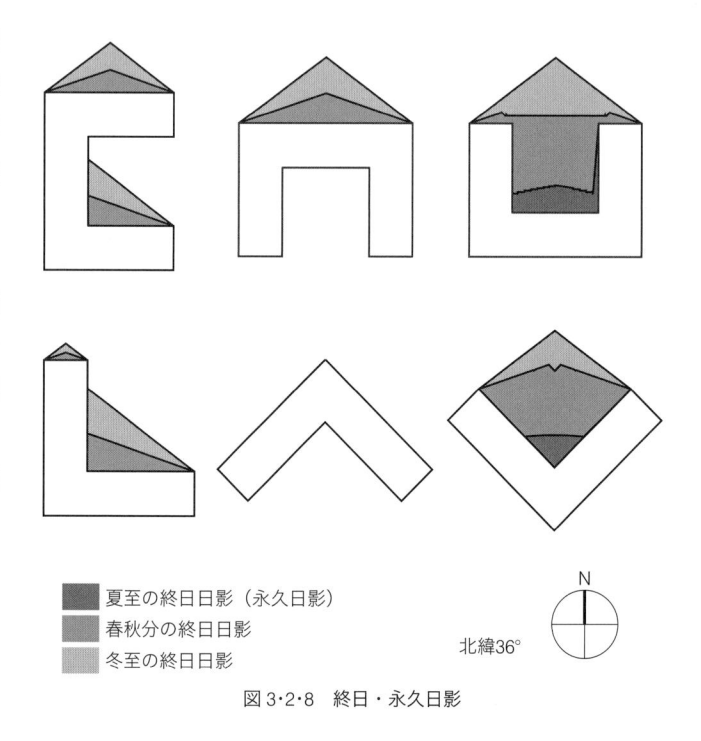

■ 夏至の終日日影（永久日影）
■ 春秋分の終日日影
■ 冬至の終日日影

北緯36°

図3・2・8　終日・永久日影

表3·2·1 日影規制

(い) 地域・地区 (下記の全部または一部で地方公共団体が条例で指定する区域)	(ろ) 制限を受ける建築物		(は) 日影の測定面の平均地盤面からの高さ	(に) 日影時間の限度		
				敷地境界線からの水平距離 （ ）内は北海道		
				号	5mを超え10m以内の範囲	10mを超える範囲
第1種・第2種 低層住居専用地域	軒高＞7m または 地上階数≧3		1.5m	(1)	3 (2) 時間	2 (1.5) 時間
				(2)	4 (3) 時間	2.5 (2) 時間
				(3)	5 (4) 時間	3 (2.5) 時間
第1種・第2種 中高層住居専用地域	高さ＞10m		4mまたは6.5m	(1)	3 (2) 時間	2 (1.5) 時間
				(2)	4 (3) 時間	2.5 (2) 時間
				(3)	5 (4) 時間	3 (2.5) 時間
第1種・第2種・準住居地域、 近隣商業地域、準工業地域	高さ＞10m		4mまたは6.5m	(1)	4 (3) 時間	2.5 (2) 時間
				(2)	5 (4) 時間	3 (2.5) 時間
用途地域の指定のない区域	イ	軒高＞7m または 地上階数≧3	1.5m	(1)	3 (2) 時間	2 (1.5) 時間
				(2)	4 (3) 時間	2.5 (2) 時間
				(3)	5 (4) 時間	3 (2.5) 時間
	ロ	高さ＞10m	4m	(1)	3 (2) 時間	2 (1.5) 時間
				(2)	4 (3) 時間	2.5 (2) 時間
				(3)	5 (4) 時間	3 (2.5) 時間

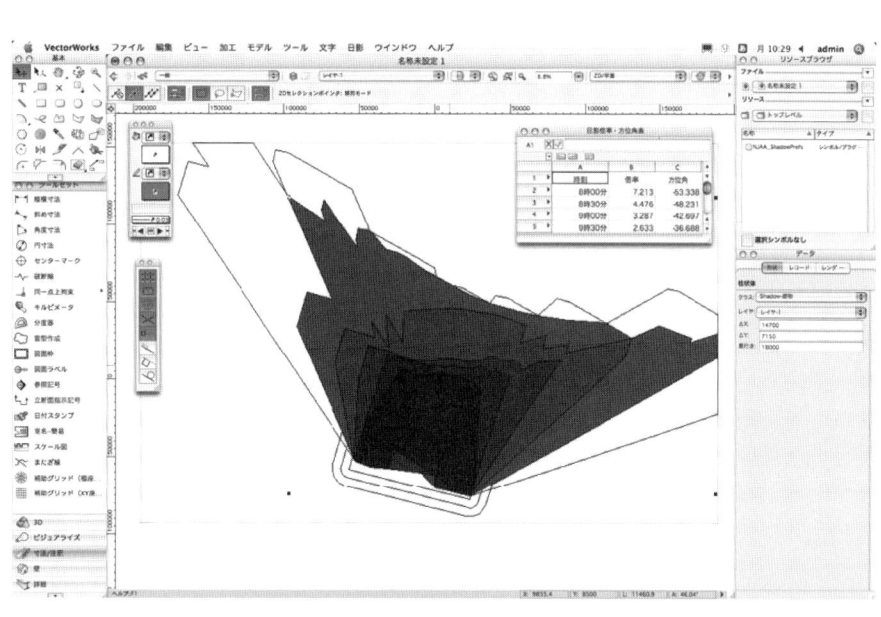

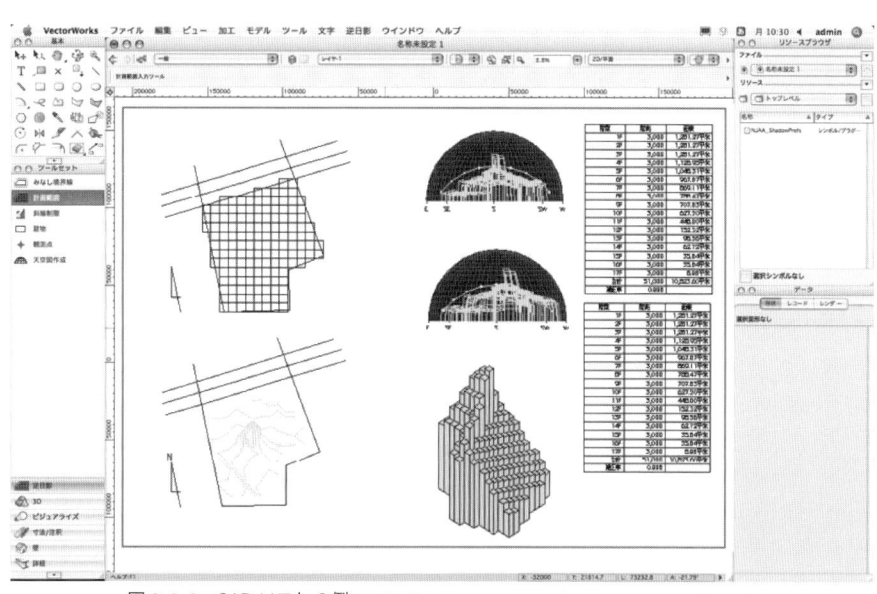

図3·2·9　CADソフトの例（出典:「A＆Aホームページ（http://www.aanda.co.jp）」より）

3・3 建築への日照（日当たり）の調整方法

1　壁面の方位と日照時間、日射受熱量

図3・3・1は垂直な壁面が受ける日照時間を方位ごとに示している。この図から南面での日照時間は夏至が最も短く、次に冬至で春秋分が最も長いことがわかる。また東南、南西面は各季節とも日照時間がほぼ等しく、夏至は各方位とも日照時間がほぼ等しいといえる。

図3・3・2は各方位の直達日射量の時刻変動を季節ごとに示している。夏至では正午頃に水平面の受ける日射量が最大となり、午前は東面、午後は西面の受ける日射量が多くなることがわかる。よって夏季は屋根面からの日照を防ぎ、朝日と西日対策を考えることが重要である。冬至では正午頃に南面の受ける日射量が最大となる。冬季では南面の日照をいかに確保するかが重要である。

2　日照（日当たり）の調整方法

日照の調整とは、必要な日照（直射光）を室内に取り入れ、不要な日照が室内に入るのを防ぐための工夫や方法である。日照調整は光的な側面では、グレアを生じさせないで照明に利用する工夫であり、熱的な側面では夏は冷房負荷を軽減させ、冬は暖房に利用する工夫である。日照調整の方法は建物の形態や配置と関係するので、設計する際は日照調整の効果と建物全体のデザインとのバランスを考えて選定する必要がある。日照調整の方法は表3・3・1に示すように大別できる。

3　基本的な工夫

その土地の気候・風土に根ざした民家のように建築形態を工夫することにより日照を調整することができる。例えば、写真3・3・1に示すような日本の民家は軒の出を深くす

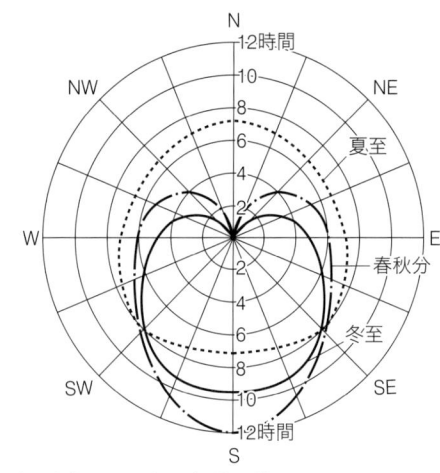

図3・3・1　壁面方位と日照時間（北緯35°）（出典：木村幸一郎『建築計画原論』共立出版、1949）

表3・3・1　日照の調整方法

基本的な工夫	建物と一体的な工夫
①方位・緯度の分析 ②建物の形態 ③窓の位置 ④地勢・環境の利用	①庇 ②軒 ③バルコニー ④ルーバー ⑤フィン ⑥格子 ⑦ブリーズソレイユ ⑧仕切板
材料的な工夫	装置的な工夫
①すりガラス ②拡散ガラス ③吸熱ガラス ④反射ガラス ⑤Low-Eガラス ⑥ガラスブロック ⑦大理石 ⑧紙 ⑨布	①パーゴラ ②テント、オーニング ③外付ブラインド ④すだれ、葦簀 ⑤鎧戸 ⑥ベネシャンブラインド ⑦障子、カーテン ⑧エアフローウィンドウ ⑨ダブルスキン

（出典：日本建築学会編『建築設計資料集成―環境』丸善、2007より作成）

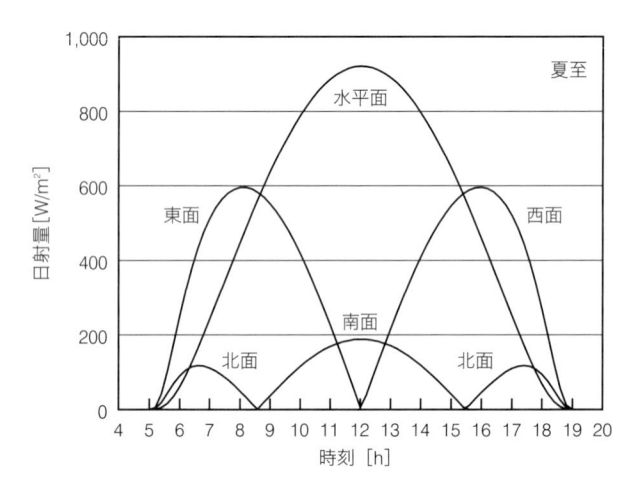

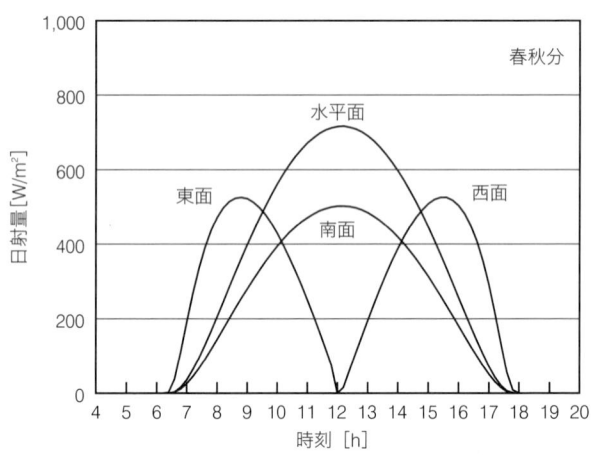

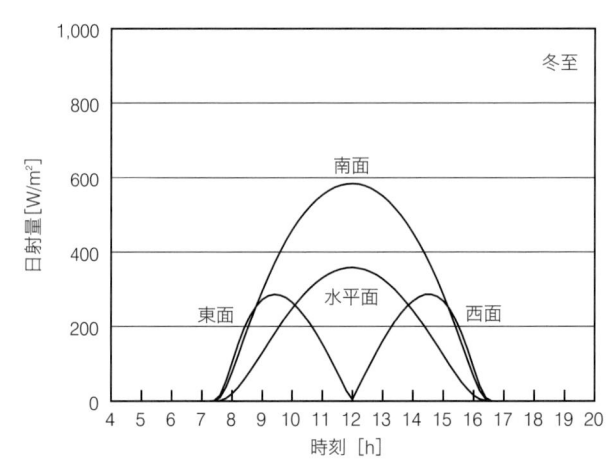

図3・3・2　各方位における直達日射量の時刻変動

ることにより、夏の日差しを遮りながら冬の日当たりをよくすることができた。地中海沿岸では建物を反射率の高い白色にすることで日照を調整してきた。地勢・環境の利用としては、山岳地帯などでは南斜面に住居を建てて日当たりをよくするなど地形を利用することは経験的に行われてきた（写真3・3・2）。また建物周辺に落葉樹を植えることにより、冬に日差しを遮られることなく夏涼しい木陰を得ることができる。

4　建物と一体的な工夫（ブリーズ・ソレイユ）

建物と一体となるような工夫は一般に窓外周部に施され、建築化された日よけと呼ばれることもある。ル・コルビュジエはそれを、太陽を破るものという意味のフランス語でブリーズ・ソレイユと呼んだ。これにはひさし（軒）、ルーバー（フィン）などがある。ルーバーとは写真3・3・3や写真3・3・4のように、複数の細長い同じ形状の板材を水平や垂直に並べたり、格子に組んだものをいう。水平や垂直に並べたもので板材が小形で複数枚から構成されるものをルーバー、数枚の大形の板材から構成されるものをフィンというが、明確な区分はない。ひさし（写真3・3・5）や水平ルーバーは南面に設ければ高度の高い夏の日照を遮ることができ、高度の低い冬の日照を部屋の奥まで取り入れることができる。

写真3・3・1　日本の民家

写真3・3・2　南斜面に建っている住居

写真3・3・3　水平ルーバ

写真3・3・4　垂直ルーバー

写真3・3・5　ひさし

集合住宅ではバルコニーが下階のひさしの働きを兼ねていることがある（写真3・3・6）。また写真3・3・7のように窓面を外壁から後退させても、ひさしや水平ルーバーと同様の効果が期待できる。夏の厳しい西日や朝日を遮るためには、可動式垂直ルーバーのような可動式の日よけや写真3・3・8の袖壁が適している。

5　材料的な工夫

図3・3・3に示すように、日照に対する材料（主にガラス）の反射、吸収、透過性状を理解する必要がある。

透明板ガラスに微量の鉄分やコバルトなどを添加するとガラスの日射吸収率が高くなり、室内へ入る日射熱が減少する。このようなガラスを熱線吸収ガラス（吸熱ガラス）といい、青色、灰色、ブロンズ色などの種類がある。熱線吸収ガラスは可視光域の波長もある程度吸収するため眺望が若干損なわれる。

透明板ガラスの表面に金属膜を焼き付けると日射の反射

写真3・3・6　バルコニー

写真3・3・7　後退窓

写真3・3・8　袖壁

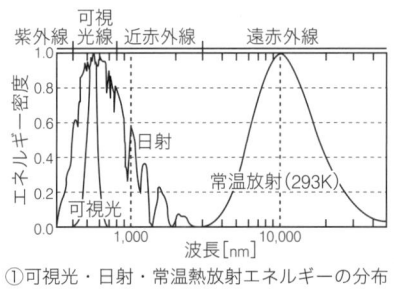

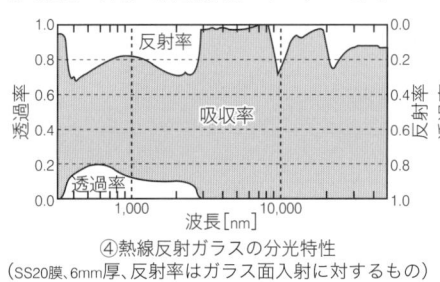

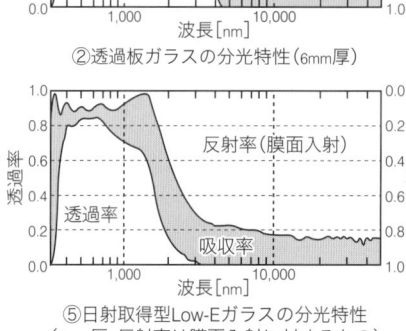

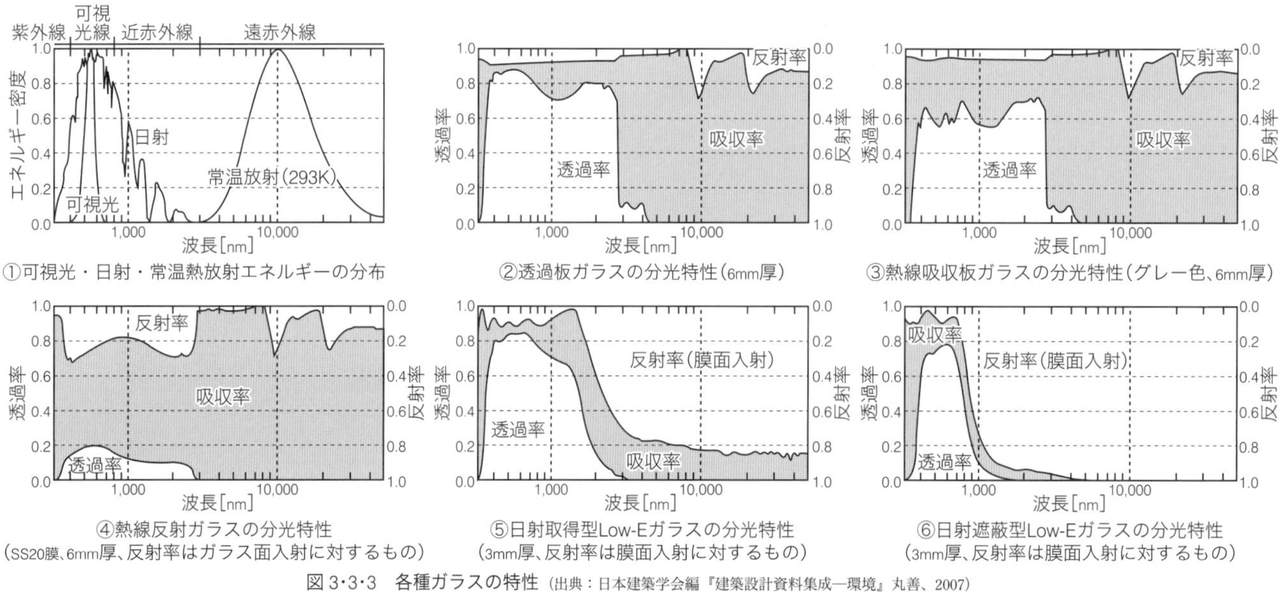

①可視光・日射・常温熱放射エネルギーの分布

②透過板ガラスの分光特性（6mm厚）

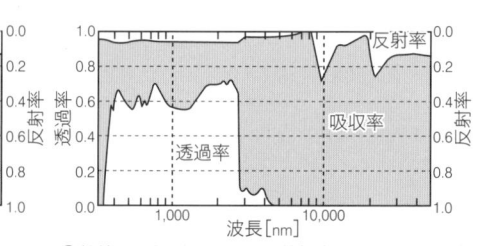

③熱線吸収板ガラスの分光特性（グレー色、6mm厚）

④熱線反射ガラスの分光特性
（SS20膜、6mm厚、反射率はガラス面入射に対するもの）

⑤日射取得型Low-Eガラスの分光特性
（3mm厚、反射率は膜面入射に対するもの）

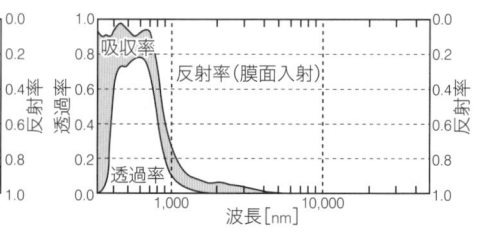

⑥日射遮蔽型Low-Eガラスの分光特性
（3mm厚、反射率は膜面入射に対するもの）

図3・3・3　各種ガラスの特性　（出典：日本建築学会編『建築設計資料集成—環境』丸善、2007）

率がかなり高くなり室内へ入る日射熱が減少する。このようなガラスを熱線反射ガラスまたはハーフミラーガラスという。名前の通りハーフミラー効果により昼夜で異なる印象を与えることができるが反射光の周囲への影響などを配慮する必要がある。

特殊金属薄膜を表面にコーティングしたガラスをLow-Eガラスまたは低放射ガラスといい、眺望を損なうことなく日射の反射率を高めたものである。Low-Eガラスは複層ガラス（ペアガラス）に組み合わせて使われることが多く、室外側に用いると日射を反射するため遮熱性能が向上し、室内側に用いると断熱性能が向上する。

その他に直射光を拡散させる拡散ガラスやガラスブロックなどがある。

6　装置的な工夫

建物の外部に設けるものとして、外付けブラインド（写真3・3・9）、すだれ（写真3・3・10）、オーニング（写真3・3・11）などがある。内部に設けるものとしてカーテン、障子、ベネシャンブラインド、ロールスクリーンなどがある。これらは窓面全体を覆うため西日や朝日など高度の低い日照を遮るのに適している。また開閉自在であるため時間により日射遮蔽、採光の機能を適宜使い分けることが容易である。

日射調節の効果を示す指標に日射遮蔽係数がある。これは3mm厚の透明板ガラスの室内に流入する日射量を基準として表した値で数値が小さいほど日射の遮蔽効果が大きい。図3・3・4に各種日射調整形式と日射遮蔽係数を示す。係数によると建物と一体的な工夫や樹木は日射の遮蔽効果が大きく、内部に設ける装置的な工夫は遮蔽効果をあまり期待できないことがわかる。同じベネシャンブラインドであっても外部に設けるよりも内部に設けた場合、ブラインドからの再放射のため日射の遮蔽効果は小さくなる。

注1）D、M、L、ALは色彩・材料による反射率の段階による区分で下に示す通りである。
　　D：反射率20%以下、M：同20〜50%、L：同50%以上、AL：アルミニウム同じ85%
注2）表面特殊コーティングの係数の幅は色調、コーティング種類などによる。
注3）樹木の陰はしげみの濃さにより、L：軽いしげみ、D：濃いしげみ、に分類している。

図3・3・4　日射調整と遮蔽係数（透明ガラス窓を基準値1.0とした場合）
（出典：日本建築学会編『コンパクト設計資料集成〈住居〉』丸善、1991）

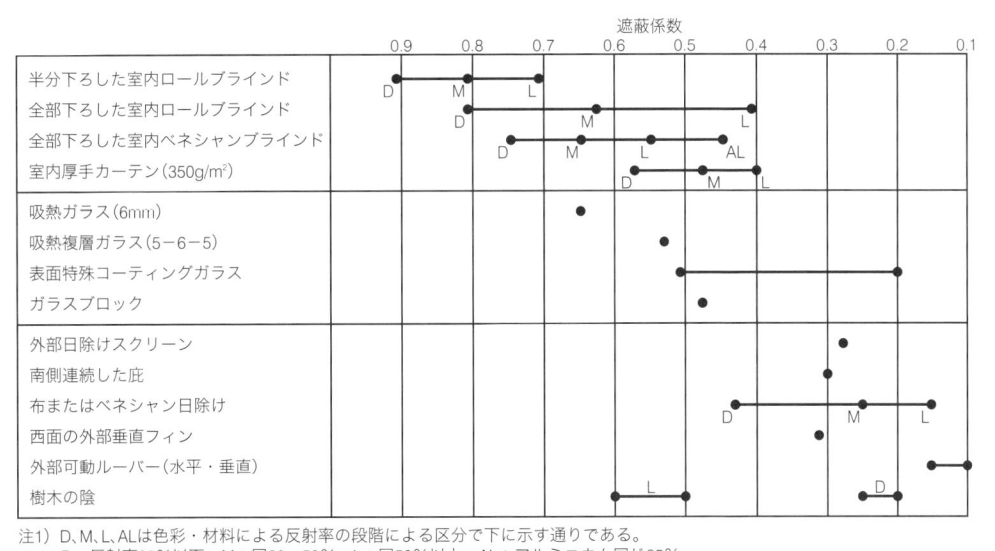

写真3・3・9　外付けブラインド

写真3・3・10　すだれ

写真3・3・11　オーニング

3・4 光源としての昼光

● 昼光の分類

　昼光には直射日光、天空光、それらの反射光がある。図3・4・1は昼光のうち直射日光と天空光の照度（全天昼光照度）と太陽高度との関係を天候ごとに区分して示したものである。この図から、昼光は明るい光源であるが天候や太陽高度（時刻，季節）により、その明るさが大きく左右されることがわかる。また直射日光の存在が及ぼす影響も大きい。そこで昼光は直射日光と天空光を分けて考える。

　直射日光は晴天日に太陽から直接地表に到達する光のことである。直射日光の大気外法線面照度は約133,700lxと非常に明るい光源である。直射日光は大気を通過して地表に到達するまでに一部が空気分子や水蒸気や塵埃により散乱、吸収され減衰する。入射方向に垂直な面（法線面）での直射日光照度 E_n は次式で表される。

$$E_n = E_0 P^{\frac{1}{\sin h}} \quad [\text{lx}] \quad \cdots\cdots\cdots\cdots\cdots (式3)$$

　ここで
　E_0：大気外法線照度 [lx]
　P：大気透過率 [nd]
　h：太陽高度 [°]

　大気透過率とは大気の混濁の程度を表している。大気透過率は、塵埃の多い都市部では小さく、また日本では水蒸気が多くなる夏に値が小さくなる。

　天空光は直射日光以外の天空から地表に到達する光のことであり、天候により様相が異なる。雲がない快晴時は、図3・4・2に示すように、天空の明るさ（天空輝度）は一様でなく太陽の周辺が最も明るく、天頂をはさんで太陽と直角になる付近が最も暗い。このような快晴時の天空のことを晴天空という。晴天空の全天空照度 E_{sh} はベルラーゲの式から求めることができる。

$$E_{sh} = \frac{1}{2} E_0 \sin h \frac{1 - P^{\frac{1}{\sin h}}}{1 - 1.4 \ln P} \quad [\text{lx}] \quad \cdots\cdots\cdots (式4)$$

　全天が雲で覆われ直射日光がない天空のことを曇天空といい、図3・4・3に示すように天空の明るさは、地平面から天頂に向けて明るくなる。

　曇天空の輝度分布は次式で表せる。

$$\frac{L_\theta}{L_z} = \frac{1 + 2 \sin \theta}{3} \quad \cdots\cdots\cdots\cdots\cdots\cdots\cdots\cdots (式5)$$

　ここで
　L_θ：見上げ角 θ の天空輝度 [cd/m²]
　L_z：天頂（$\theta = 90°$）の天空輝度 [cd/m²]

　曇天空は天空輝度を一様とみなすことが実用的には多く、その場合、曇天空による全天空照度 E_{ch} [lx] と天空輝度 L_s

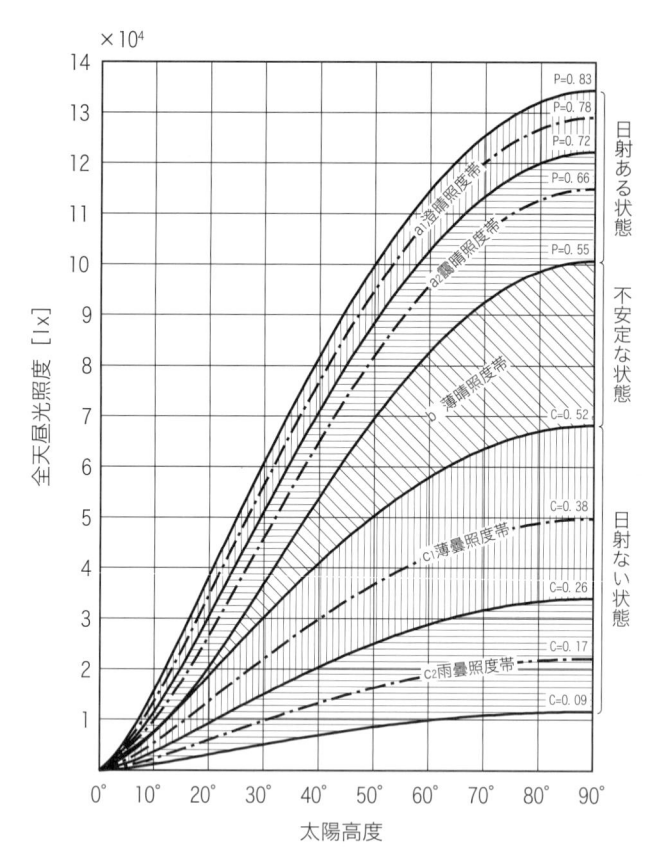

図3・4・1　昼光照度帯（出典：建築学大系編集委員会編「建築学大系8巻」彰国社、1955）

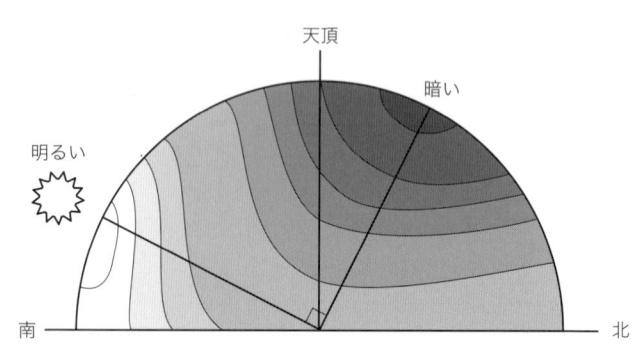

図3・4・2　晴天空の輝度分布（出典：日本建築学会編『光と色の環境デザイン』オーム社、2001）

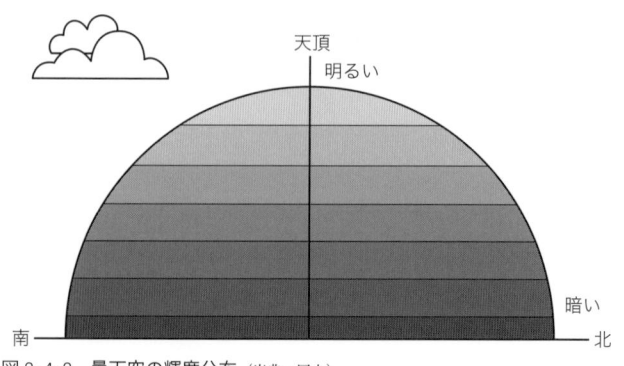

図3・4・3　曇天空の輝度分布（出典：同上）

[cd/m²]には次式のような関係がある。

$$E_{ch} = \pi L_s \quad [\text{lx}] \quad \cdots\cdots\cdots\cdots\cdots\cdots\cdots (\text{式} 6)$$

3・5 昼光照明と採光の手法

自然光である太陽光を屋内に取り入れ、光源に利用することを昼光照明あるいは採光という。昼光照明の利点としては、演色性の良い光で昼間室内を明るく照らすことができ、エネルギー消費量やコストの削減となることが考えられる。欠点としては、直射日光は非常に明るいためグレアを生じたり、モデリングを悪化させる要因となることがある。また、光を取り入れることのみを重視して窓を大きくすると、夏は日射により部屋が暑くなり、冬は窓から熱が逃げやすくなる。

1 昼光率

直射日光は非常に明るい光源であり室内を明るく照らすことができるが、前述のようにグレアを引き起こしやすい。また天候に左右されるため確実性に乏しい。よって昼光照明では天空光のみを考えることが多い。しかし、その場合でも天空光の強さは天候や時刻によって大きく変化するため、照度の値では明るさの指標とならない。そこで昼光照明の場合、ある基準の明るさとの割合を表わす明るさの指標として昼光率Dを用いる。昼光率Dは次式のように室内のある点の照度と全天空照度との比で定義されている。図3・5・1に昼光率の定義を示す。

$$D = \frac{E}{E_s} \times 100 \quad [\%] \quad \cdots\cdots\cdots\cdots\cdots\cdots (\text{式} 7)$$

ここで
E：受照点照度 [lx]
E_s：全天空照度 [lx]

受照点照度には、窓面から入射する天空光による直接照度による成分と、屋外反射光と窓から室内に入射して反射した間接照度による成分があり、前者と全天空照度との比を直接昼光率、後者を間接昼光率という。窓ガラスのない窓では、直接昼光率は近似的に立体角投射率と一致する。作業または室の種類別による基準昼光率を表3・5・1に示す。

2 建築基準法の採光規定

建築基準法では、表3・5・2に示すように住宅、学校、保育所、病院などの建物は居室の床面積に対して一定割合以上の採光上有効な開口部を設けることを規定している。さらに窓があっても隣地との関係から十分な昼光が得られないこともあるため、採光上有効な開口部面積の算出方法を定めている。本来であれば昼光照明は昼光率を明るさの指標として用いるべきであるが、計算が煩雑であるため基準法は上述のような規定となっている。

3 採光の手法

昼光照明の場合、太陽光を屋内に取り入れる窓が光源となる。そのため窓の位置、窓の材料、窓に付加する装置により方法が分類される。窓は採光以外に換気、日射調節、眺望などを目的として設けられるので、部屋の用途により上記のバランスを考慮して採光の方法を選定する必要がある。

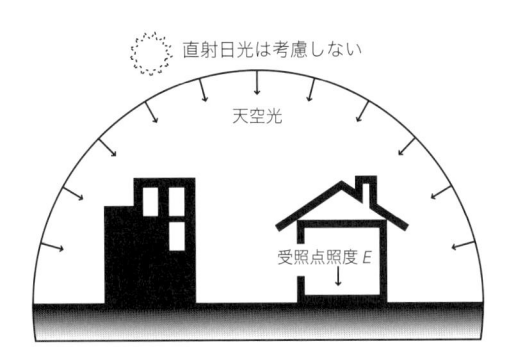

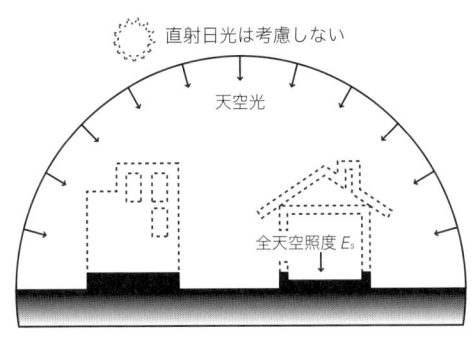

昼光率 $D = E/E_s \times 100$ [%]
図3・5・1 昼光率

表3・5・1 基準昼光率

段階	作業または室の種別例	基準昼光率 [%]	左の場合の昼光照度 [lx]			
			明るい日	平生	暗い日	非常に暗い日
1	時計修理・昼光のみの手術室	10	3,000	1,500	500	200
2	長時間の裁縫・精密製図・精密工作	5	1,500	750	250	100
3	短時間の裁縫・長時間の読書・製図一般・タイプ・電話交換・歯科診察	3	900	450	150	60
4	読書・事務・診察一般・普通教室	2	600	300	100	40
5	会議・応接・講堂平均・体育館最低・病室一般	1.5	450	225	75	30
6	短時間の読書（昼間）・美術展示・図書館書庫・自動車車庫	1	300	150	50	20
7	ホテルロビー・住宅食堂・居間一般・映画館休憩室・教会客席	0.7	210	105	35	14
8	廊下階段一般・小型貨物倉庫	0.5	150	75	25	10
9	大型貨物倉庫・住宅納戸・物置	0.2	60	30	10	4

4 窓の位置

図3・5・2のように、窓は位置により側窓、天窓、頂側窓に分類される。

側窓は最も一般的な窓で、外壁のような鉛直または鉛直に近い面に設けられる。利点として、構造・施工、清掃保守が容易、雨仕舞いが良い、通風、日照調節の都合が良い、眺望がよく開放感がある。欠点として周辺環境により十分な光が取り入れられない、片側窓の場合、立体感が比較的良いが部屋の奥が暗くなりやすく照度分布が不均一になることがある。しかし、片側窓の照度分布の不均一さは窓を縦長にすることや窓の位置を高く（高窓）することによって緩和することができる。照度分布は窓面と受照点との立体角投射率を求めることで、より正確に把握することができる。両側窓の場合、照度の不均一や照度不足は生じないが、光の向きが2方向となるため、立体感が乏しく、影が分かれて落ち着きのない空間になるおそれがある。

天窓は、トップライトとも呼ばれ屋根または天井のような水平か水平に近い面に設けられる窓のことである。利点と欠点は、側窓の逆となり、欠点として構造・施工、清掃保守が困難、雨仕舞いが悪い、通風、日照調節の都合が悪い、眺望が期待できず閉塞感が生じるおそれがある。利点として周辺環境によらず十分な採光が期待でき、照度分布が均一になる。天窓は、同じ窓面積でも側窓に比べ多くの光を取り込むことができ、建築基準法の採光規定では天窓の場合は実際の窓面積の3倍とみなしている。ただし直射日光によるグレアに注意をする必要がある。

頂側窓は、トップサイドライトとも呼ばれ天井付近に鉛直または鉛直に近い面に設けられた窓のことである。この窓は、側窓と天窓の折衷案のようなもので、雨仕舞いが良く、周辺状況によらず十分な光を均一に取り入れることができる。鋸屋根や越屋根は頂側窓を設けた代表例であり、広い平面を必要とする工場や、壁面の照度を必要とされる美術館でよく見られる。

5 窓の材料

ガラスは窓の材料として一般的に用いられるが透過性状により光の質が異なる。図3・5・3のように眺望が期待でき

表3・5・2 採光上有効な開口部
a) 居室の床面積に対する有効採光面積の割合

建築物の種類	対象となる室	有効採光面積/室の床面積
保育所	保育室	$\frac{1}{5}$以上
幼稚園・小学校・中学校・高等学校・中等教育学校	教室	
住宅	居室	$\frac{1}{7}$以上
病院・診療所	病室	
寄宿舎	寝室	
下宿	宿泊室	
児童福祉施設などの各種福祉施設	寝室・主な居室	
上記以外の学校	教室	$\frac{1}{10}$以上
病院・診療所・児童福祉施設など	談話室・娯楽室	

b) 採光補正係数

	用途地域	採光補正係数(λ)
①住居系	第一種低層住宅専用地域 第二種低層住宅専用地域 第一種中高層住宅専用地域 第二種中高層住宅専用地域 第一種住宅地域 第二種住宅地域 準住居地域	$\frac{6D}{H} - 1.4$
②工業系	準工業地域 工業地域 工業専用地域	$\frac{8D}{H} - 1.0$
③商業系他	近隣商業地域 商業地域 指定のない区域	$\frac{10D}{H} - 1.0$

注1：①は$D \geq 7m$、②は$D \geq 5m$、③は$D \geq 4m$であれば、数値が1.0未満になる場合でも1.0とする。
注2：開口部が道に面し、数値が1.0未満になる場合は1.0とする。
注3：数値が3.0を超える場合は3.0に、負数になる場合は0とする。

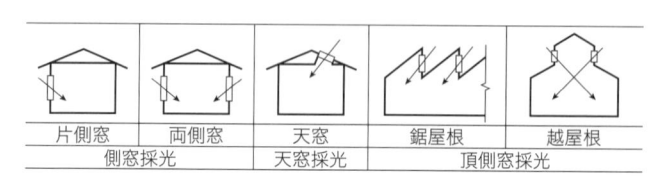

図3・5・2 採光窓の分類 (出典：田中俊六、武田仁、岩田利枝、土屋崇雄、寺尾道仁共著『最新建築環境工学 改訂3版』井上書院、1985)

図3・5・3 窓材料と光の透過・屋外の見え方 (出典：小島武男、中村洋共編『現代建築環境計画』オーム社、1983)

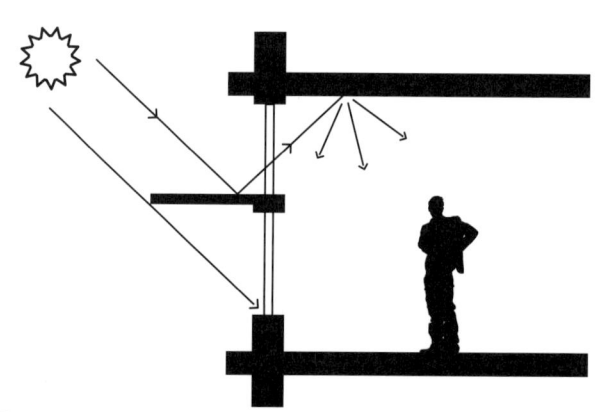

図3・5・4 ライトシェルフの断面図 (出典：彰国社編『自然エネルギー利用のためのパッシブ建築設計手法事典改訂版』彰国社、2000)

る透明ガラス、眺望は期待できないが光が拡散される型板ガラスやすりガラス、乳白ガラスなどがある。

6 窓に付加する装置

直射日光の反射光を利用する昼光照明にライトシェルフなどがある。ライトシェルフは、図3・5・4に示すように中びさしが下部窓への直射日光の入射を防ぎながら、上面で反射された直射日光を天井面に取り入れるものである。

太陽光を直接屋内に取り入れる方法として、日照鏡、光ダクトなどがある。日照鏡は、写真3・5・1に示すように、屋上の鏡で反射された直射日光をアトリウムや中庭を介して屋内に取り入れるものである。光ダクトは、反射効率の良い素材で内面が覆われたダクトにより直射日光を部屋の奥や地下空間に取り入れるものである。

写真3・5・1 日照鏡

3・6 熱エネルギーとしての日射

1 日射の種類

太陽から地球の大気圏外に到達する放射エネルギー量は、1年間変化するが年平均値は1.37kW/m²であり、これを太陽定数という。太陽の放射エネルギーが地表に到達するまでに紫外線はオゾン層に吸収され、可視光線や赤外線も水蒸気やCO_2に吸収されたり、空気分子や塵埃により散乱され減衰する。太陽の放射エネルギーを熱として捉える場合それを日射と呼ぶことがあるが、太陽の放射エネルギーのうち、地表面に直接到達するものを直達日射といい、大気中で散乱されたのちに地表に到達するものを天空日射といい、それが地物により反射されたものを反射日射という。

2 日射量

入射方向に垂直な面（法線面）での直達日射量I_nは、次式のブーゲの式による値がよく用いられている。

$$I_n = I_0 P^{\frac{1}{\sin h}} \ [\text{W/m}^2] \quad \cdots\cdots\cdots\cdots\cdots (式8)$$

ここで
I_0：太陽定数 [W/m²]
P：大気透過率 [nd]
h：太陽高度 [°]

水平面の天空日射量I_{sh}は、次式のベルラーゲの式による値がよく用いられている。

$$I_{sh} = \frac{1}{2} I_0 \sin h \frac{1-P^{\frac{1}{\sin h}}}{1-1.4 \ln P} \ [\text{W/m}^2] \quad \cdots\cdots\cdots (式9)$$

3 日射量の年変動

図3・6・1は、各面が受ける日射量の年変動を示したものである。夏は太陽高度が高いため水平面の日射量が最も大きく、ついで東西面、南面となる。夏の日射を遮るためには屋根面、東西面への対策が重要となる。一方冬は太陽高度が低いため南面の日射量が最も大きく、ついで水平面、

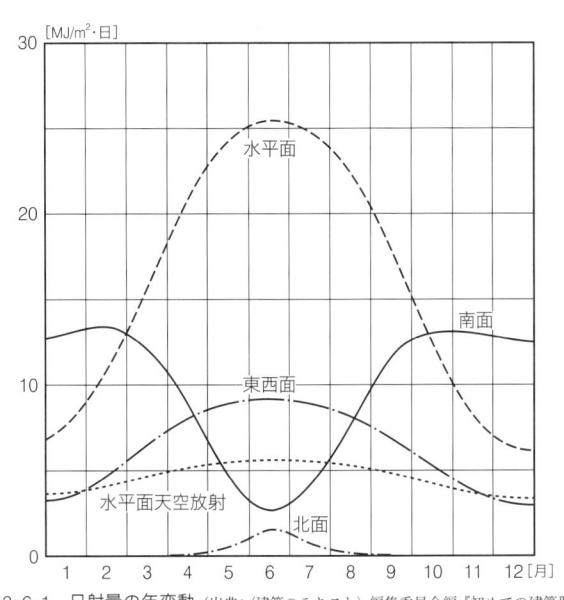

図3・6・1 日射量の年変動（出典:〈建築のテキスト〉編集委員会編『初めての建築環境』学芸出版社、1996）

東西面となる。冬の日射を取り込むためには南面への対策が重要となる。

4 太陽熱暖房（パッシブシステム、アクティブシステム）

パッシブシステムとは建物自体のデザインで太陽熱を暖房に使う手法であり、図3・6・2に示すダイレクトゲイン（直接日射取得）、トロンブウォール、サンスペース（付設温室）などがある。ダイレクトゲインは、最もシンプルな方法で窓から日射を取り入れ、熱容量の大きな素材を床や壁に用いて熱を蓄えて暖房する方法である。トロンブウォールは窓面のすぐ近くに集熱・蓄熱のための壁をつくり暖房する方法である。サンスペースは、建物南面に温室を設けて、温室で集めた熱を室内に循環させて暖房する方法である。

アクティブシステムとは、機械設備を建物に設置して太陽熱を暖房に利用する手法であり、集熱器（サーモサイフォン）を屋根面に設けて、空気や水を暖めて暖房する手法が一般的である。写真3・6・1に集熱器の例を示す。

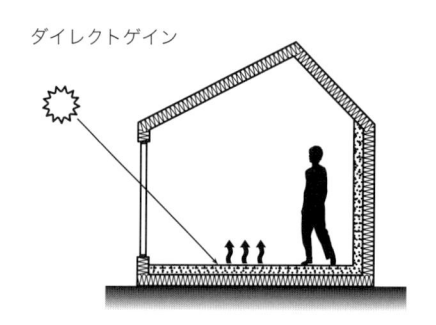

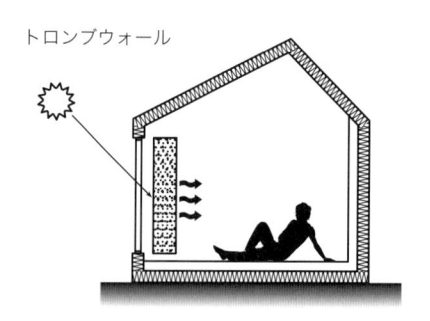

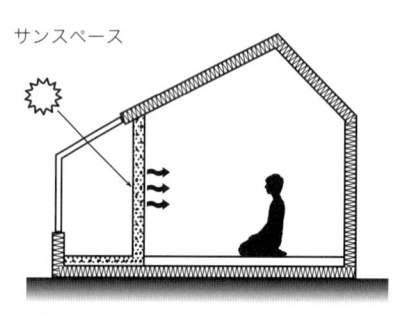

図3・6・2　パッシブソーラー（出典：日本建築学会編『コンパクト設計資料集成〈住居〉』丸善、1991）

写真3・6・1　集熱器の例

参考文献
3・1〜3・6
1) 〈建築のテキスト〉編集委員会編『初めての建築環境』学芸出版社、1996
2) 日本建築学会編『建築設計資料集成—環境』丸善、2007
3) 木村幸一郎『建築計画原論』共立出版、1949
4) 日本建築学会編『コンパクト設計資料集成〈住居〉』丸善、1991
5) 建築学大系編集委員会編『建築学大系8巻』彰国社、1955
6) 日本建築学会編『光と色の環境デザイン』オーム社、2001
7) 田中俊六、武田仁、岩田利枝、土屋喬雄、寺尾道仁共著『最新建築環境工学 改訂3版』井上書院、1985
8) 小島武男、中村洋共編『現代建築環境計画』オーム社、1983
9) 彰国社編『自然エネルギー利用のためのパッシブ建築設計手法事典改訂版』彰国社、2000

第4章 熱・湿気の調節と室内気候計画

4・1 熱と湿気の移動メカニズム

建築においては、建物の各部位や空間においていろいろな形態で熱が伝わる。熱の伝わり方には一般に次の3通りある。

①固体中を伝わる伝導
②流体（気体、液体）が移動して伝わる対流
③固体間を電磁波として伝わる熱放射

暖房や冷房を行うときに起こるできごとは、建物の壁体を熱が通り抜ける現象である。暖房の場合を考える。気温は室内が屋外よりも高い。熱は気温の高い方から低い方へ移動する。このとき熱は室内の空気から壁体の室内側表面へ移動する。この現象を熱伝達と呼ぶ。これは伝熱的には対流と放射が混合して熱移動する現象である。次に室内側表面から屋外側表面へ壁体内を移動するが、これは熱伝導である。屋外側表面から外気へは熱伝達で移動する。このように伝達、伝導、伝達を繰り返して壁体内を通り抜ける熱の移動を熱貫流という。この様子を図4・1・1に示す。

では、この移動する熱を量的に求めてみよう。

熱の移動量は次式で示される。

$$Q = C(t_a - t_b) \ [W/m^2] \quad \cdots\cdots (式1)$$

ここで、C は「熱コンダクタンス」と呼ばれる固体や流体の状態で決まる係数である（図4・1・2）。

❶熱伝導

熱伝導の場合は、これを熱コンダクタンスといい、壁厚 x [m] の場合には、次式となる。

$$C = \frac{\lambda}{x} \quad \cdots\cdots (式2)$$

ここで、λ：熱伝導率 [W/m℃]

この熱伝導率は材料の物性値であり、材料が固有に持っている値である。

大雑把にその値を見ると図4・1・2のようになり、空気を材料内に含むものが小さい値をとる。値が大きい場合には熱が伝わりやすく、小さい場合には熱が伝わりにくいことを示している。小さい値を持つ材料を断熱材あるいは保温材と呼ぶ。

❷対流熱伝達

対流の場合には、上述の式が以下の様に表わされ、ニュートン冷却則に基づいている。

$$Q = \alpha_c(t_a - t_b) \ [W/m^2] \quad \cdots\cdots (式3)$$

ここで、α_c は対流熱伝達率 [W/m²・℃] である。

強制対流（扇風機や風が吹くときなど）の場合には、風速のべき乗に比例する。自然対流（浮力により空気が上昇するなど）の場合には、物体と空気の温度差の1/4乗に比例する値をとる。建築室内外での値は、一般には図4・1・2に示す値を用いる。

❸熱放射

固体は温度を持つ限り（絶対0度ではない場合）、熱放射（電磁波）を射出する。その量は、ステファン・ボルツマンの法則によって、固体の絶対温度の4乗に比例し、次式で表現される。

$$Q = \varepsilon \sigma T^4 \quad \cdots\cdots (式4)$$

ここで
ε：固体の放射率
σ：ステファン・ボルツマンの定数 $= 5.67 \times 10^{-8}$ [W/m²K⁴]

一般には、相対する壁面1および壁面2の間で放射熱のやり取りがあり、その結果、一方から他方への正味の熱量

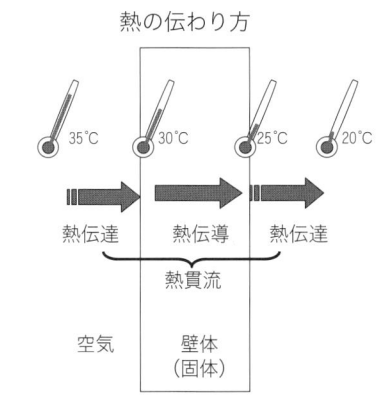

熱の伝わり方

熱伝達　熱伝導　熱伝達
熱貫流

空気　壁体（固体）

熱は温度の高い方から低い方へ移動する

図4・1・1　壁体の熱貫流

熱の移動量　$Q = C(t_a - t_b)$　W/m²
C は「熱コンダクタンス」
熱伝導の場合：$C = \lambda/x$
熱伝達の場合：室内　9 W/m²℃
　　　　　　　室外　23 W/m²℃

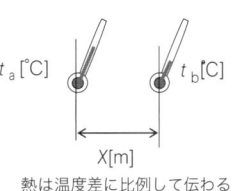

λ は「熱伝導率」W/m℃
材料により決まる
概略値は以下の通り
金属　　　　　　　　　　　50-200
石・土・コンクリートなど　1
木・プラスチック・石膏など　0.1-0.2
断熱材など　　　　　　　　0.02-0.05
空気　　　　　　　　　　　0.022

熱は温度差に比例して伝わる

図4・1・2　熱の移動と熱伝導率の概略値（出典：日本建築学会編『建築設計資料集成1 環境』丸善、1978より作成）

が伝達する。これを放射熱伝達という。

この2壁面間の熱量を求める（図4・1・3）。

壁面1から出て2に吸収される熱量は、

$Q_{1-2} = \varepsilon_1 a_2 \phi_{1-2} \sigma T_1^4 A_1$ ……………………………（式5）

a は面2での吸収率であり、面1から出て面2に到達した熱放射のうち吸収される割合を表わす。

壁面2から出て1に吸収される熱量は、

$Q_{2-1} = \varepsilon_2 a_1 \phi_{2-1} \sigma T_2^4 A_2$ ……………………………（式6）

ここで、ϕ_{1-2}は面1から面2への形態係数で、面1から出た熱放射のうち面2に入射する量を示すもので、2つの面の位置関係によって、立体角投射法則により決定される係数である。さらに相反法則として以下の関係が成り立つ。

$\phi_{1-2} A_1 = \phi_{2-1} A_2$ ……………………………………（式7）

キルヒホッフの法則により、一般に建築材料では放射率と吸収率は等しい。したがって、上式は、以下のようになる。

$Q_{1-2} = \varepsilon_1 \varepsilon_2 \phi_{1-2} \sigma T_1^4 A_1$ ……………………………（式8）
$Q_{2-1} = \varepsilon_2 \varepsilon_1 \phi_{2-1} \sigma T_2^4 A_2$

面1の方が温度が高いとすると、正味の熱伝達は以下のようになる。

$Q = \varepsilon_1 \varepsilon_2 \phi_{1-2} \sigma T_1^4 A_1 - \varepsilon_2 \varepsilon_1 \phi_{2-1} \sigma T_2^4 A_2$
$= \varepsilon_1 \varepsilon_2 \phi_{1-2} \sigma (T_1^4 - T_2^4) A_1$ ……………………（式9）

この式は、非線形なので、線形化をして簡便にする。

$Q = \varepsilon_1 \varepsilon_2 \sigma (T_1^4 - T_2^4) \phi_{1-2} A_1$
$= \varepsilon_2 \varepsilon_1 \sigma (t_1 - t_2) \phi_{1-2} A_1$ ……………………（式10）

ただし、$K = (T_1 + T_2)(T_1^2 + T_2^2)$

この値は、温度が上昇しても緩やかな増加であり、常温域など温度範囲を限るとほぼ一定とみなせる。最終的に面1－面2間の放射熱伝達量は、次式で示される。

$Q = \alpha_r (t_1 - t_2) \phi_{1-2} A_1$ ……………………………（式11）

ここで、α_rを放射熱伝達率という。この値は一定値として 4.5W/m²K を用いる。

4 熱貫流

壁体を熱が通り抜けることを考える。室内が暖房されているとき、室内空気から壁体表面に熱伝達で熱が伝わり、壁体内を熱伝導で伝わり、外気側壁体表面から外気へ熱伝達で熱が伝わる。この場合の熱伝達は、空気から壁体、あるいはその反対の壁体から空気へ対流と壁体表面と他の壁体や固体間の熱放射が複合して伝達すると考える。この場合、対流と放射の伝達現象をまとめて熱伝達として取り扱う。熱の（式1）において、熱伝達の場合には、コンダクタンスは、熱伝達率と呼び、記号はαを用いる。

$Q = \alpha (t_1 - t_2)$
$Q = \alpha (t_2 - t_o)$ ……………………………………（式12）

熱伝達率は、次のような値をとる。
室内 $\alpha_i = 9$ ［W/m²℃］
室外 $\alpha_o = 23$ ［W/m²℃］

図4・1・1のように熱の伝わり方としては、伝達－伝導－伝達の3つの現象となるが、実際には壁体を熱が一気に突き抜けて移動するのであり、室内気温と外気温の温度差で移動すると考える。

その場合、（式1）で、C は熱貫流率 K ［W/m²℃］と呼ばれ次式で求められる。

$K = \dfrac{1}{R_t}$ …………………………………………（式13）

$R_t = \dfrac{1}{\alpha_i} + \dfrac{x}{\lambda} + \dfrac{1}{\alpha_o}$ ……………………………（式14）

ここで、R_t［m²℃/W］は熱貫流抵抗という。

熱貫流率は、建物の断熱性の判定に用いられ、暖冷房の効率性や快適性などの関わる重要な量である。

5 湿気の移動

湿気の移動は、熱の移動と同様に考える。熱では温度の差が移動させる駆動力であったが、湿気の場合は水蒸気分圧である。これは、空気中に水蒸気がどれほど含まれているかを示す湿度表示の一つでもある。湿気も熱と同様に壁体を貫流する。室内空気から壁体表面までは湿気伝達、壁体内は湿気伝導、壁体から外気までは湿気伝達と移動する。熱との違いは、流れを遮断できるかどうかである。熱の場合には断熱材といっても熱が通りにくいだけで遮断できない。しかし、湿気の場合にはポリエチレンフィルムのように防湿材では、湿気移動を遮断できる。

壁体の湿気貫流量 G［kg/hkPa］は以下のように表わせる。

$G = K_m (f_i - f_o) A$ …………………………………（式15）

K_mは湿気貫流率　$K_m = \dfrac{1}{R_m}$ ……………………（式16）

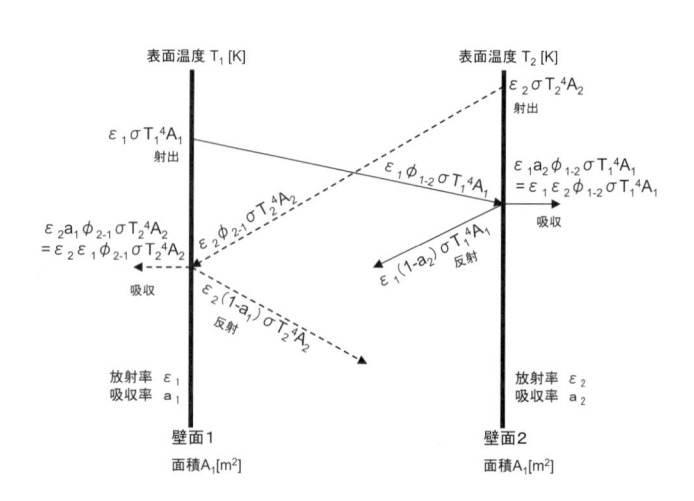

図4・1・3　2つの壁面間の放射熱授受の模式図

湿気貫流抵抗　　$R_m = \dfrac{1}{h_i} + \dfrac{\Sigma l_j}{\lambda_{mj}} + \dfrac{1}{h_o}$ ……………(式17)

ここで、
h_i：室内側湿気伝達率［kg/m²hkPa］
l_j：壁厚［m］
λ_{mj}：湿気伝導率［kg/mhkPa］
h_o：屋外側湿気伝達率［kg/m²hkPa］

端部の水蒸気分圧がそれぞれ f_1、f_2 の、単一の固体材料の湿気伝導だけ考えると、湿気伝導量 G は、

$G = \dfrac{\lambda_m}{l}(f_1 - f_2)A$ ………………………(式18)

4・2 建築の熱負荷

建築の熱の出入りを概観すると図4・2・1に示されるようになる。これを夏と冬に分けてまとめると表4・2・1のようになる。

ここで、換気による熱損失あるいは加熱は、内外の温度差のある空気が入れ替わることにより、冬の暖房時には室内の暖かい空気が換気により冷たい空気に置き換えられることになり、熱が損失したことになる。夏の冷房時にはこの逆で、室内の冷たい空気が外の暖かい空気と入れ替わることになり、加熱された状況になる。

冬の場合、熱が室内から外気へ流出することで室内気温が低下することにつながる。この場合、室内気温を一定に保つには、気温が低下しないように流出する熱に見合った熱を室内に供給する必要がある。このように室内気温が低下しないように一定に保つために熱量を供給することが暖房である。この供給熱量を暖房負荷という。冬の暖房時には、湿度が低く一般に加湿が必要であり、水蒸気を特に取り除く必要がないため、湿気は勘定に入れない。室内に流入あるいは発生する熱は、暖房することに相当するものであり、安全側（あれば得をする）と考え、暖房時には特に考えない。

この逆に夏の場合、すべての熱が室内への流入あるいは発生である。この流入および発生熱量を室内から室外へくみ出さないと、室内の気温が上昇する。上昇させないため、一定気温を保つために室内から熱をくみ出すことを冷房という。この熱量を冷房負荷という。この場合水蒸気も負荷として勘定する。それは、夏季には湿度が高く、湿気を室内から室外へくみ出すこと、除湿することが必要だからである。

4・3 断熱の計画と冷暖房の軽減

建物の断熱性（保温性）と冷暖房負荷の関係を考える。建築の主な暖房負荷は、熱貫流（冷房時の日射を含む）と換気である。この両者によって熱負荷の多くを占める。特に暖房時にはこの2者を取り扱えばよい。そこで、冬季の暖房負荷 H を求める。

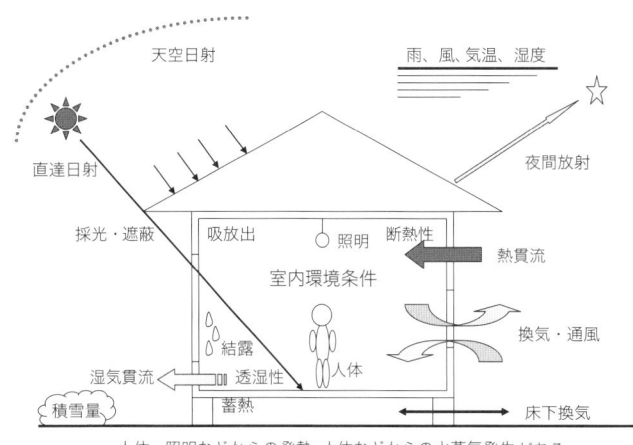

$H = \Sigma K_j(t_i - t_o)A_j + ncV(t_i - t_o)$
$= (\Sigma K_j A_j + ncV)(t_i - t_o)$ ……………………(式19)

n：換気回数［1/h］
c：空気の容積比熱［J/k］
V：室容積［m³］

単位床面積あたりに直すと以下のようになる。

$Q = \dfrac{(\Sigma K_j A_j + ncV)(t_i - t_o)}{A}$ ……………………(式20)

A：延べ床面積［m²］

この式は、熱伝達を表わす式(1)と同様の形となっている。

コンダクタンスに当たる部分を熱損失係数 q［W/m²℃］という。

$q = \dfrac{(\Sigma K_j A_j + ncV)}{A}$ ……………………………(式21)

断熱性がよければ、K_j が小さく、気密性が高ければ n は小さくなる。そうすると熱損失係数が小さくなる。高気密高断熱の場合は q が極めて小さくなる。地域によって q の値が定められ、断熱気密の目安とされている。q が小さければ当然熱損失量 H が小さくなり暖房負荷の軽減につながる。

しかし、断熱気密性を増すことは、建物にはエネルギー削減が果たせるが、初期投資についての経済的負担が大き

図4・2・1　建築における熱の出入

表4・2・1　建築の熱の出入り

	室内への熱の流入または加熱	室内からの熱流出
冬	・日射 ・室内の熱発生	・熱貫流 ・換気による熱損失
夏	・日射 ・熱貫流 ・室内の熱発生 ・換気による加熱 ・水蒸気の発生	—

くなる。そこで、熱損失係数とエネルギー消費量との関係を考える。qを小さくするためには、初期の設備投資が何もしない場合に比べて多く必要である。qが大きければ、通常のエネルギー消費量が大きくなる。この関係を概念図として図4・3・1に示す。初期投資はqの値が小さければ大きく、qの増加により漸近的に減少する。エネルギー消費量（費用）はqの増加共に直線的に増加する。これらを年限を区切って総費用として求めると、図中の下に凸の曲線のような傾向を示す。したがって、経済的に最適なqの値が求められる。しかし、現在のように化石燃料の枯渇や地球環境問題を考えるとさらにさかのぼって、すべてのライフサイクルの中でどのようになるかを評価するLCAを考えたり、別の観点も含め総合的に決定するべきであろう。また建物の行き過ぎた気密性は、シックハウス症候群などのすまいの健康的環境の問題にもつながる可能性があり、十分に気をつける必要がある。

4・4 省エネルギーの計画

建築における省エネルギーの計画は、化石燃料にかかわるエネルギー消費を節約することであり、その方法として大きく3つに分けることができる。ひとつは、エネルギーをできる限り使用しない方策を考えることである。もうひとつは、エネルギーの使用を前提として、エネルギー利用の効率をいかに上げるかということである。最後は、化石燃料ではない新しい環境負荷のないエネルギー源を見出すことである。

❶エネルギー消費量の抑制

建築において冷暖房換気と照明を行ううえで、エネルギー消費をそのように抑えるかを考える。最も簡単には、エネルギー消費をする機械設備を使用しないことが最も省エネルギーに近い方策である。基本的には、建築の平面断面計画、構造や構法そして材料の選択において防暑防寒および採光の工夫を行うことである。これは、伝統的な住宅が持っていた環境調節の機能であり、現代のパッシブデザインに通じるものである。冬季には、断熱を施し、日射を取り入れる、夏季には開口をあけ通風を促進させる。これを基本に実施したうえで、なお更なる環境制御が必要である場合に、簡便な機器を導入して暖房、冷房、換気、照明を必要に応じて行う。さらに、厳密なあるいは一定の環境を形成する場合には空気調和設備や照明設備などの中央制御方式の機械設備を設置する。このように段階的に必要に応じた環境設備を導入する。段階的な環境調節をまとめたものが表4・4・1である。

オフィスなどの大規模な建物の省エネルギーを示す指標としてPALがある。これは年間熱負荷係数と呼ばれ、年間にわたる建築の熱負荷を表わす指標で、省エネルギー性能を示すものである。次のように計算する。

$$\text{PAL} = \frac{\text{屋内周囲空間の年間熱負荷［MJ/年］}}{\text{屋内周囲空間の床面積［m}^2\text{］}} \quad\cdots\cdots\text{(式22)}$$

この式からも分かるように、建物側の特に周囲空間であるペリメーターゾーンを対象とした物性的な熱負荷軽減を図ることを目的としている。

一方、設備システムの省エネルギー効率を示す指標として空調エネルギー消費係数CECがある。これは空気調和設備のエネルギーの効率的な利用について評価するものである。次のように求められる。

$$\text{CEC} = \frac{\text{年間空調エネルギー消費量［MJ/年］}}{\text{年間仮想空調負荷［MJ/年］}} \quad\cdots\cdots\text{(式23)}$$

住宅では、部位については断熱性を表わす目安として熱貫流率を用い、全体的には熱貫流と換気による熱負荷の様相を表わす熱損失係数が用いられる。これらの値が小さければ省エネルギー的であることを示している。

❷エネルギー使用効率の向上

設備機器が設置されている場合に、エネルギーの使用効率を向上させるには、機器の性能を上げることによるエネルギー効率の向上を図る。これは機器のメーカによる技術開発に依存する。トータルなシステムとしては、室温や機器の運転に対する最適制御による省エネルギーである。これは、空気調和や照明における機器選択や全体システムを構築する際にシミュレーションを行うなどして最適化を図る。

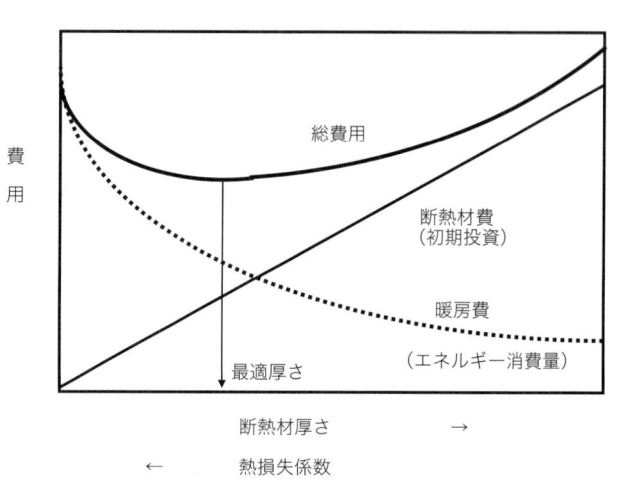

図4・3・1 最適な断熱厚さを求めるための断熱材エネルギー消費と費用との関係の概念図

表4・4・1 省エネルギーの3つの異なる手法

省エネ手法	暖房	冷房	照明
パッシブデザイン	断熱、日射、温室	通風、日よけ、打ち水	昼光照明、採光
機器併用	床暖房、暖炉	機械換気、扇風機	照明器具
機械設備制御	空気調和	空気調和	人工照明

熱源を効果的に利用することで省エネルギーを図る方法として、地域冷暖房の利用やコ・ジェネレーションシステムの利用があげられる。前者は地域の熱ないし設備利用者がひとつのプラントで熱を高い効率で生産し地域供給するものである。各ビルにおいては機械室や熱源が不要になるとともに、規模の集積により熱源機器のより効率化が図れる。コ・ジェネレーションシステムでは、発電時に従来捨てられていた熱を積極的に利用して、総合的効率を上げようとするものである。発電効率は30％程度であるが、廃熱利用により総合効率を60％以上にも上げることが可能である。

3 新エネルギーの利用

新しいエネルギー源を見つけ出すことにより、化石燃料に頼らない方策を採るものである。この新エネルギーには次のようなものがある。自然エネルギー、未利用エネルギー、バイオマスエネルギー、排熱などがある。自然エネルギーは太陽光、風力、波力、地熱などがあり、自然現象として現れるエネルギーでありクリーンである。未利用エネルギーは近年着目されており、河川水、地下水、海水、下水、地中熱、排気などであり、ヒートポンプを利用して熱源とする場合が多い。廃熱や熱源として利用することで若干の温度低下や上昇を引き起こすこともある。バイオマスエネルギーは、生物起源のエネルギーであり、最も典型的なものが木材である。近年は草や穀物類が燃料アルコールとして用いられるようになってきた。これらは、使用したバイオマスの分を植樹、栽培することで燃焼で排出した分だけのCO_2を再吸収することでバランスが取れるといわれている。また下水はその量も多くまとまって下水処理場から出るので利用しやすさがある。また、下水処理過程から出るバイオガスを利用する試みも始まっている。ごみ焼却場の廃熱を地域冷暖房プラントや施設の給湯、各種温水利用に用いることも多い。

4・5 建築物の熱容量と室温変動

1 熱容量

温度T_1のある物体にある時間の間に熱を加えると、温度が上昇しT_2になる。しかし、物体によって、加えた熱量が等しくても、温度の上昇度合いが異なる。

次のように整理できる。

異なる物体に等しい熱量を加えても、温度の上昇速度が異なる。

異なる物体を同じ温度まで上昇させるためには加える熱量および時間が異なる。

これは、それぞれの物体の持っている熱を蓄えられる力が異なるからである。この熱を蓄えることのできる力（容量）を熱容量という。熱容量は物体が固有に持つ比熱Cと質量Mの大きさ（密度ρと容積V）によって定まる。

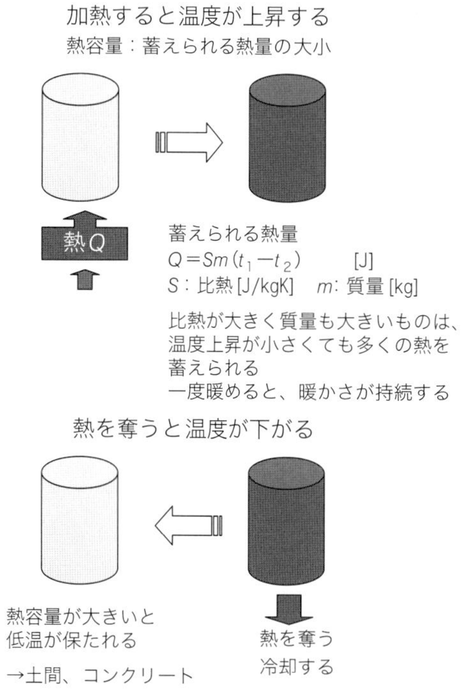

ある物体が、τ［h］の間に温度がt_1［℃］からt_2［℃］に変化したとすると、単位時間に蓄熱される熱量Qは以下の通りである。図4・5・1参照。

$$Q=\frac{G_t(t_2-t_1)}{\tau} \quad \text{……………………（式24）}$$

ここで、熱容量$G_t = CM = \rho CV$

C：比熱
M：質量［kg］
ρ：密度［kg/m³］
V：容量［m³］

2 室温変動

部屋に一定熱量Q［W/h］が供給されているとき、熱損失H［W/h］があるときに、室温θはどのように変動するかを考える。ある時刻tからdt経た時刻までに気温が$d\theta$上昇したとすると、以下の式が成立する。

dt時間中に熱損失を除いた結果的に室に供給される熱量：$(Q - H)dt$

室の温度上昇による熱量の増加量：$G_t d\theta$

この両者が釣合うので、

$(Q-H)dt = G_t d\theta$
$H = K(\theta - \theta_0)A$
$\dfrac{d\theta}{\theta} = \dfrac{-KA}{G_t}$

$$\text{……………………（式25）}$$

$\log \theta = \dfrac{-KAt}{G_t}$

$\theta = aEXP\left(\dfrac{-KA}{G_t}\right)t$

図4・5・1 熱容量の考え方

室温θはGとKの関数であり、時間にも依存する。すなわち、熱容量と熱損失係数のそれぞれの大小によって室温変動が異なることになる。すなわち両者の様々な値の組み合わせによって室温変動の様相が異なることが示されている。熱容量と断熱性の組み合わせによる室温変動の様相の違いを模式的に図4·5·2に示す。熱容量が小さい場合は、暖房開始と共に室温の立ち上がりは比較的早い。断熱がよい場合の方が初期の温度上昇速度が速い。暖房停止後は、断熱性が悪い場合には温度降下も早い。熱容量が大きい場合には、暖房開始時の室温の立ち上がりは極めて遅い。しかし、断熱性のよい場合の方が上昇速度は速く、暖房停止時の温度降下速度は遅い。しかしいずれも想定の暖房温度に達する時間は熱容量が小さい場合に比べ遅いが、暖房停止後の温度降下速度も遅く、室温を急激に下げない。

この効果は、外断熱と内断熱の場合に準用して考えられる。室内では熱容量が大きい場合が外断熱、熱容量が小さい場合が内断熱の場合の相当する。室温を早く立ち上げたい場合には内断熱が、暖房停止後も室温を長く保持したい場合には外断熱が有利である（図4·5·3）。

4·6 暑さ寒さと室内気候計画

１ 人間にとって快適な温熱条件は

快適な温熱環境は温熱的に満足を得られる心理状態といえるが、すべての人がこの状態を享受できる状態は存在しえないと考えられる。したがって、環境設計をする際には個人を対象にするのか、集団を対象とするかにより、その考え方は大きく異なる。

通常は集団の80%程度の人が満足と判断する温熱環境を快適としている。しかし、日本における日本人のための環境では、節約に象徴される慎ましさという文化的な影響もあり、検討すべきは形成された温熱環境なのか、形成するものなのかでは、その前提条件には大きな違いがある。さらに、労働環境や作業環境、生活環境、生体環境などの温熱環境を対象とするのかによっても異なる。

２ 熱の移動と快適

快適な温熱環境を考えることは健康に生活していく上で重要なことで、暑さ寒さという温熱環境をよいものにすることにつながる。気温と死亡者数との関連によれば、盛夏や厳冬といった気温の厳しい時期に死亡者数が増加していることからもその重要性は伺い知ることができる。なお、今日では、暖冷房設備の普及や住宅の性能が向上したことなどもあって、これらの時期に極端な死亡数の増加傾向は認められなくなってきている。

暑さ寒さには気温や湿度、気流、熱放射などが関係する。人間は気温が高ければ暑く、低ければ寒く感じる。湿度が

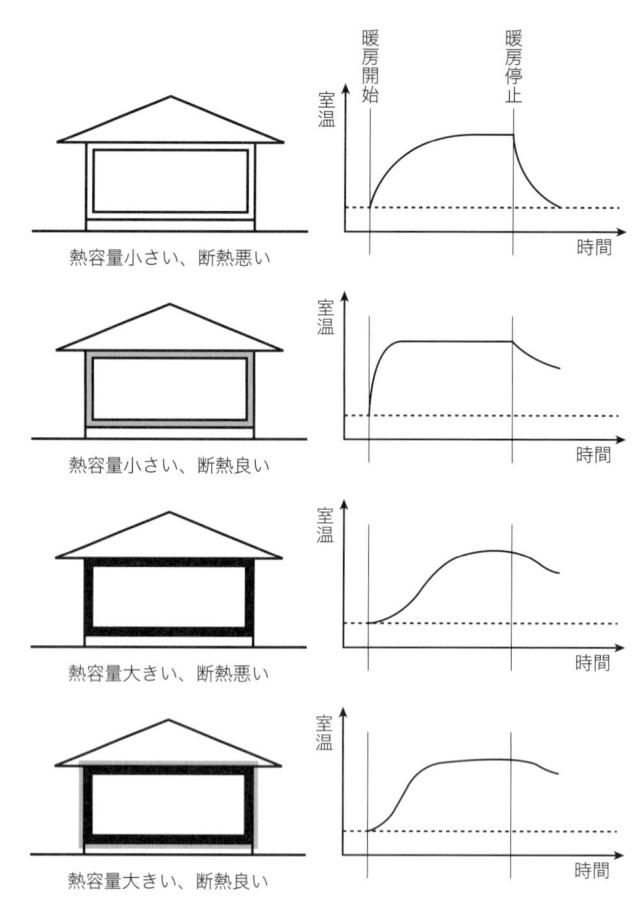

図4·5·2 断熱・熱容量と室温変動（出典：日本建築学会編『建築設計資料集成１環境』丸善、1978より作成）

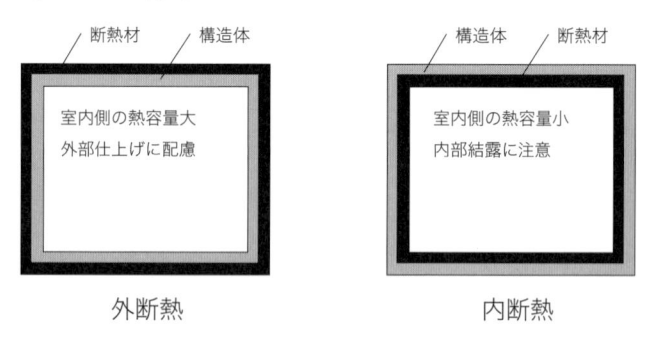

図4·5·3 外断熱と内断熱の概念図

高ければ夏は蒸し暑く、冬は若干暖かく感じる。一方、湿度が低いと夏は爽快でしのぎやすく、冬は刺すような寒さを感じる。風が体に当たると、夏は涼しく、冬は寒く感じる。壁や天井、床などの表面温度が低いと夏は涼しく感じ、冬には底冷えを感じる。これらのことは日常体験していることで、体感温度と呼ばれている。

体感温度の調節には、放熱面積を増減させたり、環境との温度差を変化させたり、放射や対流による熱流出を小さくするという２つの方法をとる。寒いときには体をまるめることで放熱面積を小さくし、逆に暑いときには大の字になって寝そべるというのも自然の行動の一つで、行動性体温調節ともいわれている。姿勢を変えることで熱伝導の効果を変化させることができる。人体と床との接触面を図4·6·1に示す。人体の放熱面積の測定[1]では、体を大の字

にして開放することに比べて立位姿勢では約0.94倍、椅座位では約0.86倍、平座位では約0.82〜0.91倍、臥位では約0.84〜0.88倍という結果を得ている。

　日本における住まいの中では、立位や椅座位、平座位、臥位などの姿勢が異なったり、台所や居間などでの作業状態も違った状態で生活をしている。体を動かしていると体の内部で発生する熱量が多くなる。日常の経験からもわかることだが、これが、室内の温度設定に重要となってくる。活動量の多い台所などでは若干温度を低めに、一方、少ない居間などでは若干温度を高めに設定することができる。

　快適な温熱環境を考えるには、体内での熱産生と環境との間の熱授受量がほぼ釣合い状態にあることが必要である。

❸暖かさと快適

　室内環境で身体が15℃程度以下の寒さに曝されると、皮膚からの寒冷感覚反射で、血管運動神経が働いて皮下の血管が収縮する。こうした血管収縮によって暖かい体の中心部から表層部への血管の流れが減少し、血管を通って運ばれてくる熱が減少する。そして、皮膚温が下がり、伝導によって放出される熱量も減少する。さらに気温が下がって10℃程度以下になると満足な生活ができなくなる。日本における建物の熱的な性能が向上し暖房器具が普及したとはいえ、従来の生活行動や経済的な観念の影響もあり、この程度の室温で生活していることも多くある。

　暖かく快適な建築空間をつくるには、建物の断熱、すき間風の防止、日射の積極的な利用、適切な暖房設備が挙げられる。暖房設備だけに目が向けられがちであるが、経済性を考えると暖房設備に適した建物でないと快適な暖房ではない。

　断熱材を使用していない家は、壁や天井からの熱損失が大きくなる。これには、壁や天井、床などに断熱材を使えば熱損失を少なくすることができる。ガラス面やコンクリート面などは、断熱性が低いので表面温度が室温より低くなり、放射による冷却効果を強く感じる。そこで、窓にカーテンを用いて放射を遮断したり、窓ガラスを二重にして放射による冷却効果を減少させたり、壁には断熱材を入れて表面温度を上昇させることが必要となる。

　壁などの断熱性を向上させることは、単に熱損失を少なくさせるだけでなく壁の表面温度を上昇させるので、天井と床との間の温度分布の差を小さくさせたり、冷たい壁からの放射による冷感を少なくさせる効果がある。このことは、熱損失の減少以上に室内の温度分布も均一になり快適性の向上に寄与する。

　すき間風は室温を下げ暖房負荷を増大させる。この空気は比重が大きいので床面に溜まり、流速があると寒さを強く感じさせる。今日の建物はアルミサッシや建築材料、

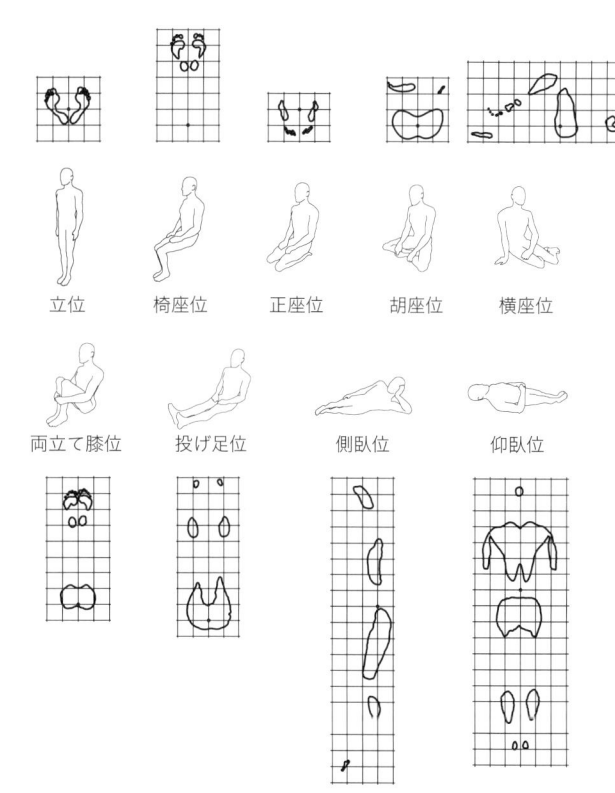

図4・6・1　人体と床面との、姿勢による接触面の違い

工法の改善ですき間風は減少してきたが、閉切りすぎることの問題が発生している場合もある。すきま風として出入りする空気は換気として働く場合もあるので、全くなくす必要はないと考えられる。

　日照や日射の得やすい位置に開口部をとると多くの日射エネルギーを得ることができ、住まいを明るく開放的で健康的にできる。しかし、上述のように、開口部は断熱性が悪いために十分な対策をする必要がある。

　日本の建物では室内空間全体には暖房が行われていることは稀である。便所や寝室などは低温のままで居間との温度差が大きくなる。また、暖房を行うと天井付近の温度は上昇するが、床面付近の温度はそれ程上昇しないので上下温度差は大きくなる。このような温度差が循環器系の疾患の発症などにも関係があるとされている。

　体感温度を考えると床暖房は効果的な暖房設備といえる。床暖房では室内の上下温度差の改善効果や室温を低くできることによる熱損失の減少などが挙げられる。また、立位から椅座位、平座位、臥位と姿勢を変えることにより体と床面との接触が増えるが、これは伝導により熱量を多く得ることができることを意味している。体と床面との接触部の面積の測定[1〜4]では、立位や椅座位の足の裏のみが床と触れる姿勢に比べて平座位では約1.7〜4.7倍、臥位では約5.3〜7.6倍という結果が得られている。これは従来の日本型のスタイルでくつろぐということの効果の大きさを示しているといえる。

　人は、着衣を脱いだり、風を当てたり、汗をかいたりし

て体表からの熱放散を多くすることしか有効な暑さへの対処方法を持っていない。上述のように、体から出入りする熱量は汗による蒸散や風による対流、体と椅子や床面との接触による伝導、赤外線による放射などによって行われている。いずれの場合も熱を移動させるには皮膚温と環境温の差が重要になってくる。しかし、夏は高温多湿で、環境温は皮膚温とほぼ等しいかそれより高い場合さえあり、なかなか体から熱を捨てることが困難になる。

4 涼しさと快適

涼しく快適な建築をつくるには、日射による熱の遮断、風通しをよくすることが挙げられる。今日の建築では冷房設備が必要になってきたが、健康性を考えるとそれだけに頼ると快適な冷房はできない。

日射の遮断は建物の外壁に直接日射が当たるのを防ぐことが重要となる。南面に注目しがちであるが、東西面の外壁への日射量がむしろ多くなる。日よけをすることが効果的な方法となる。ただし、風通しを遮らないように注意する必要がある。日射が当たる場合は、建物の断熱と侵入した熱を換気により屋外に捨てることを念頭に置くことが重要である。

風通しをよくすることは建物内に侵入した熱を屋外に捨てる効果がある。また、最上階が非常に暑いことは一般的に経験することである。これは侵入した熱量により天井面の温度が高くなり、放射により体感温が高くなる現象である。風が当たることにより体感温度は下がるので、外気温が高くても風通しをよくすることは必要である。構造体に鉄筋コンクリートを用いた住まいでは、構造体に多くの熱量を溜めることができる。夜間などに風を通し構造体を冷やしておくことで、日中の暑さをしのげることにもなる。

冷房設備を使用すると室内は冷たい空気、屋外は暖かい空気が出てくる。これは室内の熱を奪い屋外へこの熱を捨てているからである。太陽からの日射と屋外の空気の動きが悪いと熱を捨てることが難しくなるので、直射を避け空気の流通を確保することが冷房の効率を高めることになる。

室温の上昇により体温が上がると、骨格筋というよりも肝臓での産熱量の減少が起こり、皮膚血管が拡張し、血液を体表に多く流して体からの放熱量を大きくする。そして、汗腺機能の亢進で水分蒸発が盛んになり、また呼吸数が多くなって呼気の水分蒸発を盛んにする。これに伴って、血圧の低下、脈拍数の増加、血液の濃縮、心臓への負担増が起こる。

暖房をする場合と異なり、冷房をすることは健康性と密接に関係する。暖房した室内から出る場合はこれから寒いところに出るということで、その気構えと着衣の準備をするが、冷房の場合にはそれがない。このために、冷房病といわれるような体温調節活動が間にあわずに、体の産熱と熱放散のバランスを崩すことになる。気分が悪くなるだけでなく、だるさといったような何となく的な体の調子の悪さを引き起こす。ひどい場合には循環器系の疾患などになる場合もある。健康を維持しながら冷房をするには一定の室温ではなく、体に温度差のショックが起こらないように外気温から5〜7℃程度低い温度を目安に冷房設備を調節することに努めることが必要である。また、冷房設備はクリーンで換気もしてると思い込んでいる人もいるが、住まいで使用している装置のほとんどは室内の空気の循環のみで換気をしていない。室内空気も次第に汚れてくるので換気に注意することも重要となる。

従来の日本の住宅は開放的なつくりになっており、換気を意識しなくてもすき間風がこの機能を十分に果たしてきた。しかし、今日の住宅は省エネルギーの観点から高気密化され、室内で発生する汚染物質が排出されずに室内に充満する傾向にある。これは住宅性能の向上と従来の生活のし方とが適応していないことに原因がある。換気をするには二方向に窓や扉を開けると効率良く換気することができる。さらに、開ける場所を室内の上下に分けてやるとより効率的になる。これは、室内で暖まった空気は天井付近に溜まり、冷たい空気は床付近に留まることを利用したものである。高気密化されたプレハブ系の住宅やコンクリート・鉄骨系の住宅には、通常換気孔や換気用の小窓が設置されているので、これらを利用することも上手な換気のし方となる。換気をすることによって、湿った空気の入れ替えや発生した熱の排出といった快適に住まうことにもつながる。

開放的な住宅の場合には、空気を冷やす方法の冷房設備では省エネルギー性の問題や上述の健康性の観点から、著しく温度を下げた冷風を室内に導入することは避けるべきである。このような開放的な住宅では、熱放射や熱伝導を積極的に用いた冷房設備を設置することも重要である。床冷房設備を用いた場合の人体の至適域[5]を図4・6・2に示す。室温を上げることができ、健康性や省エネルギー性に効果があることが示されている。

5 環境の捉え方と快適

上述のように、環境の捉え方として労働環境や作業環境、生活環境、生体環境などがある。

労働環境におかれた人体の活動量は安静時の活動量に比較して著しく高い。高負荷な状態での代謝量は個体差が少なくなる。したがって、労働環境では生産効率を上げることに着目すると、代謝量の高さに応じて環境温度を低下させることが快適な温熱環境を形成することにつながる。

作業環境と生活環境におかれた人体の活動量は安静時の

活動量と大きな違いはない。くつろぐなどの比較的個人の主観的な感覚が快適さに大きな影響を与える。この中には、上述の形成された温熱環境なのか、形成するものなのか、という要因もある。個人を対象にする場合には、個人の主観的な感覚をもとに温熱環境を形成すればよい。集団を対象にする場合には、集団の80%程度の人が満足と判断する温熱環境を快適としている。快適の基準は主観的な感覚であるが、労働環境と同様に室内での作業に伴う代謝量の増加や姿勢などにより快適範囲はずれる。

生体環境におかれた人体の活動量はほぼ体温維持のための状態と等しい。すなわち、快適な温熱環境は血管調節範囲で体温を維持できる状態と考えてよい。生活環境と同様に個体差（基礎代謝量の差異）が大きく影響する。

快適な温熱環境を形成するにはいずれの環境においても人体の代謝量を的確に捉える必要があるといえる。

健康を考えると快適な温熱環境が必ずしも長期的な意味での健康と対応しない場合もある。特に、くつろぎ空間である生活環境では快適さを強調しすぎると著しく生体に穏やかな温熱環境となる傾向がある。人体は穏やかな温熱環境には馴化しやすいが、厳しい温熱環境には馴化しにくい。快適な温熱環境には健康性も考慮する必要がある。

4・7 結露の実態とその防止計画

❶結露の発生メカニズム

寒い冬に窓ガラスが曇ったり、水滴がついたりしている現象が起こる。これが結露である。正確には表面結露という。空気を物理的に見てみると、乾いた空気（窒素や酸素、二酸化炭素、不活性ガスなどの混合気体で乾燥空気と呼ぶ）と水が気体の状態にある水蒸気から構成されているとみなせる。これが混じり合ったものが我々の周りにある空気で、建築環境学や空気調和の分野では、これを湿り空気と呼んでいる。空気中には水蒸気は空気の温度によって含むことができる量が決まっている。ある温度で、その空気が含むことができる水蒸気量を、飽和水蒸気量という（図4・7・1）。

空気中に存在する水蒸気の量を表わす指標を湿度という。湿度には、水蒸気が空気中に含まれている絶対量を表わす絶対湿度と、飽和水蒸気量に対する割合（%）として相対的な量を表わす方法とがある。絶対量を表わす方法でよく用いられるものとして、絶対湿度と水蒸気圧（分圧）がある。絶対湿度は、乾燥空気1kgにたいして存在する水蒸気のg数で表わす。すなわち乾燥空気1kgに水蒸気がxgあった場合に、xg/kg'と表示する。ここで、kgにつけられた「'」は乾燥空気を意味する。次に水蒸気圧は、空気中の水蒸気が持っている分圧で表わすものである。相対的な方法とし

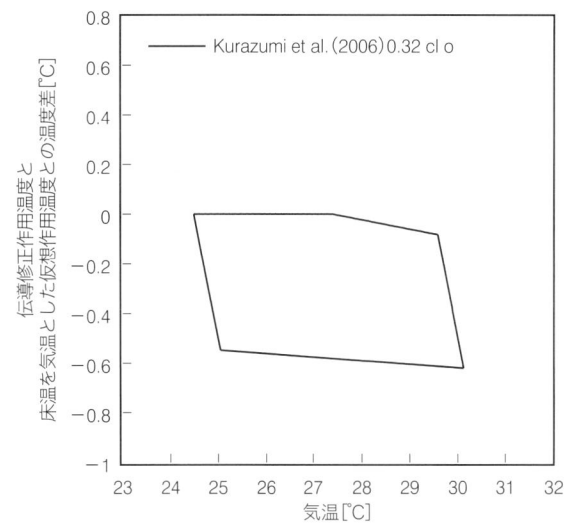

図4・6・2 床冷房を用いた場合の人体の至適域（出典：蔵澄美仁、小林和幸「床冷房の至適温熱環境域に関する研究」『空気調和・衛生工学会論文集』114、pp.39-49、2006）より作成）

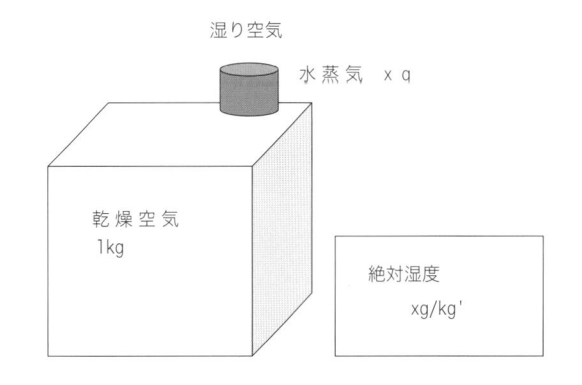

図4・7・1 湿度の表し方

ては、相対湿度がある。これは、飽和状態の水蒸気圧である飽和水蒸気圧に対する実際に含まれる水蒸気の分圧の比率を%表示したものである。これらを図4・7・2に示す。これらの間では換算することができる。飽和水蒸気圧は、Goff-Gratchの式あるいは各種水蒸気圧表を用いて求めることができる。

この水蒸気を含む空気である湿り空気の状態を表わすのに便利な線図がある。これは、空気調和を行うために開発されたものである。これを湿り空気線図という。この概要を図4・7・3に示す。この線図は$i-x$線図と呼ばれるものであり、空気のエンタルピーと絶対湿度を基準として空気の状態を表示する。横軸は、温度で縦軸に絶対湿度系の目盛りがある。水蒸気圧と絶対湿度が表示される。全体に右肩下がりの線が引かれているが、これが空気のエンタルピーである。エンタルピーは湿り空気が持っている乾燥空気の顕熱と水蒸気が持っている潜熱と顕熱を示すものである。線図中の右肩上がりの曲線が、飽和水蒸気線と相対湿度線である。この線図上では、2つの値を与えれば、他の状態

値が読み取れるようになっている。例えば気温と相対湿度を与えれば、絶対湿度、露点温度、エンタルピー、湿球温度が読み取ることができる。空気線図のある点から左へ水平移動すれば、冷却コイルに空気を接触させるような冷却を表わし、右に移動すれば、電気ヒーターで暖めるような加熱を表わす。上方へ移動すれば、蒸気を噴霧した場合などの加湿となる。水蒸気を噴霧すると湿球温度線に沿って移動し、加湿冷却を示す。これらを単位操作といい、空気調和はこの単位操作を組み合わせて行われる。この空気の温湿度を調節・制御する方法は建築設備学の範疇になる。

結露は、湿り空気中に含まれる水蒸気の量が、飽和水蒸気の量を超えた場合に、空気中に気体としての水蒸気として存在することができなくなり、液体へと相変化して、水分として現れる現象である。窓面などに水分が現れた場合には水分が窓面につき、曇ったり水滴となるのである。壁体中であれば材料が湿る、あるいはぬれてしまうことになる。空気中に現れ浮遊すると霧の状態になる。窓面や壁体表面あるいは内部がぬれることは、建物を損傷することになり、大きな問題である。断熱材がぬれてしまうと、断熱効果は激減してしまい、避けなければならない問題である。

結露に対する対策として、まず結露が起こっているかどうか判定し、状況を把握してどのように防止するか、あるいは対策するかを考える必要がある。

結露の判定方法は、前述の湿気伝達の計算方法を利用して行える。

① 室内空気から壁体内そして屋外空気までの各点における水蒸気圧の分布を求める
② 上述の水蒸気圧分布から露点温度を求める
③ 同様に気温分布を求める
④ 気温分布から、各点における飽和水蒸気圧を水蒸気圧表などから求め、飽和水蒸気圧分布を求める
⑤ これらを水蒸気圧分布図として作成し、飽和水蒸気圧を上回る水蒸気圧の箇所を探す。または、温度および露点温度分布図を作成し、温度が露点温度以下になる箇所を探す
⑥ 飽和水蒸気圧を上回る、あるいは露点温度以下になる部分が結露箇所である
⑦ 上述の⑥となる箇所がなければ問題ない

❷結露防止対策

結露を防止する最も効果的な対策は、冬季に室内で水蒸気を発生させないことである。また極力発生を抑制することである。さらに、換気を十分に行うことも効果がある。しかし、換気を過度に行うと暖房効果が薄れてしまう。最近では、全熱交換器による顕熱と潜熱の交換を行う換気が行われることが多い。

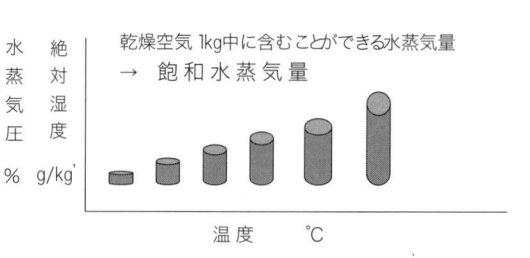

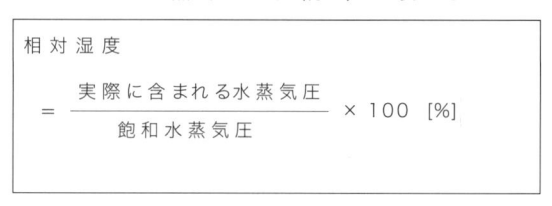

図4・7・2 湿度の表し方

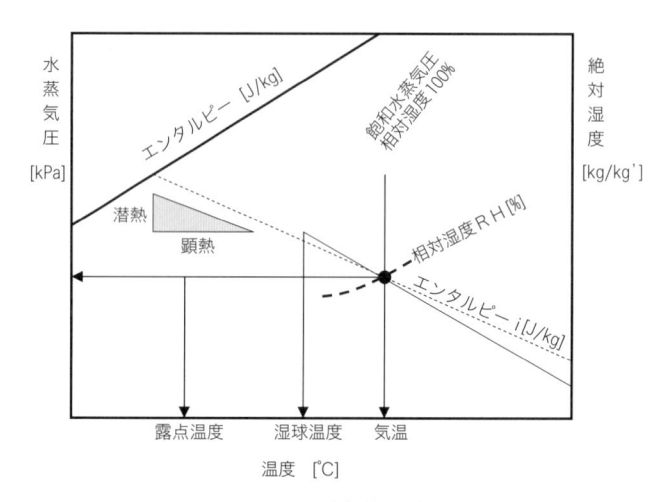

図4・7・3 湿り空気線図の概略図

実際に結露があった場合には、あるいは設計時に結露が予測される場合には、断熱材や防湿層の設置が行われる。表面結露の場合には、壁体の断熱性を高めることで表面温度を上昇させることで、飽和水蒸気圧を高くして結露防止につなげることができる。ただし、内部結露に対しては必ずしも断熱材を入れるだけでは効果はない。どの位置に入れるかが問題となる。一般的には壁体の構造材よりも断熱材を外気側へ入れる外断熱が有利である。これができない断熱材を室内側に置く内断熱の場合には、断熱材の高温側すなわち室内側にポリエチレンフィルムなどの水蒸気が透過できない断（防）湿層を設けることが必要となる。

鉄筋コンクリート造で外断熱をした場合などには、結露的にはよくても、暖房時に室内表面温度がなかなか上昇しないなどの点もあり、総合的な判断が必要である。また最近では、夏季に冷房を行う場合などに、外断熱をすると、冬季の内断熱の場合と同様に高温側である外気側に内部結露が生じる場合がある。これを夏型結露という。これらの対策も考慮する必要がある。

4・8 自然エネルギーを冷暖房に利用

自然エネルギーには様々なものがあるが、建築で利用しやすいものとしては、太陽熱、風力、地中熱、水分蒸発がある。これらの利用を考える。

1 太陽熱

太陽からの日射は、冬季には直接室内を暖める熱源となり、暖房としては大きな期待が持てる。これらをどのように利用するかは2つに分けられる。

①直接利用（p.46参照）

日射を室内に取り入れて加熱する。日射を室内に蓄熱して利用する。これはダイレクトゲインシステムと呼ばれ、床面の蓄熱材を用いて日中の熱を蓄え夜間暖房に利用する。ガラスのサンルームを設けるなどして、温室効果を利用して室内を暖める。夏季の日射遮蔽対策が重要である。

②間接利用

集熱器で水を加熱し、給湯や温水暖房に利用する。ときには、建物の壁体や屋根で加熱された空気を1箇所に集めその熱を利用することもある。太陽電池で発電して暖冷房に利用する。

これらのうち直接的に利用する方が熱量的には有利であるが、日射量の変動は天気に大きく左右されることで安定性に欠ける点がある。間接利用でも同様に安定性には欠けるが、別の熱源との併用が多く、安定化を図っている。

もうひとつの利用法が、太陽光発電である。ソーラーパネルにより発電し利用する。発電効率の上昇が課題であるが、補助金などにより普及が計られている。

2 風力

風の力も太陽熱と同様に、直接あるいは間接的に用いられる。

①直接利用

風を通風として室内に取り入れたり、上昇気流を利用して人体から対流放熱と汗の蒸発を促進して涼しくする。また冬には暖かい空気が上昇するのを利用して、暖かい空気を集める。それを床下に流し（ファンを利用）、再び室内へ循環させるなどの工夫も行われている。

②間接利用

風力を利用して風車を回して、空気を流動させたり発電したりする。夜間に通風を促進し部屋を冷やして、日中には開口部を閉じ、夜間の冷気を用いて涼しく過ごす。夜間換気（ナイトパージ）という。

3 地中熱

地中はある程度の深さ（1m程度）に達すると、温度が1年を通じてほぼ一定となる。したがって、冬季には暖かく、夏季には冷たい（涼しい）環境になる。ここの温度が建物に反映されれば、快適な環境が維持できる。地下室に部屋をつくることも一案ではあるが、換気の問題や日当たりそして湿気の問題がある。そこで、地中を蓄熱体として利用し、夏には相対的に涼しい温度を利用、冬には相対的に暖かい温度を利用しようとするものである。さらに、アースチューブという方法もある。外気を取り入れるに際して、その空気をいったん地中を通すのである。それによって、夏季には若干冷却されより涼しい、冬季には若干加熱されることでより暖かい換気を行うことができる。

4 水分蒸発

水分は蒸発するときに周囲から熱を奪う作用がある。これが、現実的で主要な冷却方法である。建物の表面で蒸発の現象が起これば建物は冷却され、冷房したと同様な作用がある。そこまでいかなくとも、冷房負荷の低減につながる。これらの方法としては、屋上にプールのような水面を設けることや屋根に散水して、水分の蒸発を促す。また、建物を植物で覆うことで、植物の蒸散作用によって蒸発冷却を促進する。これは壁面緑化や屋上緑化として推進されている。砂漠地域など夜間に放射冷却の促進で気温低下するところでは屋上プールでは、夜間の冷却を防ぐため断熱材で覆ったりする。ルーフポンドとして知られている。

壁面に水を流すことも蒸発冷却による温度低下、負荷低減が可能となる。ウォーターウォールとよばれることもある。

参考文献

4・1

1) 日本建築学会編『建築設計資料集成1 環境』丸善、1978

4・6

1) 藏澄美仁、土川忠浩、大和義昭、角谷孝一郎、松原斎樹、堀越哲美「姿勢と人体の有効対流面積率に関する研究」『日本生気象学会雑誌』40(1)、pp.3-13、2003)

2) 藏澄美仁、大和義昭、山本志津恵、松原斎樹「姿勢の違いを考慮した平均皮膚温算出法に関する研究」『日本生気象学会雑誌』34(4)、pp.101-112、1997)

3) 藏澄美仁、松原斎樹、古川倫子、藤原三和子、上麻美、植木弥生、長井秀樹、山本志津恵「姿勢の違いと日本人の平均皮膚温算出法」『日本生気象学会雑誌』35(4)、pp.121-132、1998)

4) 宮本征一、冨田明美、堀越哲美「床座位を中心とした各姿勢における接触面積比の再現性に関する研究」『日本建築学会計画系論文集』532、pp.23-27、2000)

5) 藏澄美仁、小林和幸「床冷房の至適温熱環境域に関する研究」『空気調和・衛生工学会論文集』114、pp.39-49、2006)

第5章 空気の制御と通風換気計画

5・1 空気の流れのメカニズム

　通風換気計画で最も重要な建築要素は、窓や戸、給排気口など開口部の計画である。建築に設けられる開口部の役割には、空気の移動のみならず、人・物の移動、採光、採暖、遮音、眺望、デザインなどがあり、これらは互いに関連し室内環境の質に影響を与えることから、十分な検討が必要である。開口部の形状や配置は、通風換気時における空気の流れの性状に密接に関わり、適切な計画がなされなければ良好な通風換気は得られない。通風換気計画の良し悪しは、居住者の快適感だけでなく健康や生命にも影響を与える可能性があり、建築設計時から詳細な検討が必要である。

　建築空間の通風や換気のデザインは、空気の流れをコントロールすることである。空気は気体、水は液体であり、気体と液体を総称して流体というが、流体の流れを考える場合、流体は圧縮性と粘性に関する特性より分類される。圧縮性は、流体の膨張や収縮による密度、温度の変化についての特性であり、一般的に液体に比べ気体の方が圧縮性は高い。粘性は、流体の粘り気による摩擦損失に関する特性であり、水に比べ空気は約100倍も粘度が小さい。

　以上のような、流体の運動を表わす基本的な運動方程式としては、流体を非圧縮性としたニュートン流体とみなしたナビエ・ストークス方程式（Navier-Stokes equation、式1）がある。

$$\left.\begin{array}{l}\rho\dfrac{Du}{Dt}=\rho X-\dfrac{\partial p}{\partial x}+\mu\left[\dfrac{\partial^2 u}{\partial x^2}+\dfrac{\partial^2 u}{\partial y^2}+\dfrac{\partial^2 u}{\partial z^2}\right]\\ \rho\dfrac{Dv}{Dt}=\rho Y-\dfrac{\partial p}{\partial y}+\mu\left[\dfrac{\partial^2 v}{\partial x^2}+\dfrac{\partial^2 v}{\partial y^2}+\dfrac{\partial^2 v}{\partial z^2}\right]\\ \rho\dfrac{Dw}{Dt}=\rho Z-\dfrac{\partial p}{\partial z}+\mu\left[\dfrac{\partial^2 w}{\partial x^2}+\dfrac{\partial^2 w}{\partial y^2}+\dfrac{\partial^2 w}{\partial z^2}\right]\end{array}\right\}\cdots（式1）$$

　ここで
　u ：x軸方向の速度成分
　v ：y軸方向の速度成分
　w ：z軸方向の速度成分
　X ：x軸方向の速度成分
　Y ：y軸方向の速度成分
　Z ：z軸方向の速度成分
　t ：時間
　ρ ：液体の密度
　p ：圧力
　μ ：粘度

　空気の流れの観点からこの方程式を見ると、気体の運動に関わる成分は式の右辺で外力、圧力、粘性力である。建築の室内外の空気の流れにおいては主に圧力状態が空気の流れに影響を及ぼす。空気は圧力の高い方から低い方に移動するので、空間に圧力分布が生じるとその差を均すように空気の流れを生じる。自然界における地球規模の大気の大循環や季節風も圧力差によって引き起こされている。

　建築空間において圧力差を形成する要素には、気圧差や温度差などの自然的なものとファンや扇風機などの人工的なものがある。建築における開口部の形状や配置は圧力差を生じさせるものであり、これにより建築内に取り込まれる空気の流れの速さや量、軌跡に深くかかわる。

　建築の開口部に圧力差Δp［mmAq］が生じた場合の換気量Q［m³/s］は、

$$Q=\alpha A\sqrt{\dfrac{2g}{\gamma}\Delta p}\quad\cdots\cdots（式2）$$

　ここで
　α ：流量係数
　A ：開口面積［m²］
　γ ：比重量［kg/m³］

となる。流量係数は開口部の形状により異なる。開口面積が等しい場合でも流量係数が小さい場合には（式2）より換気量は少なくなる。例えば、一般的な垂直な窓の流量係数は0.65～0.7であるが、この窓面に対して50°のルーバーが取り付けられた場合の流量係数は0.42となり、ルーバーのない単純な窓に比べ値が4割程度小さくなり換気量が減少する[4]。開口部の形状は種々であることから、多様な開口形状に対する流量係数の算定が風洞実験やシミュレーションを用いながら検討されている。

5・2 温度差・風力を利用した自然換気とは

　自然換気は、空気の温度差や風力などの自然現象によって生じる開口部前後の圧力差を駆動力とした換気の方法である。

　温度差による換気は、空気の比重量が温度により異なることに起因して生じる浮力による空気の上昇によって生じる。空気の温度がθ［℃］の場合の比重量γ［kg/m³］は、

$$\gamma = \frac{353}{273+\theta} \quad \cdots\cdots\cdots\cdots\cdots\cdots\cdots\cdots\cdots\cdots\cdots\cdots (式3)$$

となる。例えば、0℃のときの比重量は1.29[kg/m³]、20℃のときの比重量は1.21[kg/m³]であり、0℃の空気の比重量は20℃に比べ0.08[kg/m³]大きくなる。両方の空気が一緒に存在していることを考える。この場合20℃の空気は上昇し、0℃の空気は下降し圧力差が生ずる。これが換気の駆動力となる。

次に図5·2·1に示すように、地面の外気圧をp_{o0}[mmAq]、室内の気圧をp_{i0}とすると、地面からの高さh[m]における外気と室内の圧力差$\triangle p_h$は、

$$\triangle p_h = \triangle p_0 + (\gamma_o - \gamma_i)h \quad \cdots\cdots\cdots\cdots\cdots\cdots (式4)$$

ここで、
　　$\triangle p_0$：地面における室内外の圧力差（$p_{o0} - p_{i0}$）
　　γ_o：外気の比重量
　　γ_i：室内空気の比重量
　　　（ただし、高さ方向の温度は一定と仮定）

となる。室内外の圧力差は空気の比重量の差と高さに関係しており、これらの値が大きくなると圧力差も大きくなり、換気量が増加する。すなわち、室内外の比重差が大きくなる、つまり室内外の温度差が大きくなると換気量が増加する。

また、$\triangle p_h = 0$となる高さをh_nとすると、

$$h_n = \frac{\triangle p_0}{\gamma_i - \gamma_o} \quad \cdots\cdots\cdots\cdots\cdots\cdots\cdots\cdots\cdots\cdots (式5)$$

となる。このh_nの高さの部分を中性帯といい、中性帯を境に開口部前後の圧力差の大小関係が入れ替わることから、空気流れの方向が逆転する。すなわち、暖房時に窓を開けると、窓上部で暖かい空気が内から外へ、下部では冷たい空気が外から内へと流れる。

温度差を利用した換気の特徴をまとめると、次のようになる。

①室内外の温度差が駆動力となるため、中心市街地など建物が密集し風力が利用できない敷地条件においても有効な自然換気方法である。

②換気量を増やすためには、（式4）に示されるように給排気口位置を高さ方向に十分に確保するのが効果的である。

③温度差を利用した換気は、日や季節の気候条件や暖冷房などの居住者の生活状態による温度的な影響を受けて変化する。

④気候条件が厳しい夏季や冬季の暖冷房時には、室内外温度差が大きくなり温度差換気を引き起こしやすくなる。すきま風など不快な現象を防止するためには、建物の気密性や換気口の位置や機能に対する検討が必要

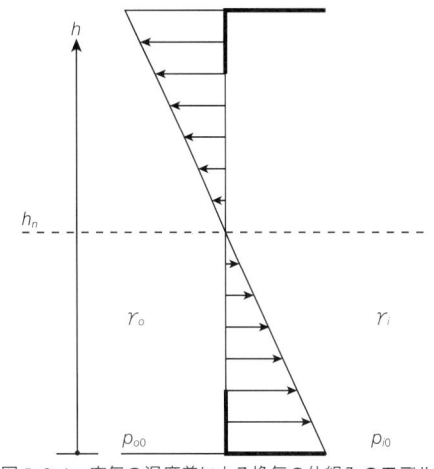

図5·2·1　空気の温度差による換気の仕組みのモデル図

である。

もう一方の自然換気の方法である風力を利用した換気は、自然の風が建築に作用し、外壁や屋根の外表面に形成される室内外の風圧力の分布に起因する。建築外表面の風圧力は、一般的に風上側で高く、風下側で低くなる。外表面の各部位の風圧力p_{wi}[mmAq]は、

$$p_{wi} = C_i \left(\frac{\gamma}{2g}\right) V^2 \quad \cdots\cdots\cdots\cdots\cdots\cdots\cdots\cdots (式6)$$

ここで、
　　C_i：外表面各部位の風圧係数
　　γ：比重量[kg/m³]
　　V：風速[m/s]

で表わされる。風圧係数は風洞実験などにより算出され、建築条件により分布は異なる。このことは、建築基準法における建築物に作用する荷重及び外力の一つとしての風圧力の算出過程にも定められている。建築基準法での風圧力は速度圧に風力係数を乗じて計算しなければならない。速度圧は、地域における地形や地物の影響、風速などが考慮される。風力係数は、建築物の形状により次式により算出される。

$$C_f = C_{pe} - C_{pi} \quad \cdots\cdots\cdots\cdots\cdots\cdots\cdots\cdots\cdots\cdots (式7)$$

ここで、
　　C_f：風力係数
　　C_{pe}：建築物の外圧係数
　　C_{pi}：建築物の内圧係数

図5·2·2に、閉鎖型建築物の風力係数の算出に用いる各種係数（建設省告示第1454号、平成12年5月31日）を示す。同図に示されるように、風力係数の値は建築物の部位により異なり、建物形状の影響を受ける。特に屋根形状については形状毎に細かく係数が定められており、慎重に検討して用いるものを決める必要がある。

以上のように、風力による換気は、主に風上側と風下側の風圧力の差が駆動力であるが、外表面への圧力は（式6）

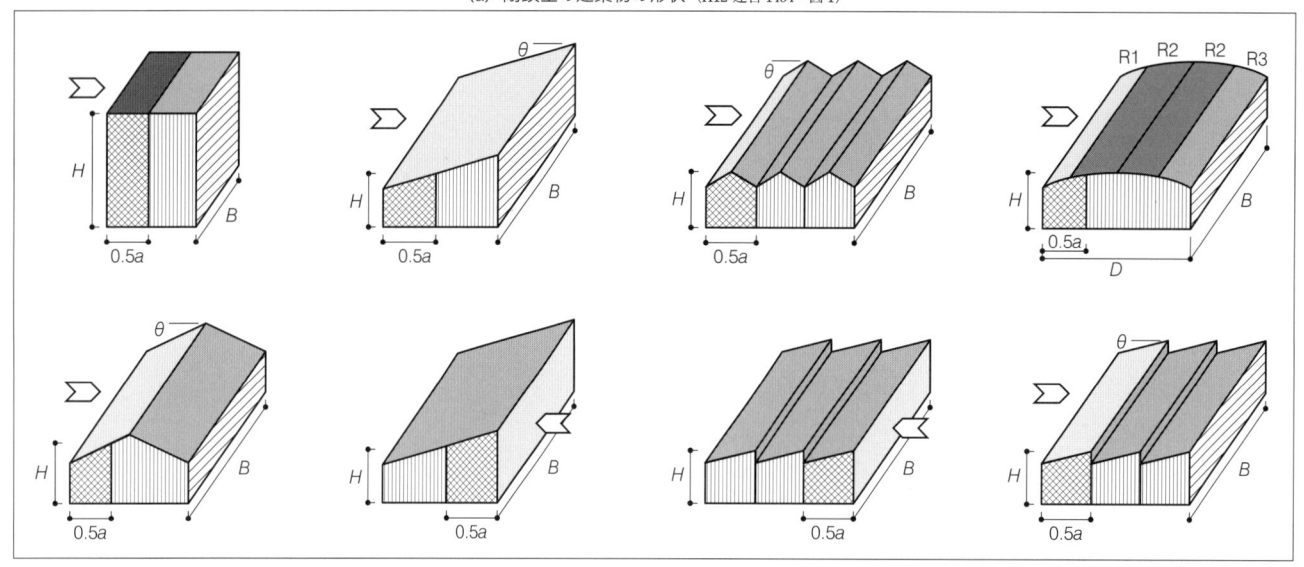

(a) 閉鎖型の建築物の形状 (H12 建告 1454・図1)

(b) 壁面の C_{pe} (H12 建告 1454・表1)

部位	風上壁面	側壁面		風下壁面
		風上端部より0.5aの領域	左に掲げる領域以外の領域	
Cpe	0.8kz	−0.7	−0.4	−0.4

(c) 陸屋根面の C_{pe} (H12 建告 1454・表2)

部位	風上端部より0.5aの領域	左に掲げる領域以外の領域
Cpe	−0.7	−0.5

(d) 切妻屋根面、片流れ屋根面及びのこぎり屋根面の C_{pe} (H12 建告 1454・表3)

θ	風上面		風下面
	正の係数	負の係数	
10度未満	—	−1.0	
10度	0	−1.0	
30度	0.2	−0.3	−0.5
45度	0.4	0	
90度	0.8	—	

この表に掲げるθに応じたCpeは、表に掲げる数値をそれぞれ直線的に補間した数値とする。ただし、θが10度未満の場合にあっては正の係数を、θが45度を超える場合にあっては負の係数を用いた計算は省略することができる。

(e) 円弧屋根面の C_{pe} (H12 建告 1454・表4)

部位	R1部				R2部	R3部
θ	h/Dが0の場合		h/Dが0.5以上の場合			
	正の係数	負の係数	正の係数	負の係数		
0.05 未満	—	0	—	−1.0		
0.05	0.1	0	—	−1.0		
0.2	0.2	0	0	−1.0	−0.8	−0.5
0.3	0.3	0	0.2	−0.4		
0.5以上	0.6	—	0.6	—		

この表に掲げるh/D及びf/Dの数値以外の当該比率に応じたCpeは、表に掲げる数値をそれぞれ直線的に補間した数値とする。ただし、R1部において、f/Dが0.05未満の場合にあっては正の係数を、f/Dが0.3を超える場合にあっては負の係数を用いた計算は省略することができる。
また (a) における円弧屋根面の境界線は、弧の4分点とする。

(f) 閉鎖型及び開放型の建築物の C_{pi} (H12 建告 1454・表5)

部位	閉鎖型	開放型	
		風上開放	風下開放
Cpe	0及び−0.2	0.6	−0.4

図 5・2・2　風力係数の算出数値の例（張り間方向に風を受ける閉鎖型の建築物の場合）(出典：平成12年5月31日建設省告示第1454号より抜粋)

に示されるように主に風速と風圧係数の値がかかわりながら換気量に影響を与える。

風力を利用した換気の特徴をまとめると、次のようになる。

① 風力利用の条件は、地域における地形や地物の影響、風速、建築物の形状などが影響することから、設計段階における建築物の敷地条件やデザインに対する十分な検討が必要である。

② 風力を利用した換気では、新鮮な外気を室内に取り入れることの他に、通風として夏季における涼感など風速による効果が得られる。

③ 換気量を増やすには開口部の位置が重要であり、風上側と風下側の風圧係数の差が大きくなるように相対して開口部を設け、その間をなめらかに空気が通り抜けられるようにすることが効果的である。

④ 風力換気も温度差換気と同様に気候条件の影響により変化し、季節により風が強くなる場合などには不快な要素となることがあるため、建物の気密性や換気口に関する検討が必要である。

5・3 送風機などによる強制換気とは

送風機などの設備による換気を強制換気（または機械換気）といい、図5・3・1に示されるように、給気と排気の方法により次の3種類に分類される。

a) 第1種換気

給気と排気の両方に機械設備を用いる方法である。給気量と排気量が個別にコントロール可能なため、室内と室外の気圧関係を計画的に設定できる。そのために、建築物の部屋の用途に応じた換気計画が可能である。このような特徴より、近年の住宅においてはシックハウスなどへの対策

を背景とした建築基準法の改正といった動向にも後押しされ、第1種換気が用いられるケースが多くなっている。

b）第2種換気

給気に機械設備を用い、排気には排気口を用いる方法である。室内に空気を送り込む方法のため室内の気圧は室外よりも高く（正圧）なり、給気設備より室内へ取り入れられた空気は排気口などを通り室外へ流れ出る。第2種換気では室内の方が室外に比べ圧力が高くなるため、給気ファンにより室外から供給される空気が新鮮であれば常に室内には新鮮空気が供給され、給気ファン以外の部位から室内への汚染空気の流入といった問題は生じ難い。このような特徴より、建築の居室や病院などでは第2種換気が用いられる。

c）第3種換気

排気に機械設備を用い、給気には給気口を用いる方法である。室外へ空気を吸い出す方法のため室内の気圧は室外よりも低く（負圧）なり、給気口などから室内に引き込まれた空気は排気設備により室外へ運び出される。第3種換気では室内の方が室外に比べ圧力が低くなるため、排気口以外のすき間が住宅内に存在するとそのすき間を通じて室内に空気が流入する。すき間からの空気の流入経路に汚染物質があると室内空気が汚染されるため、注意が必要である。このような特徴より、発生した汚染物質を速やかに室外へ排出することが必要な住宅のキッチンやトイレ、浴室、工場などでは第3種換気が用いられる。

　強制換気による室内外の圧力差の分布は、温度差や風力などの他の要素の影響がない場合には全ての室構成面に対して均一になるので、強制換気による換気量は送風機により建築の室内外にどの程度の圧力差を生じさせるかといった、換気設備の性能に左右される。換気扇などの送風機の性能は、$P-Q$特性曲線により示される。$P-Q$特性曲線は縦軸を圧力、横軸を風量とした図であり、換気計画時に必要な風量とそのときの圧力の関係が示されている。強制換気の換気量は、送風機の性能とともに給・排気口などの開口部やダクトの圧力損失がかかわる。開口部やダクト内を空気が流れる場合には圧力損失が生じ、送風機の性能よりも圧力損失が大きい場合には計画した換気量を得ることができないので注意が必要である。

　強制換気の特徴をまとめると、次のようになる。
　①機械設備を利用するため安定した圧力差を得ることができ、建物の気密性を確保することにより計画的な換気が可能である。
　②第2種換気のように室内の圧力が室外よりも高い場合には、居室には新鮮空気が供給されるが、室内空気が建物の開口に向かって流れ出るため気密性の低い建物では室内の水蒸気が壁体内に流れ込み内部結露を引き起こす場合がある。
　③第3種換気のように室内の圧力が室外よりも低い場合には、空気汚染物質の近くで換気が行われれば汚染物質の拡散を防ぎ速やかに室外への排出が可能であるが、室外の空気が建物の開口を通して室内に入り込むため、通気止めなどの対策が施されていないと天井裏や床下、壁体、排水口などから有害な空気が流れ込む場合がある。
　④強制換気の計画時には、建築全体と個々の部屋における空気の流れの検討とともに、計画条件に見合った換気設備の選定が必要である。

5・4 建築の気密性と換気計画

　建築にとって気密性は空気の移動に伴う熱損失の面だけでなく、意図しない空気の給排出（漏気）を抑制し計画的に空気の流れを制御するための重要な性能である。気密性能は、室内外の圧力差と通気量の関係式より、基準とする差圧（日本の場合、1［mmAq］）の通気量を算出し、その風量から単位床面積当たりの開口面積を求めた数値（相当すき間面積、単位はcm^2/m^2）が一般的に利用されている。すき間が生じやすい部分は、住宅の場合、図5・4・1に示したように玄関ドア、引き違い窓、点検口、コンセント・スイッチなどが気密性の弱点になりやすい[5]。近年においてはこれらの箇所においても気密性能を確保した製品が開発され改善がなされているが、未だ現場における施工段階での課題は多い。

　換気の目的は、室内の汚染物質を速やかに室外へ排出し

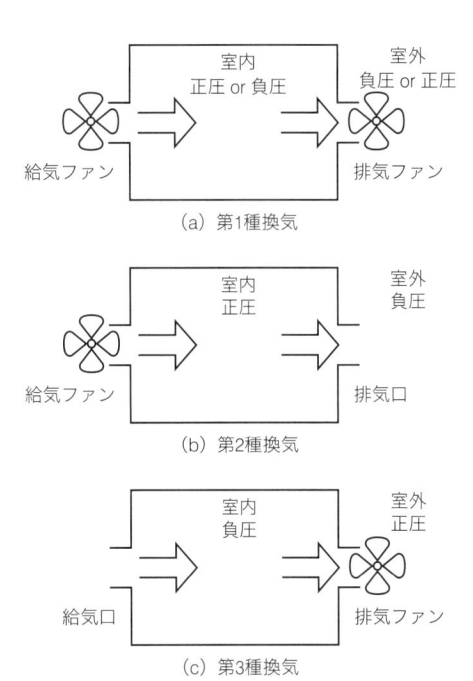

図5・3・1　強制換気（機械換気）の種類

新鮮な空気を室内に供給し、室内空気を清浄に保つことである。換気計画を検討する場合には、どのような汚染物質がどのように発生するかが重要であり、汚染物質の状態に応じて適切な換気量と経路を確保することが必要である。室内で発生する汚染物質は水蒸気や化学物質など様々であるが、汚染物質の発生位置は大きく2つに分類される。

a) 特定の場所で汚染物質が発生する場合

台所、浴室、トイレなどの汚染物質が特定の場所で発生する場合には、個別の発生場所の近くで速やかに汚染物質を排出する換気が必要である。このような部分的な換気手法を局所換気という。

b) 汚染物質の発生場所が建築全体に及ぶ場合

建材からの化学物質や人間の呼吸による二酸化炭素などは、汚染物質の発生場所を限定しづらく、建築全体についての換気計画が必要である。このような建築全体の換気手法を全般換気という。

局所換気の計画では、汚染物質を速やかに排出する目的から第1種、第3種換気が用いられる。換気経路は短い方が効率的であり、汚染物質が居住者に影響を及ぼさないような換気経路を確保する。気密性の高い建物において台所の換気扇など排気量の大きい送風機を運転する場合、換気扇の運転により室内外の差圧が大きく変化し、換気能力の不足や気流、戸締まりなど生活上の支障を起こす危険性があるため、同時給排気設備など排気量の増加に対応可能な給気計画が必要である。

全般換気の計画では、自然換気と強制換気のメカニズムの特徴として掲げた事項をふまえ、建築全体に導入する換気方法を検討しなければならない。建築全体の換気計画では、必要換気量（第2章2・2参照）と換気経路についての検討が重要である。また、空間全体を見渡し空気のよどみなどなく効率良く換気が行われているかどうかを評価する方法として、空気齢に代表される換気効率指標が用いられる。空気齢とは、室内に供給された新鮮空気がある地点まで到達するに要する平均的な時間を示すもので、一般的に空気齢が短いほどよどみなく新鮮空気が目標地点に到達することから換気効率が良いと判断される。

空気の出入口となる給排気の平面的な位置は、新鮮空気が取り入れられる給気は居室とし、汚れた空気が出て行く排気は廊下、トイレ、収納など非居室とする。断面方向では、一般的に温度差により空気は下から上へと流れるので給気は下方に、排気は上方に設けると効率がよい。ただし、給気部分に外気が直接流入する場合には、温度や気流などの室内環境への影響から給気の位置や形状に配慮することが大切である。室内での空気の流れでは、換気経路を確保するために部屋の扉にガラリやアンダーカットなどの開口部を設けることが必要である。換気経路は、建築の平面・断面の両面から検討し、計画された給排気位置に対応した換気経路が建築全体を通して適切に確保されることが肝心である。また近年では、自然換気の不安定さを補い、省エネルギー性の活用といった観点から、自然換気と強制換気を組み合わせたハイブリッド換気システムも注目されている。

5・5 通風を計画する

建築の通風計画というと、文字通り建物内の風の通り道（通風輪道）を計画することであるが、その目的には換気が持つ室内空気を清浄に保つこととともに、空気の流れにより涼を得るといった熱環境の快適性にかかわる要素も含まれている。通風の駆動力は風力であり、通風計画においては建物が立地する敷地の外部風環境と建築物の関係が重要となる。

敷地の風環境は、表5・5・1の全国各都市の月別最多風向の平年値[6]にも示されるように経時的に変化する。夏季の通風は防暑の観点から有効であるが、冬季の通風（すき間風）は防寒の観点から抑止するなどのように、通風の善悪は季節や時間帯により変化するのでケースに応じて可変可能な建築計画が必要である。また外部風環境は地形や敷地周辺建物の立地状況などの敷地条件が影響するため、個々の敷地について周辺環境を含めた十分な検討が肝心である。

通風に影響を与える周辺環境として、建物の密集度合いや高層・低層の凹凸度合いなどの地域条件がある。図5・5・1は、建物周りの隣棟の影響に関するイメージである。建物が立地する地域の状態として、郊外のように隣棟間隔が広く周りに高い建物がない場合と、市街地のように隣棟間隔が狭く周りに高い建物がある場合では、通風の良し悪

図5・4・1 住宅における漏気が見出される度合いが高い部位の例 (出典：長谷川健一、黒柳博晃、山岸明浩、河路友也、山下昌弘「断熱気密住宅における気密性能と温熱環境の特性に関する考察―長野市を中心とした戸建住宅の温熱環境データベースを用いた考察―」『日本建築学会計画系論文集』第536号、pp.29-34、2000より作成))

表 5・5・1　各都市の月別最多風向の平年値（1992～2000年）[6]

	1月		2月		3月		4月		5月		6月		7月		8月		9月		10月		11月		12月		年	
	方位	頻度	方位	頻度	方位	頻度	方位	頻度	方位	頻度	方位	頻度	方位	頻度	方位	頻度	方位	頻度	方位	頻度	方位	頻度	方位	頻度	方位	頻度
札幌	WNW	13	NW	14	NW	17	NW	17	SE	18	NNW	19	SE	22	SE	22	SE	18	SSE	14	SE	13	NW	13	SE	15
函館	WNW	27	WNW	24	WNW	19	W	12	E	10	E	16	E	15	E	16	E	13	WNW	14	WNW	21	WNW	27	WNW	15
旭川	SSE	10	NNW	9	NNW	9	WNW	12	WNW	14	WNW	12	WNW	15	WNW	11	WNW	9	S	10	SSE	12	SSE	12	WNW	10
稚内	W	13	NNW	10	W	11	SSW	16	SSW	19	SSW	15	SSW	17	SSW	14	WSW	12	WSW	15	W	20	W	20	SSW	11
根室	NW	16	NW	16	NNW	14	SW	11	S	13	S	14	S	14	S	14	S	10	SSW	12	SW	13	SW	17	S	9
青森	SW	26	SW	25	SW	22	SW	18	SW	15	N	11	SW	11	E	12	SW	15	SW	21	SW	24	SW	25	SW	19
仙台	NNW	16	WNW	17	NNW	15	SE	12	SE	16	SE	19	SE	22	SE	20	NNW	15	NNW	18	NNW	17	NNW	15	NNW	13
秋田	SE	17	WNW	15	SE	17	SE	21	SE	22	SE	25	SE	26	SE	30	SE	28	SE	27	SE	25	SE	19	SE	23
銚子	WNW	19	WNW	17	NE	14	SSW	17	SSW	21	SSW	17	SSW	24	SSW	22	NNE	20	NNE	22	NNE	16	WNW	19	NNE	14
東京	NNW	38	NNW	35	NNW	27	NNW	14	S	15	S	14	S	16	S	16	N	17	NNW	25	NNW	32	NNW	36	NNW	20
新潟	NW	13	W	13	SSW	11	SSW	11	NNE	11	NNE	15	NNE	12	NNE	13	S	12	S	14	S	16	SSW	16	S	12
金沢	SSW	14	SSW	11	ENE	15	ENE	12	E	14	E	16	SW	15	ENE	13	ENE	17	ENE	16	ENE	14	SSW	14	ENE	13
長野	E	17	ENE	16	ENE	15	WSW	13	WSW	14	WSW	15	WSW	15	WSW	15	WSW	14	WSW	11	ENE	15	ENE	11		
静岡	WSW	12	NE	11	NE	14	NE	12	S	14	S	15	S	15	S	15	W	12	NE	13	E	12	WNW	12	NE	11
名古屋	NW	22	NW	24	NW	24	NNW	18	NNW	17	SSE	17	SSE	17	SSE	17	NW	16	NNW	23	NNW	23	NW	22	NNW	17
京都	WNW	10	NW	10	W	13	N	10	NNE	10	NNE	10	NNE	10	NNE	10	N	12	N	10	WNW	9	N	10		
大阪	W	17	NNE	15	NNE	19	NE	17	NE	18	WSW	17	WSW	16	N	23	NNE	24	NNE	20	W	15	NNE	16		
和歌山	ENE	18	ENE	16	ENE	15	ENE	15	ENE	15	ENE	12	WSW	14	ENE	15	ENE	20	ENE	26	ENE	25	ENE	24	ENE	18
松江	W	22	W	18	E	15	W	16	W	19	E	19	W	22	E	17	E	16	E	11	W	16	W	20	W	16
広島	NNE	31	NNE	32	NNE	32	N	26	N	23	NNE	20	SSW	19	NNE	20	NNE	37	NNE	42	NNE	39	N	31	NNE	28
高松	W	17	W	16	WSW	11	WSW	11	N	10	ENE	12	ENE	10	E	11	SW	12	SW	15	SW	15	WSW	15	W	12
高知	W	27	W	26	W	22	W	20	W	20	W	17	W	14	W	18	W	22	W	25	W	27	W	27	W	22
福岡	SE	16	SE	15	N	16	N	17	N	16	N	17	SE	14	SE	16	N	19	N	15	SE	17	SE	21	SE	15
長崎	N	14	N	15	N	16	N	12	SW	16	SW	23	SW	26	N	15	NE	14	NE	15	NE	13	N	13	N	12
宮崎	W	29	W	26	W	18	NW	17	SW	15	WSW	12	WSW	15	NW	15	NW	15	NW	19	NW	25	W	27	NW	26	NW	18
鹿児島	NW	34	NW	30	NW	23	WNW	18	WNW	15	WNW	11	WNW	12	NE	15	NW	15	NW	21	NW	29	NW	33	NW	20
那覇	NNE	23	N	21	NNE	15	NNE	12	ESE	12	SSW	23	SE	16	SE	14	NNE	13	NNE	32	NNE	30	NNE	29	NNE	16

（16方位・%）

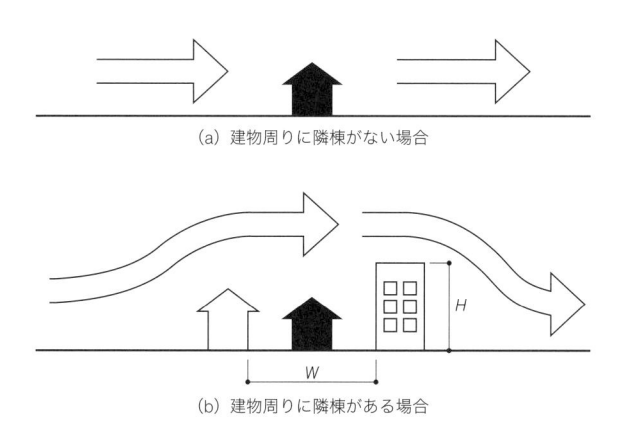

図 5・5・1　建物周りの隣棟の影響に関するイメージ
(a) 建物周りに隣棟がない場合
(b) 建物周りに隣棟がある場合

図 5・5・2　垂直／水平方向における通風の工夫の事例
(a) 垂直方向における通風の工夫
(b) 水平方向における通風の工夫

が異なる。隣棟間隔 W と建物高さ H との比である W/H が 0.7～0.6 以上では風が隣棟空間に吹き込みにくくなる[7]。また、敷地面積と建築面積の比であり空地の度合いを表わす建ぺい率を利用した実験では、模型を用いた風洞実験により建ぺい率が高くなるにつれ風上側と風下側の風圧係数の差が小さくなることから、建物の密集した地域では通風を得づらくなり、この影響は壁面よりも屋根面において顕著であることが示されている[4]。

また、建物自体においては、周辺環境に適応した開口部の工夫も重要である。外部風環境と建築物の関係は、風向に対する開口部のとられ方が通風に影響する。風の入口と出口となる開口部の位置関係では、開口部位置による圧力差が同程度の場合、水平・垂直方向に開口部の位置に変化をつけると広い空間での通風が得られる。図 5・5・2 に、建物の垂直方向と水平方向における通風の工夫の事例を示す。開口部と風向の位置関係では、開口部が風向に対し直交するような配置が通風の駆動力となる風圧を得ることができる。しかし、建築条件から風向に対して直交方向の開口部がとれない場合でも、建物の開口部に関わる工夫を行うことによって通風の確保が可能である。図 5・5・2 の(a)に示される垂直方向における通風の工夫では、吹き抜け部分や階段部分を利用し垂直方向の風の流れを生み出す開口部を設ける。これにより、温度差による煙突効果のみならず屋根面と壁面との風圧力差の利用が可能である。図 5・5・2 の

写真 5・5・1 a　海野宿の町並み（卯建と越屋根）

写真 5・5・1 b　海野宿の町並み（卯建と海野格子）

写真 5・5・1 c　海野格子

写真 5・5・1 d　蔵の軒天部分に設けられた孔

(b)に示される水平方向における通風の工夫では、風を受ける袖壁や窓などを設けることにより風を室内に呼び込むことができる。窓の開放が難しい場合には、開口面に風を受ける装置を取り付けるような工夫も考案されている[8]。また、通風計画には、室内外を隔てる開口部の位置だけではなく室内の仕切りに用いられる扉やふすまといった建具の形状も大切であり、通風時の風の通り道を確保するためにアンダーカットやガラリなどの工夫が必要である。

通風に関する工夫は、日本の伝統的な建造物からも学ぶことができる。写真5・5・1a〜dに、海野宿（長野県東御市）の町並みを示す。海野宿は、寛永2年（1625年）に北国街道の宿駅として開設され、昭和62年に国の重要伝統的建造物群保存地区に指定されている。海野宿には、卯建や越屋根、海野格子など種々の伝統的要素が保存されている。特に、通風に関係する要素には、「気抜き」と呼ばれている越屋根や長短2本の組み合わせによる「海野格子」がある。越屋根は、採光とともに室内に立体的な風の流れを生み出す装置である。海野格子は、他の格子にも通じるが、美しいデザイン性とともに雨戸とは異なり透かしによる室内への採光、通風、眺望などの確保が可能な意匠である。また、写真5・5・1dに示される軒天部分の孔は小屋裏換気口のように見受けられ、漆喰塗りの倉と調和したデザインとなっている。このように、日本における伝統的な建造物には通風換気計画に関する様々な工夫が見出され、現代の建物にも応用可能なアイデアを得ることができる。

参考文献
5・1〜5・5
1) 今井功『流体力学（前編）』裳華房、1992
2) 原田幸夫『流体力学・水力学演習』槙書店、1990
3) 笠原英司、清水正之、前田昌信『図解流体力学の学び方』オーム社、2002
4) 日本建築学会編『建築設計資料集成1 環境』丸善、1978
5) 長谷川健一、黒柳博晃、山岸明浩、河路友也、山下恭弘「断熱気密住宅における気密性能と温熱環境の特性に関する考察－長野市を中心とした戸建住宅の温熱環境データベースを用いた考察－」（『日本建築学会計画系論文集』第536号、pp.29-34、2000）
6) 国立天文台編『理科年表プレミアム』丸善、2008
7) G.Z. Brown and Mark Dekay: *Sun, Wind & Light Architectural Design Strategies*, 2nd edition, John Wiley & Sons, Inc.
8) 森勝彦、加藤信介、河野良坪、高橋、岳生、野村、吉和、堀、剛文、岩瀬静雄、高橋泰雄「片側開口建物の通風性状に関する研究（その4）片側開口居室の通風・換気量予測手法の提案」（『日本建築学会学術講演梗概集』D-2、pp.853-854、2007）

第6章 照明と色彩の視環境計画

6・1 人工光源の特性

人工光源の種類を大別すると、温度放射で光を出すものと各種ルミネッセンスによるものとある。前者が白熱電球であり、後者は蛍光ランプなどである。人工光源の持つ特性として、使う電力量、電力投入量に対する光束量である効率、光色を表す色温度、光がものをどのような色として演出するかの演色性が挙げられる。各光源の特性の概要を表6・1・1に示す。光色について、昼光光源と比較すると、約6,500Kの昼光色蛍光ランプが最も青みかかった色を持ち、比較的青空に近い。電球色蛍光ランプは、3,000K程度でハロゲン電球や白熱電球に近い赤みかかった色合いである。火を用いたものは2,000K付近にある。

蛍光ランプや白熱電球は、厳密には波長に対する分光特性があり、これによって光色が定まり、演色性の高低が現れる。白熱電球は波長が長くなるにつれエネルギー量が増加する。蛍光ランプではその蛍光体の使用状況によって発光の強い波長が異なり、分光分布も複雑である。3波長形蛍光ランプは、特色ある3つの波長域で強い発光する分光特性を示す。一例を図6・1・1に示す。

表6・1・1a　代表的な光源の色温度

自然光	
太陽光直射	5,000～5,500K
昼光	6,000～6,500K
青空光	12,000～20,000K
曇天光	5,800～6,800K
満月光	4,100K
人工光	
ローソク炎	1,900～2,000K
ガス灯光	2,000～2,100K
白熱電球（白色薄膜塗装）	2,450～2,850K
ハロゲン電球	2,950K
蛍光ランプ（昼光色：D）	5,700～7,100K
蛍光ランプ（昼白色：N）	4,600～5,500K
蛍光ランプ（白色：W）	3,800～4,500K
蛍光ランプ（温白色：WW）	3,250～3,800K
蛍光ランプ（電球色：L）	2,600～3,250K
水銀ランプ（透明形）	5,800K
蛍光水銀ランプ	3,900K
メタルハライドランプ（低始動電圧形）	3,800K
メタルハライドランプ（両口金コンパクト形）	4,200K
高圧ナトリウムランプ（始動器内蔵形）	2,050K
高圧ナトリウムランプ（演色改善形：拡散形）	2,150K
高圧ナトリウムランプ（高演色形）	2,500K

表6・1・1b　主な照明用光源の特性と用途

	白熱電球	蛍光ランプ	HIDランプ		
			蛍光（高圧）水銀ランプ	メタルハライドランプ	高圧ナトリウムランプ
発光	温度放射	ルミネセンス（低圧放電ランプ）	ルミネセンス	ルミネセンス	ルミネセンス
大きさ [W]	10～2,000　一般には30～200	予熱始動形　4～40　ラピッドスタート形　20～220	一般には40～1,000	125～2,000　一般には250～1,000	150～1,000
効率 [lm/W]	良くない　10～20	比較的良い　50～90	比較的良い　40～65	良い　70～95	非常に良い　95～149
寿命 [時間]	短い　1,000～2,000	比較的長い　7,500～10,000	長い　6,000～12,000	比較的長い　6,000～9,000	長い　9,000～12,000
演色	良い　赤味が多い	比較的良い　特に演色性を良くしたものもある	あまり良くない	良い	良くない　蛍光ランプ程度に演色性を改良したものもある
コスト	設備費は安い　維持費は比較的高い	比較的安い	設備費はやや高い　維持費は比較的安い	同左	設備費は高い　維持費は安い
取扱い・保守点検など	容易	比較的容易	普通	普通	普通
適する用途	照明全般　特殊用途向きのものも各種ある	同左	高い天井の屋内、屋外照明　道路照明　商店・工場・体育館	高い天井の屋内、演色性の要求される屋外照明　美術館・ホテル　商店・事務所	高い天井の屋内　屋外照明　道路照明
その他	光は集光性、光源の輝度は高い　光源の表面温度が高く、発生熱も高い	光は拡散性、光源の輝度は低い　周囲の温度によって効率が変化する	点灯のとき、再点灯のとき、安定するまで5～10分かかる	同左	光は拡散性　光源輝度は高い　同左

（出典：小島武男・中村洋『現代建築環境計画』オーム社、1983より）

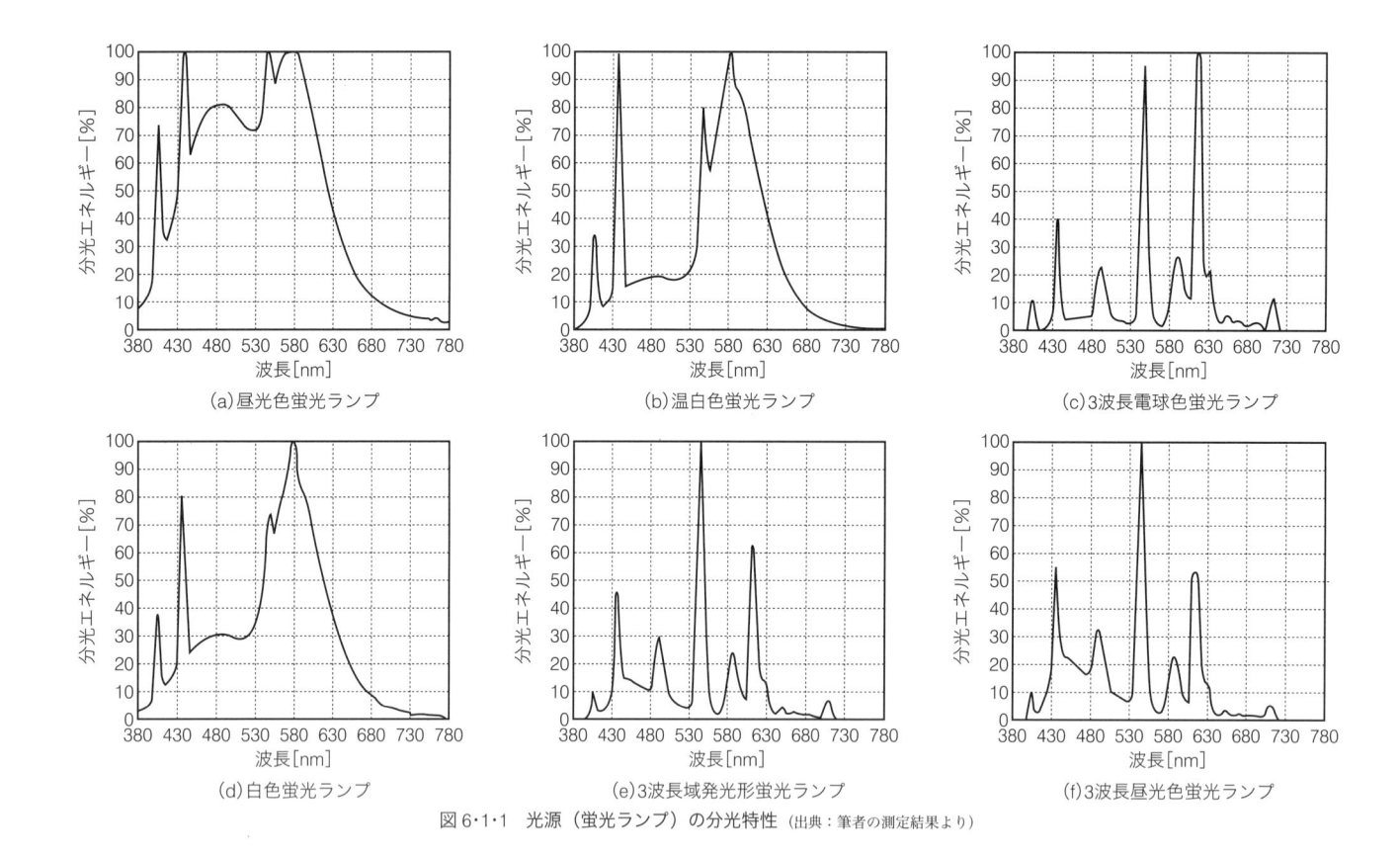

図6・1・1 光源（蛍光ランプ）の分光特性 （出典：筆者の測定結果より）

(a) 昼光色蛍光ランプ
(b) 温白色蛍光ランプ
(c) 3波長電球色蛍光ランプ
(d) 白色蛍光ランプ
(e) 3波長域発光形蛍光ランプ
(f) 3波長昼光色蛍光ランプ

光源の寿命としては高圧ナトリウムランプ、蛍光ランプや蛍光水銀ランプは10,000時間を超す寿命を持つ。これに対し白熱電球は、1,000時間程度の寿命である。したがって、CO_2削減、省エネルギーや省資源の点から白熱電球はなるべく避け、蛍光ランプを用いることが主唱されている。

光源の形状は、様々な用途に答えるために様々な形がある。この例を図6・1・2に示す。電球形蛍光ランプは上述のCO_2の問題などに対処するため、白熱電球を代替するものである。

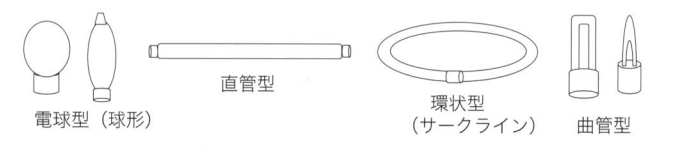

電球型（球形）　直管型　環状型（サークライン）　曲管型

図6・1・2 人工光源の各種形状

6・2 人工照明を計画する

1 照明光源

光源の特性は以上で述べたが、光源を含んで、照明を行うものとして照明器具がつくられる。この照明器具の特性を知ることが必要である。照明器具の特性として、どの方向に光が向かうかを示す配光特性がある。光源の光をそのまま射出させて、ものを照らす、そして人間の視覚に入るような光を直接光という。光源からの光をいったんものに当てて、反射させて、その光を空間に射出させる光を間接光という。照明器具ではこの直接光と間接光により様々な配光特性が生まれる。その例を図6・2・1に示す。直接光と間接光に割合により、直接、半直接、全般拡散、半間接、間接の5つのタイプに分類できる。全般拡散の場合には、障子紙や磨りガラス、不透明プラスチック版などを使いそ

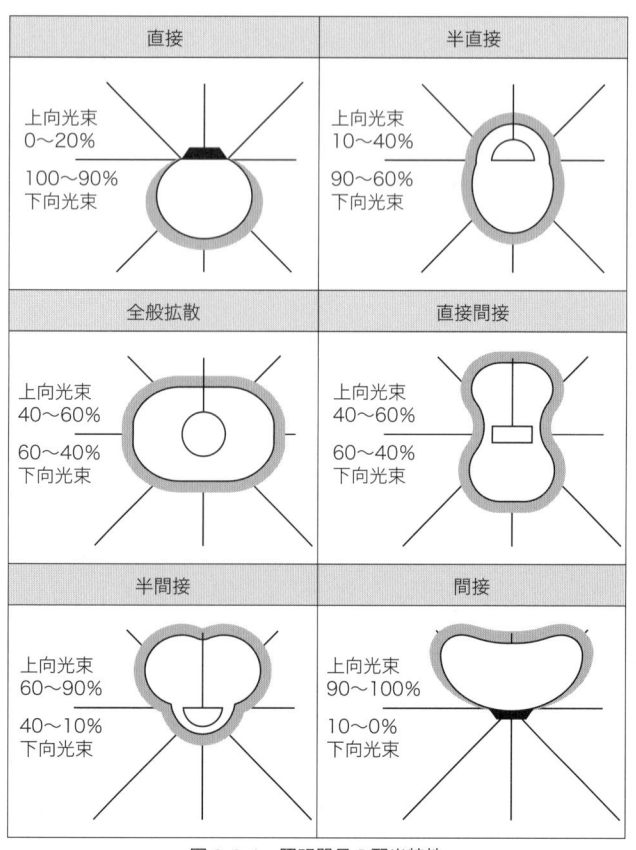

直接　上向光束 0～20%　下向光束 100～90%
半直接　上向光束 10～40%　下向光束 90～60%
全般拡散　上向光束 40～60%　下向光束 60～40%
直接間接　上向光束 40～60%　下向光束 60～40%
半間接　上向光束 60～90%　下向光束 40～10%
間接　上向光束 90～100%　下向光束 10～0%

図6・2・1 照明器具の配光特性

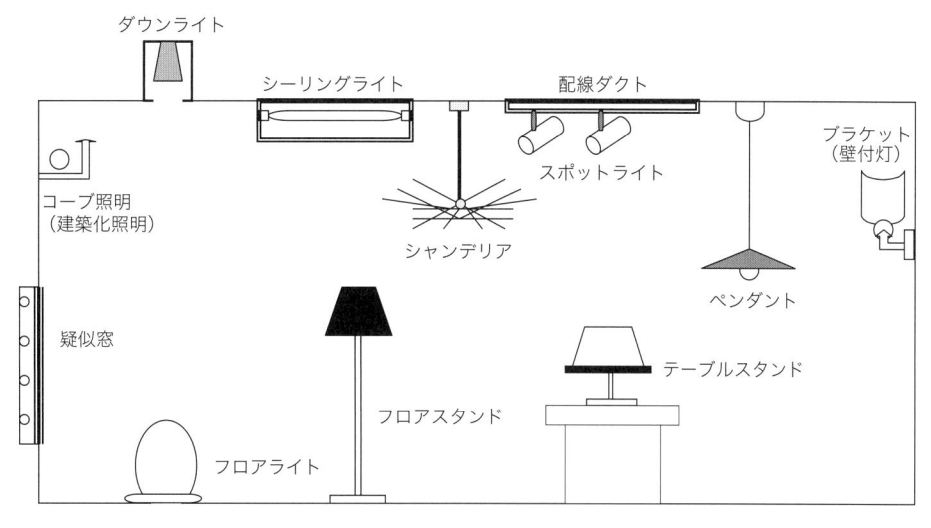

図 6・2・2　照明器具の取りつけ方による分類

表 6・2・1　光源（蛍光ランプ）の分光特性。各施設の所要照度

照度段階	事務所		工場		学校		病院		商店	美術館・博物館
2,000lx	●設計 ●製図 ●タイプ ●計算 ●キーパンチ		●検査a ●設計 ●製図		—		—		●レジスター	
1,000		事務所a 営業室 製図室	●検査b 設計室 製図室		—	●精密製図 ●精密実験 ●ミシン縫い	●剖検 ●分べん介助 ●応急処置		●包装台 ●エスカレータ ー乗降口	●彫刻（石、金属） ●造形物 ●模型
500	待合室 食堂 エレベーター ホール 娯楽室 守衛室	事務室b 会議室 集会室 応接室	●検査c 倉庫内の事務室		教室 実験実習室 図書閲覧室 書庫 教職員室	●キーパンチ ●図書閲覧 ●黒板 ●製図室 ●被服教室	院長室 医局 研究室 面会室 一般検査室	●視診 ●注射 ●調剤 診察室 薬局	●休憩室 商談室 エレベーターホール	●彫刻（プラスタ、木、紙） ●洋画 研究室 入口ホール
200		書庫 講堂 エレベーター	電気室 出入口 廊下 階段 洗面所 便所		会議室 食堂 屋内運動場	講堂 集会室 ロッカー室 昇降口 廊下	生理検査室 調剤室	病室X線室 物療室 麻酔室 薬品室 更衣室	洗面所 便所 階段 廊下	●絵画（ガラスカバー付） ●日本画 ●工芸品 ●一般陳列品 洗面所
100	喫茶室 宿直室 更衣室				渡り廊下 倉庫 車庫		車寄せ 眼科暗室 病棟の廊下	カルテ室 宿直室	—	●はくせい品 食堂 廊下 階段
50	非常階段		非常階段 屋外動力設備		非常階段		動物室 暗室 非常階段			格納庫
20	—		屋外		—		—		—	—

の材料表面での透過光を拡散させる。

　次に照明器具を天井や壁へどう取り付けるか、また床への置き方によって、照明器具の形態が生まれる。事例を図6・2・2に示す。

　照明の全体計画としては、室内に光をどのように配光させるかである。必要照度を確保するために、直接光を用いれば少ない光源や照明器具で十分であるが、見上げたときなどにグレアーが生じることも考えられる。その場合にはできるだけ間接照明を取り入れることになる。しかし全般的間接照明であると、光の指向性が弱くなりモデリングがうまくいかず、すべてが平板に見てしまうこともある。色の選択も部屋の用途や生活状況によって重要である。部屋全体の照明方式の例を写真6・2・1に示す。さらに室内表面の仕上げ色も大きく関係する。明るい色を用いることで、反射率が上がり、室内での相互反射を繰り返して、空間が明るくなる場合もある。暗い仕上げ色であると反射光がなく、光源だけの光束で照明することになる。しかし、目標はただ明るいだけということでなく、求められた明るさや見やすさ、雰囲気をどう実現するかである。

❷人工照明の所用照度と諸要素の影響

　それでは、実際に人工照明を行う場合にどのような明るさにすべきなのであろうか。施設ごとに、必要な照度がJISにより決められている。所用照度は、表6・2・1に示されるように照度段階として与えられる。例えば、事務所では設計や製図などの精密作業では、2,000lxを必要とするが一般事務室では、1,000lxや500lxですむ場合もある。エント

写真6・2・1a　トロファー照明例

写真6・2・1b　シャンデリアによる照明例

写真6・2・1c　コーブ（間接）照明例

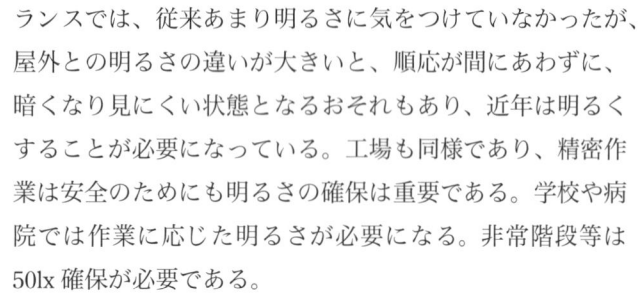

写真6・2・1d　配線ダクトスポットライト例

ランスでは、従来あまり明るさに気をつけていなかったが、屋外との明るさの違いが大きいと、順応が間にあわずに、暗くなり見にくい状態となるおそれもあり、近年は明るくすることが必要になっている。工場も同様であり、精密作業は安全のためにも明るさの確保は重要である。学校や病院では作業に応じた明るさが必要になる。非常階段等は50lx確保が必要である。

明視照明では、明るさがほとんどの要素であるが、雰囲気や人との接触を持つような場所では、さらに他の要素を考慮する必要がある。光源には色温度が異なるものがあり、これを有用に使うことが得策である。光源の色温度によって快適に判断される照度（適正照度）の範囲が異なるといわれている。これは第2章の図2・3・9を参照のこと。色温度が低い白熱電球などでは快適な照度は低く、その範囲も狭い。色温度が高くなり、白や青の光では快適範囲も広い。

人を見る場合には、人の顔が立体的に認識できることが望ましい場合が多い。そこで、立体をより立体的に見るようにするにはどのようにしたらよいであろうか。ここでは、照明ベクトルとスカラー照度を用いて、立体的に見るモデリングについて、その評価方法を述べる。照明ベクトルの絶対値とスカラー照度の比率をベクトル・スカラー比と呼び、光源の高度との関係で、どのような見え方をするか定まる（第2章の図2・3・8参照）。主光線の高度が高い方が好ましい印象を与え、ベクトル・スカラー比が1.2から1.7程度で好もしさが最大になる。小さいと光の指向性がなくなり平板的に見え、指向性が強すぎるとどぎつい印象を与える。住宅での生活、レストランや待合室、営業室などでは重要な要素となると考えられる。また、光をバックにして人と対峙すると、背景だけ明るく、人の顔や姿が暗く陰のようになることを、シルエット現象という。これは、見る側からの照明が必要である。

6・3 色をどう表すか

色は、光の色としての光色と物体の色としての色彩として分けられる。ここでは物体の色である色彩を取り扱う。しかし、物体の色は光が当たり、その一部を反射することで人間に色として知覚されるので、光色についても一部含まれる。

色を表すには、日常生活ではその呼び名（色名）でいう。しかし、一人一人が思い描いている色が必ずしも一致しな

いし、微妙な違いのものもある。そこで一定の規則に従って色を表現することが、工業的な場面やデザインの場面では必要になる。このように色を表す規則やシステムを表色系という。この表色系にはいろいろな考え方があるが、ここでは実用的に建築やインテリアで用いる場面が多い表色系について述べる。

従来は、マンセル表色系とオストワルト表色系が主流であり、科学的な根拠づけのある CIE 表色系が用いられていたが、実用的な側面や人間の感覚的反応を重視した表色系が用いられる様になってきた。ここでは、マンセル表色系、CIE 表色系、日本色研の表色系について説明する。

1 マンセル表色系

アメリカの画家であるマンセルが開発した表色系であり、現在のものはそれを改良した修正マンセル表色系である（図 6・3・1）。色の 3 属性である色相（ヒュー）、彩度（クロマ）、明度（バリュー）を用いて表すものである。色相は色合いを示すもので、色相の表示では、基本色として R（赤）、Y（黄）、G（緑）、B（青）、P（紫）を選び、これを環状に等間隔に配置した。その各色間の中間に YR、GY、BG、PB、RP と中間色を配し、その間を 10 等分したもので「5R」のように表現する。実際には 4 等分して 2.5 きざみで用いることが多い。これを図 6・3・1a に示す。最もその色らしいものに 5 の数字を割り当てている。彩度は、色の鮮やかさであり、色相によって鮮やかさの最大のものが異なる。色相と彩度は、円形座標を構成していて、円周方向の位置（角度）を表すのが色相で、半径方向を表すのが彩度である。明度は、色の明るさを表す。色相のないモノトーンの無彩色の場合は、黒が小さい値で白っぽくなるにつれ大きい値になる。色相と彩度の円形座標を垂直方向に向かう軸を明度の軸として付け足して、円筒座標としたものが、マンセル表色系の全体像である。円筒座標に存在する色を配置したものを立体的に色を表すのでマンセルの色立体という。これを図 6・3・2 に示す。

2 CIE 表色系

CIE 表色系は、光の 3 原色である RGB を用いた RGB 表色系を改良したものである。正式には CIE1931 標準表色系という。3 つの異なる原刺激値を加法混色させて任意に色を再現する方法である。分光特性を持つ三刺激 $x(\lambda)$、$y(\lambda)$、$z(\lambda)$ を仮定し求める光色の分光分布 $P(\lambda)$ に等色させるものである（図 6・3・3）。原刺激の混合量を三刺激値 XYZ と呼び以下の様に定義される。

$$X = K_m \int P(\lambda) x(\lambda) d\lambda$$
$$Y = K_m \int P(\lambda) y(\lambda) d\lambda \quad \cdots\cdots\text{(式1)}$$
$$Z = K_m \int P(\lambda) z(\lambda) d\lambda$$

　　ここで、K_m：最大視感度

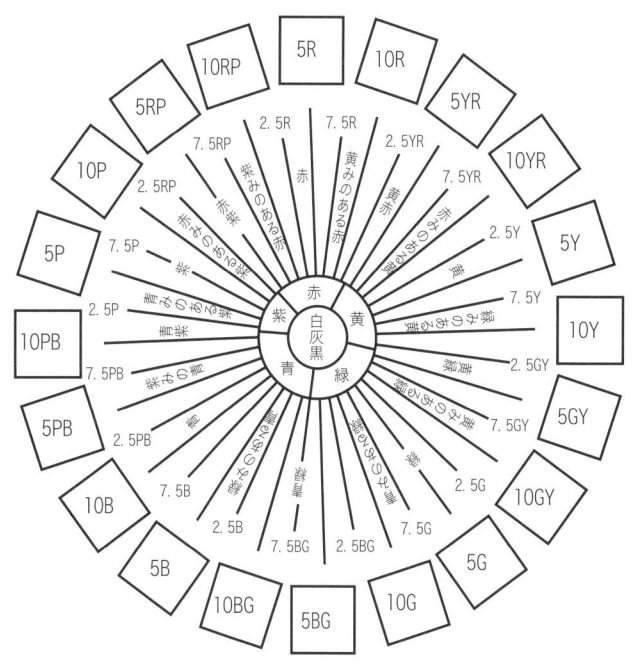

図 6・3・1a　マンセルの色相環

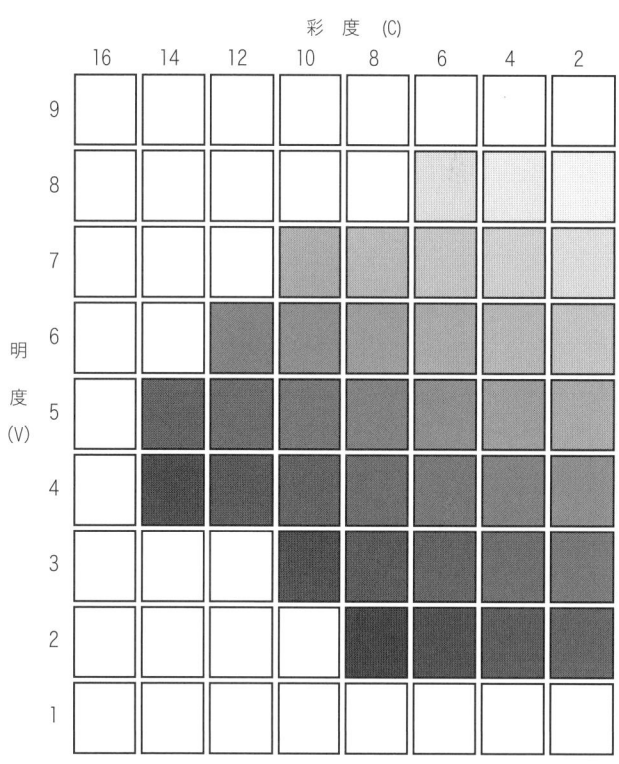

図 6・3・1b　2.5R の彩度と明度色票

Y は測光量であり、光束を表す。X と Z は色相と彩度をあわせた性質を表わしたもので、クロマチックネスと呼ばれる。

3 つの要素で表すより簡便にするために、以下のような x と y の 2 値で表す色度を定義する。

$$x = \frac{X}{X+Y+Z}$$
$$y = \frac{Y}{X+Y+Z} \quad \cdots\cdots\text{(式2)}$$

xy を用いた直角座標で表した図 6・3・4 を色度図という。これは混色を示すのが容易であり、色度図上で 2 つの色を

結ぶ直線上に混色したものが表現される。明るさを同時に表したい場合はxyに加えてYを用いる。

6・4 色彩調和の理論を考える

色彩調和の理論は、多く存在するがここではムーンとスペンサーが従来いわれてきた事項をまとめてつくりあげたものを紹介する。マンセルの表色系を使ったものである。簡単に分類すると、色相に関するものと、ある色相における彩度と明度との関係に対するものがある。色相に対しては、マンセル色相環上の2色の色について調和する領域と不調和の領域が存在するというものである。図6・4・1に示す様にある色に対してそれに隣接する色は同等とみなされる。それを超えて25°までが不調和領域でこれを第一不調和領域という。そこから43°までは類似色の調和領域である。43°から100°までは、第二不調和領域である。それより離れた場合は、対比の調和である。反対色は調和することはよく知られているがそれを裏付けるものである。

彩度と明度による直交座標上でも同様に、不調和領域が2つ存在する。同一色相あるいは無彩色であっても、適度な色の組み合わせは調和する。

これらのことを簡明にまとめたものとして美度の概念がある。
① 正しく組み合わせた無彩色は有彩色同様に美度が高い
② 同色相の調和は非常に快適な感じを与える傾向がある
③ 等明度の調和は一般に美度が低い
④ 等明度、等飽和度の色彩を用いた簡単なデザインは、多くの色相を用いた複雑なデザインよりも、しばしば良い調和が得られる

これを参考に色の組合せの調和を考えると、いろいろな場面への応用も可能となる。

6・5 色彩の心理と色彩調節の方法

❶色彩の物理的感覚

色彩の物理的感覚は、主に温度の感覚と距離の感覚そして重さの感覚がある。温度感覚は暖色系と寒色系に別れる。マンセル表色系では、前者はRP、R、YR、Yであり、後者はG、BG、B、PBである。その他は中間色である。また低迷度の色彩は、暖色となり、高明度の色彩は寒色となる。暖色系の色は膨張感があり、進出色と呼ばれ、寒色系の色は収縮感があり後退色と呼ばれる。高明度の色彩は近距離感を感じさらに軽く感じる。低迷度の色彩は遠距離感を表し、重く感じる。

色彩による感情や情緒的効果は主に暖色系で興奮を感じ、寒色や中間色では、平静を感じる。これらをまとめて表6・5・1に示す。

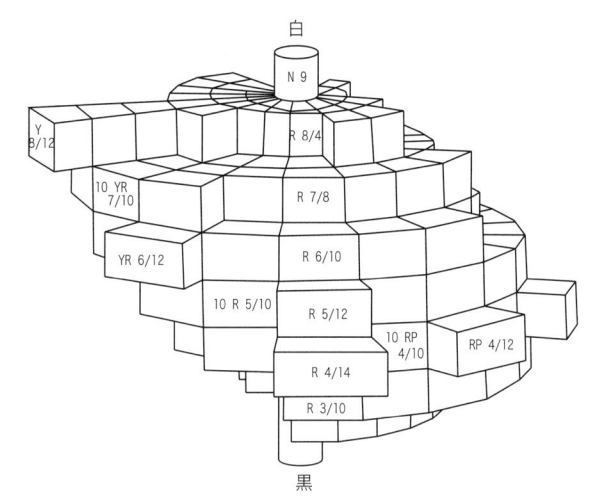

図6・3・2 マンセルの色立体

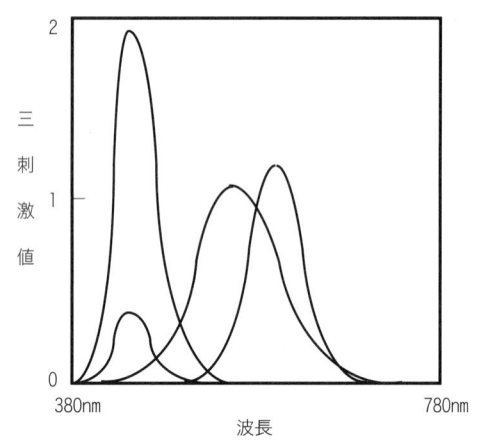

図6・3・3 CIE 表色系の三刺激値

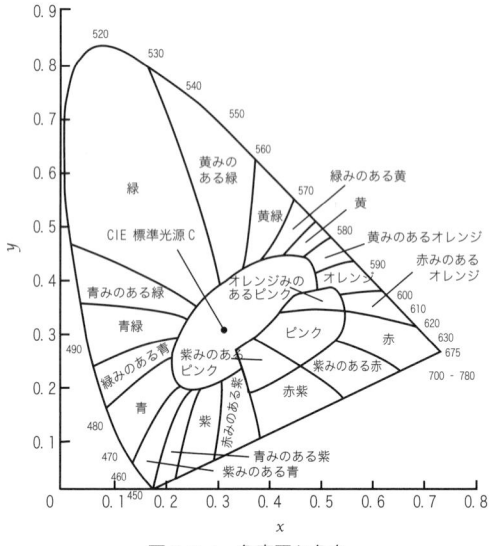

図6・3・4 色度図と色名

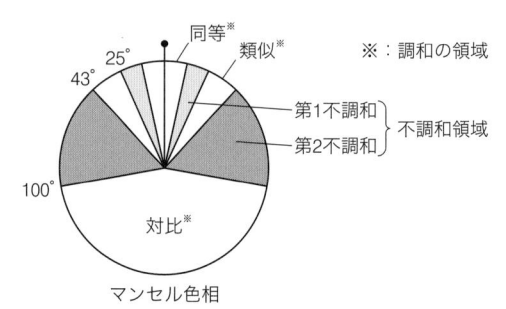

図6・4・1 ムーン・スペンサーの理論によるマンセル色相上の不調和

❷色彩調節

　色彩調節は、色彩の持つ効果を用いて環境を整えるもの、および事柄を識別できる様にすることである、機能的な価値を有するものである。美的価値のみを追う場合は装飾である。

　色彩調節には、人類共通に持っている色彩の機能を用いる場合と気候風土や民族の持つ色彩感情を用いる場合とがある。警戒を表す虎模様など前者であり、高貴な色として紫を使うなどは後者である。色彩調整は大別して2つの方法がある。一つは環境配色で、色彩を配置することで環境の雰囲気を改変することを目的とするものである。美観、照明、温度、尺度、感情の調整などが行われる。もう一つは、識別配色で、危険や注意、安全などを喚起したり警告したりするために用いられる。安全色として緑十字、警戒色として黄と黒の縞などがありJISに定められている（表6・5・2）。

　Judd[1]により以下のような色彩調節の原理が示されている。

　①秩序ある色を用いる
　②親しみやすい色を用いる
　③似た色を用いる
　④曖昧でない色を用いる

　これによれば、乱雑な色を用いることは騒々しさを与えるので、秩序ある色づかいが肝要である。親しみやすさはインテリア計画でも重要である。似た色を用いることで統一感のある環境が実現できる。

　室内計画などでは、基調色とアクセント色の概念がある。基調となる多くの割合を占める色を基調色、対比させる色をアクセント色という。基調色は1色に限らない。

　これらの概念を用いた実際の色彩計画については第10章10・4で述べる。

表6・5・1　色彩と情緒感覚

色	情緒
赤	激情・熱烈・積極的・怒り・焦り・喜び
黄赤	努力的・活発・喜び・はしゃぎ・放漫
黄	愉快・元気・明朗・軽快・健康
緑	安らぎ・寛ぎ・新鮮・若やぎ
青	落ちつき・淋しさ・哀しさ・瞑想的
紫	いかめしさ・あでやかさ・神秘・不安・孤独
白	純粋・すがすがしさ・素っ気なさ・冷酷
黒	陰うつ・不安・いかめしさ

表6・5・2　JIS Z 9103-2005 安全色

色の区分		マンセル記号	意味
安全色	赤	7.5R4/15	防火、禁止、停止
	黄赤	2.5YR6/14	危険、明示
	黄	2.5Y8/14	警告、明示
	緑	10G4/10	安全状態、進行
	青	2.5PB3.5/10	指示、誘導
	紫	2.5RP4/12	放射能
対比色	白	N9.5	通路
	黒	N1	

参考文献
6・1
1) 小島武男・中村洋『現代建築環境計画』オーム社、1983
6・5
1) 日本建築学会編『建築の色彩設計法』日本建築学会、2005

第7章 環境の心理学

7・1 感覚量の定量化

　環境のある刺激に対して、人間は生理的にあるいは心理的に反応する。生理的反応は量的に捉えやすいが、心理的反応は心の問題でもありどう捉えたらいいのであろうか。物理刺激に対して感覚への影響は大きいのか影響は小さいのかは、環境を設計する場合に知りたいところである。そこで求められるのは、感覚が定量化され感覚量として把握されていることである。その方法の主なものとして、(古典的)精神物理学的方法が用いられる[1]。

　これには、以下のものがある。

① 調整法：異なる2つの現象比較して、一方の物理量を固定し、一方を調節して(変化させて)等しいと思われる感覚をその調整量で表現する

② 極限法：異なる2つの現象を比較して、一方を固定し、一方を最大・あるいは最小の物理刺激から連続的に変化させ、双方が一致したと思われる物理量を記録する

③ 評定尺度法：数値尺度をあらかじめ与えておき、そこから選択して評価する方法。尺度はその作成方法によって数値の処理できる異なった水準がある(表7・1・1)

④ 一対比較法：複数の現象について2つずつを1組として、すべての組み合わせについてその大小を比較し序列化する

などがある。一方、現象を人間が自分の思う直接数値として評価する、マグニチュード推定法[3]があるが、一部の心理学者の間では全く信用されていない。この数値は任意でいいが、標準刺激を設けて数値は統一することが多い。

7・2 物理量と感覚量の関係

　室内環境の設計を行うに際して、例えば照度などの物理量と明るさ感などの感覚量との関係を量的に表せば、物理量を測定したり、物理的に計算することで、設計した空間が、実際にできたときにどのようになるかを、あらかじめどのような感覚が生じるかということとして予測することができる。この両者の関係を表す方法として、次の2つの代表的なものがある。

■ ウェーバー・ヘヒナーの法則

　人間に対する物理的な刺激を与える物理量がSの場合、人間の反応としての感覚量がRとする。そして、物理刺激がΔS増加した場合、すなわち物理量が$S+\Delta S$になった場合、感覚量が$R+\Delta R$とΔR増加した場合を考える。ウェーバーは、このとき、物理量の増加ΔSが人間にとって知覚できるとすると、もとの物理量のSとの関係はどうなるか。例えば、静かな部屋で、床にコインを落とすと音が聞こえることが認識できるが、電車の通るガード下でコインを落としたとしても気づかないほど、人間にとって音が相対的に小さくなる。このように物理刺激の変化に対して、変化を知覚できる変化量を弁別閾という。もとの刺激Sにたいして弁別閾をΔSとすると、次式が成立する。

$$\frac{\Delta S}{S} = k \text{（一定）}$$

　これをウェーバーの法則といい、この比kをウェーバー比という。

　ヘヒナーは、これをさらに発展させ、物理量の変化ΔSに対する感覚量の変化ΔRの比は、ウェーバーの法則と同様な考え方で、ものと物理刺激に反比例するとした。

$$\frac{\Delta R}{\Delta S} = \frac{C}{S}$$

　これを変形すると

$$\Delta R = \frac{C \Delta S}{S}$$

　変化量をさらに小さく微小量とすると

表7・1・1　心理反応を得るための評定尺度の種類と水準

尺度の水準	目的	特徴	許される演算	尺度どうしの変換	典型的な例
名義尺度	等価の決定 分類 命名 符号化	$A = B$ または $A \neq B$ の決定	計算の勘定 事例数 最頻値(モード) 定性的相関係数	1対1置換	背番号 品物の型番
順序尺度	大小関係の決定 順序づけ	$A > B$ $A = B$ $A < B$ の決定	順序統計量 メデイアン パーセンタイル 順位相関	単調増加または減少変換	硬度 成績順
距離尺度	間隔または差の等価性の決定 等間隔なめもりづけ	$(A-B) +$ $(B-C) =$ $(A-C)$ の 成立	和差をもとにした統計量の計算 平均 標準偏差 順位相関 積率相関	1次変換 $Y = aX + b$	温度 学力検査の標準得点
比例尺度	比率の等価性の決定 絶対的原点から等間隔なめもりづけ	$A = hB$ $B = eC$ なら $A = heC$ の成立	加減乗除をもとにした統計量の算出 幾何平均 変異係数 デシベル変換	比例変換 $Y = aX$	身長 体重 絶対温度

(出典：塩見邦雄・金光義弘・足立明久『心理検査・測定ガイドブック』ナカニシヤ出版、1982)

$$dR = \frac{CdS}{S}$$

これを積分する。

$$\int dR = \frac{C \int dS}{S}$$

$$R = C \log S + C_1$$

ここで、刺激が0から増加していくとき、人間の反応は物理量がある大きさに達しなければ起きない。初めて反応が起きる限界点(限界となる物理量)を絶対閾値という。これをS_0とする。このとき、$R = 0$である。

したがって、

$$0 = C \log S_0 + C_1$$

$$\therefore C_1 = -C \log S_0$$

これをもとの式に入れて

$$R = C \log \frac{S}{S_0} \quad \cdots \cdots \cdots \text{(式1)}$$

これをヘヒナーの法則という。元々ウェーバーの法則から求められたので、ウェーバー・ヘヒナーの法則ともいう。これを図に示すと図7・2・1となる。

2 スチーブンスの法則

人間は、刺激となる現象に対してその程度を数量的に言い当てることができるという考え方がある。長さを測らなくとも直線を見ておおよその長さを言い当てることができる。訓練された人はそのことに特に習熟しているとされる。

そこで、このような特性を用いて、与えられた物理刺激Sに対して、感じた感覚を数量として答えたものを感覚量Rとすると、両者の間にはべき乗の関係が存在するとされる。これをスチーブンスの法則(べき乗則)[1]という。以下のように表現される。

$$R = aS^n$$

ここにおいて、nはどのような物理刺激であるかによって異なる。長さの場合$n = 1$、明るさの場合$n = 1/3$、電気刺激では$n = 3$とされる。

これらの関係を図に示すと図7・2・2となる。

7・3 視環境の心理

本書における各環境要素についての記述の中で、心理的な事項に係わる説明も行ってきたが、ここでは心理的側面から現実的な視環境をどのように評価できるかということ、そしてその具体的評価方法について説明する。

人は見ることで多くの情報量を得ているといわれている。建築においても、建築のファサード、インテリアなどについてどのように見えるかに関心が向けられる。それだけ、見ることやその見える環境である視環境は重要である。ここでは、おもに建築の室内の環境に関して、心理的な評価

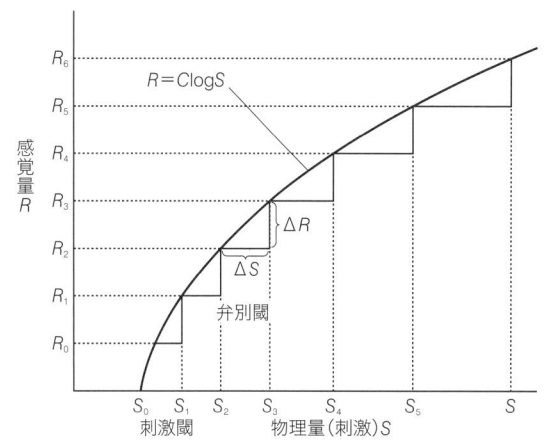

図7・2・1 ウェーバー・ヘヒナーの法則による物理刺激と感覚量との関係

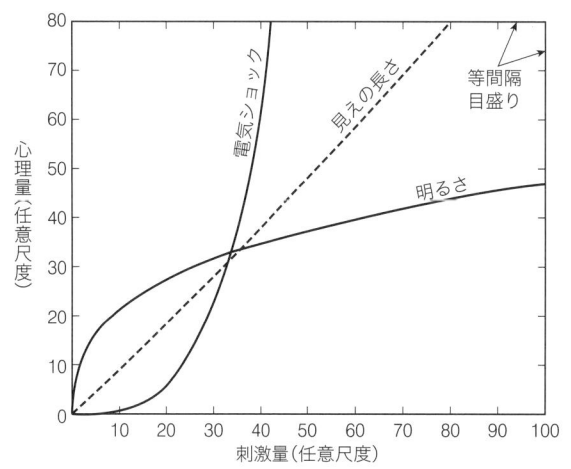

図7・2・2 スチーブンスの法則による物理刺激と感覚量との関係

をどのように行うか、具体的事例を示す。

1 窓と開放感

大きな吹き抜けのある公共建築を訪れたときなどや、全面ガラス張りのレストランで食事をしたりするときに、「開放的だ」とか「開放感がある」と思ったりしたことはないだろうか。逆に、窓のない会議室で会議をしたりする場合、「閉鎖的だな」と思うこともある。

このように、人が建築を見たときや、インテリアを体験するとき、開放性や閉鎖性の心理を感じる。この開放性や閉鎖性の心理を量的に表そうという試みが行われている。ここでは、その先駆的な研究事例として、乾ら[1]の開放感の研究を紹介する。

乾らは、室における窓は、人がそこから見通せる外部空間を利用して、狭い部屋でも広く感じられることがあるのではないかという発想で、それを評価するものとして開放感を導入した。人が目で見た空間の大きさの感じを「開放感」と呼んだ。英語ではspaciousnessという言葉に該当する。

窓が置かれた室内の様子を再現した模型をつくり、窓の大きさや形状を変化させ、それぞれの状態を被験者が見ることで、開放感を言い当てる実験を行った。開放感はマグ

ニチュード推定法により、標準刺激を100として、その大きさで言い当て、開放感の数量化を行った。そして、その開放感を決定する要因を探り、窓の大きさ、部屋の大きさ、および室内の照度の3つの因子で説明できることを明らかにした。それぞれの因子と開放感の関係を図7・3・1に示す。

また、回帰分析より開放感をこれら3因子の関数として表した。窓の大きさを窓の立体角投射率F、部屋の大きさを容積V、室内照度を作業面照度Eとして開放感Spを求める次式を計算した。

$$Sp = C \cdot E^\alpha \cdot V^\beta \cdot F^\gamma \quad \cdots\cdots\cdots\cdots\cdots\cdots (式2)$$

ここで
C：0.132
α：0.15
β：1.02
γ：0.42

これらは天空輝度にもよるが、ここでは天空輝度が$50cd/cm^2$の場合を示す。

窓の形による影響については、図7・3・2に示すように窓面積が異なる場合や等しい面積でも窓位置により開放感が変化することを示している。両者とも窓の形態係数の変化と窓の位置や大きさによる入射光の違いによる照度の差が影響している。

この開放感については、屋外の都市空間での研究や、オフィスの窓に樹木が見える場合には、開放感は建物の景色に比べ大きくなるという乾ら[2]の成果もある。

❷まちなみの印象把握

人が、ある町へ行ったとき、様々な印象を持ち、その町をどのように感じたかを知ることは、まちづくりにとって重要な事柄である。人があるまちなみを見るとき、どのようにしてそれを捉えるのかを分析した実験がある。人がまちなみを把握する過程と視環境要素との関係を考察している。まちなみのボリューム感や広告・サイン、装飾物などまちなみを特徴づける要素に着目している。次に、名古屋市にあるまちなみの場合を事例として示す。

● まちなみ事例：アーケードをもつ通りに低層の建築が並ぶ商店街

実験は、まちなみで青年男女15名を被験者として行われた[3]。1997年9月の晴天日に行われた。被験者一人一人に通りを見通せる場所に視界を遮って立ってもらい、まちなみを提示した。提示後8秒後にはじめに目に付いたものあるいは空間を指摘してもらった。指摘はその場所の写真上にチェックする方法とした。これを指摘対象と呼ぶ。その後再びまちなみを提示し1分後に同様の指摘を受けた。8秒は、目に入った情報を覚えていることができる最低の時間であることを示した永野らが引用したThomsonの実験から決めた時間である[4]。

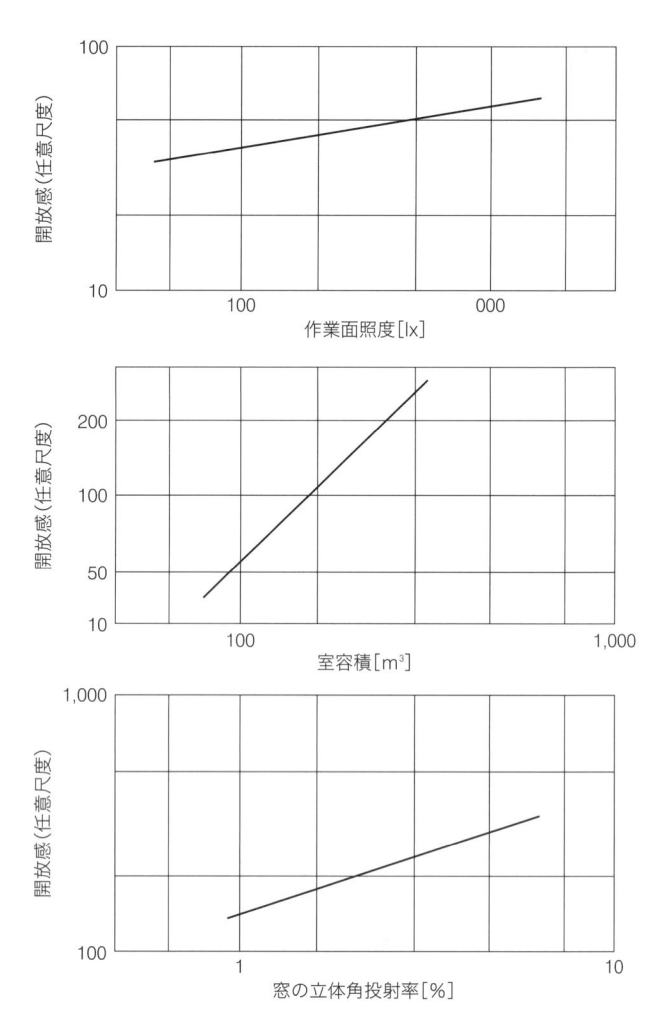

図7・3・1 開放感と物理量との関係

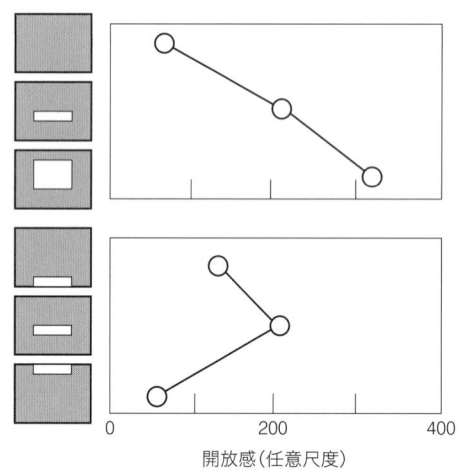

図7・3・2 窓の大きさ、位置と開放感

このまちなみでは、図7・3・3に示すように8秒後では、絵看板約60％や文字看板約40％が指摘された。これに対し、1分後ではこれら2者もあるが8秒後よりも指摘数は減少し、分野ボリュームをなすものが最も多く50％程度指摘された。具体的には、8秒後は、飾り看板が指摘された。1分後では、提灯が連続する群や各商店に建てられた売り出しの旗が指摘対象であった。この時、指摘されたものの色

相は、8秒後では 7.5R を中心に 2.5YR、5YR、7.5B の頻度が高かった。1分後は N を中心に 7.5R、2.5YR、5Y となった。いずれも R・YR 系が多い傾向がある。指摘物の立体角投射率を計ったところ、立体角投射率の値は 8 秒後より 1 分後の方が 5 倍程度大きい。このように、心理的に感じたまちなみの印象（目に付く指摘物）と対応する物理量を見いだすことができる。このような実験成果があることで、まちなみ計画を行う場合に、まちなみの物理的寸法やボリューム、装飾物の配置や色彩、明るさなどが把握できていれば、そこを訪れた人々がどのような印象を持つかを事前に予測することができる。

7・4 温熱環境

❶温熱環境の快適性

暑さ寒さを考えるとき、それはどのような状態であると良いのであろうか。快適な状態があるとしたらそれはどう考えられるものなのか。また、快適な状態が心理的に良いが生理的には必ずしもそうとは限らないということについても問題の提起がされている。ここでは、温熱環境を事例として、環境の快適さの心理を考える。

生理学者の伊藤[1]により暑さ寒さの快適性について次のような意見が出されている。

「どうしたらこのような大きい気温の変化の中でからだをまもることができるか知る必要があり、生理学者は人体の暑さ寒さに対する反応と適応について研究している。これに対し、ある衛生学者は、文化的な生活を自由に享受できる現代においてそんな原始的なことを今さら研究する必要はあるまい。（中略）夏の冷房、冬の暖房で暑さ寒さを知らずに快適に生活しうるにちがいないが、過渡的に過保護の状態にあることが長い年代を経過したのち人体にどんな影響をもたらすかを考えてみる必要があろう。」

これはいろいろなことを含んでいる文章である。まず、生理と心理とはどう違うのであろうかということが想起される。これは機能的な側面と心の側面が一見違うように見えるが、実は脳生理や神経伝達などの生理的機能があるから心理反応が起きることを考えれば、生理と心理との間は連続的なものであり境目がないと考えられる。

次に、快適さが暑さ寒さでは必要かどうかということがここで提起されている。生理学者は、人間が快適な状況に置かれていることは寒さや暑さに適応する能力を持っているので、その能力をどう生かすのか、どう獲得できるのか、そしてどう開発してゆくのかということに関心がある。つまり、快適な状況を無理に作る必要はないということも示唆されている。もうひとつのことは、「暑さ寒さを知らずに快適に」といわれている点である。これは考えると重

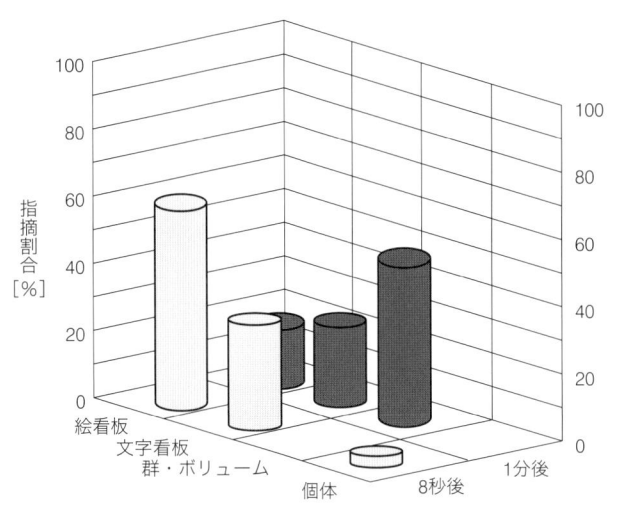

図 7・3・3　提示時間の長短とまちなみの中の目につくものの指摘割合

要な意味を含んでいる。暑さや寒さを知らずに、ということは感じないでということが快適であるというように解釈することもできる。一方で「気持ちがいい」や「こころよい」ということが快適と考えることもできる。極端な場合であればスリルを味わうような快感もある。となると、この2つの「（悪いことや状況を）何も感じない」「気持ちがいい」というはどう違うのであろうか。両方とも快適ということが言えるのではないか。

この2つの心理的状態の違いを探るために、熱的快適に関するいろいろな記述を分析してみる。アメリカ空調学会 ASHRAE[2] では、熱的快適性を「熱環境に満足を表明できる状態」としている。満足さが快適さを表すものとしている。長田[3] は、至適温度条件について「主観的には涼しくも暑くもなく、またもっとも快適状態であること（中略）この状態では心理的能率が最も高い」としている。Givoni[4] は熱的快適を「熱や寒さによる不快さがないというネガティブな感覚と快感（pleasantness）を含むポジティブ（積極的）な感覚」が定義できるとしている。堀江[5] は「快適範囲とは不快でないというネガティブ（消極的）な意味しかもたない」とし、「快感（pleasant）この語の意味は（中略）最も積極的な活力のある快適さを示す」としている。MaIntyre[6] は、「熱的快感（thermal pleasure）は、中立や不快を避けることよりむしろポジティブな目標」としている。

これらを考え合わせると、熱的快適さとは「何も感じないことで、不快さを避けているネガティブ（消極的）な快適状態」と「気持ちのよさを求めるポジティブ（積極的）な快適状態」があると解釈できる。これらの状態は、生理的に、心理的に、能率的に一致することもあろうが、必ずしも一致するとは限らない。2つの快適状態のうち、前者を中立や無感をよしとするもので消極的な快適であり、英語では「comfort」な状態である。この語は日本語訳されると「快適」であるが、いわば「具合がいい」ということに

も使われる。後者は、英語で「pleasantness」であり、日本語では積極的快適であり「快感」といってよいであろう。ネイティブスピーカーによれば「pleasantness」はダイナミックな状態である。

実際にこれらの状態はどのようなときに現れるのであろうか。豊かな表現力でしられる清少納言の「枕草子」[7]にこの快適さや快感を探してみる。

「暑きこと世に知らぬ程なり。池の蓮を見やるのみぞ、いと涼しき心地する。」

今までにないような暑い時、水面を見ることで涼しさを感じている。この涼しさは単に少し寒かったり、少し冷たいという温度感覚より快感を感じていると解釈できる。

「この生絹だにいと暑かはしう（中略）嵐のさと吹き渡りて、顔に染みたるこそいみじうをかしけれ。」

暑いときに嵐の風が顔に吹き付ける時、快感（をかし）を感じている。これらは両方とも、視覚的なことで心理的な変化を受けたり、環境状態が変化したりすることに快感を感じている。冬に暖房をした部屋で寒さを感じずに、長い間仕事をしている状態を考えると、この枕草子の2つの状況と大きく異なる。長い状態で寒さを感じない状態であり中立・無感である。これは消極的な快適性である。

2 快適さの尺度

暑さ寒さの感覚（温冷感）を心理的に測定する方法として、図7・4・1に示すような尺度がよく用いられてきた。これは評定尺度でも大小関係のみを表す順序尺度である。

尺度1は、対立する概念である「暑い」と「寒い」という組になった用語ともう一組の「暖かい」と「涼しい」が混在している。暑くも寒くもないことを示す中央の言葉は「どちらでもない」が用いられており、明らかに消極的快適さが示されている。この代わりに「普通」や「なんともない」、「暑くも寒くもない」を用いる例もある。

尺度2は、中央の言葉が「快適」である。しかし、用語的には快適であるが、上述のように変化を伴い快感を感じるような場面を想定している尺度ではないので、また英語からの翻訳であることが考えられ基本的には消極的快適と解釈できる。ここで、枕草子の例でも示したように「涼しい」は快適さというより快感を含んでいると解釈される。と同様に、「暖かい」は寒さに対して気持ちのよい熱環境として心地よさがあるとすればこれにも快感が含まれているといえよう。英語の場合には、ネイティブスピーカーによればwarmとcoolはhotとcoldの間に連続的に入る形容詞とみなせるとのことである。しかし、日本語の暖かいと涼しいは暑いと寒いとは同質な形容を現さない。一般に「暖かい」はその環境をあらわすのに夏にはほとんど用いられない。冬の寒い外から暖房の聞いた部屋に入ると「暖かい」

尺度1	尺度2	尺度3
＋3 暑い	＋3 暑い	＋3 大変暑い
＋2 暖かい	＋2 暖かい	＋2 暑い
＋1 少し暖かい	＋1 少し暖かい	＋1 少し暑い
0 どちらでもない	0 快適	0 どちらでもない
−1 少し涼しい	−1 少し涼しい	−1 少し寒い
−2 涼しい	−2 涼しい	−2 寒い
−3 寒い	−3 寒い	−3 大変寒い

図7・4・1 寒暑の感覚（温冷感）を測定する3種の尺度

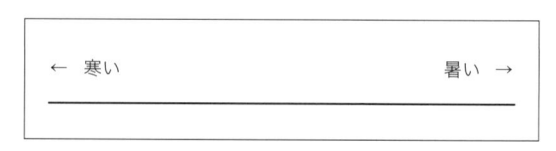

```
←　寒い　　　　　　　　　　　　　　暑い　→
────────────────────────────────
```

図7・4・2 温冷感を測定する直線評定尺度

と表現される。また「涼しい」は、冬にはあまり用いられない。夏に暑いところから冷房室に入るときなどに、「涼しい」と言う。アメリカやイギリスでの尺度を参考に日本で作ったことからこのような尺度を用いる習慣がある。

尺度3は、暑い寒いだけで構成されているが全体の範囲が他の尺度より広い印象を与える。

違う要素を持つ語彙を混在させないで、暑さ寒さを数量的に表現できる尺度が求められる。そこで、図7・4・2に示すような尺度が近年は用いられている。評定尺度のうちの図形尺度で、直線としてあらわすもので暑いと寒い方向のみが示されている。直線（線分）であり、この上のどこに感じる状態をチェックすることができ、距離尺度（間隔尺度）として利用できる長所もある。中央の解釈を「どちらでもない」「快適」のような語彙を用いる必要もない。数量化もできる。全長に対する指摘点の左点からの長さの比など任意の数量として尺度化が可能である。

3 多様な心理状態の表現

人の感じる暑さ寒さは、気温の高低をはじめ、風の速さ、湿度の高低、放射熱の状況や人間側の条件によって決定されることは既に2・1節に述べた。ここでは、人の快適な状態の多様な心理的側面を説明するための尺度や方法を示す[8]。温熱条件としては、温熱6要素を用いると複雑になるので、ここでは心理反応を端的に捉えるために、気温と湿度が変化する場合だけを考える。気温が上昇すると暑さ寒さの感覚は暑い方へシフトする。気温が降下すると寒い方へシフトする。しかし、熱環境の心理という視点で、快適な状態を考えると、より複雑で多様な要素を考えなくてはならないと考えられる。

快適な状態は前述のように積極的快適と消極的快適があり、後者であっても「ちょうどよい」と感じるのか、「普通」と感じるのか幅が広い。そのようなことを含めて複雑で多様な心理状態を把握するために、図7・4・3に示す尺

度を用いる。これは尺度付言語選択法という心理評価手法である。環境を評価する人が自分がもっともその状態に合致する感覚を提示語の中から選択する。そして、その程度を表す必要がある語を選択した場合には、その後についている直線の単極尺度を用いて、その程度を示す。この尺度は心理反応を数量化でき、しかも単極尺度なので比率尺度である。この尺度では大きく2つの使い方がある。ひとつは、選択語をひとつに制限して回答する方法である。この場合には、どの要素に最も強い影響を受けているかを解釈することができる。もうひとつの方法は、重複して選択することを許す方法である。この場合には、複雑な内容を示すことができる。例えば、暑いがからっとしているので快適であるようなことを同時に示すことができる。単一選択の場合の事例を図7・4・4に示す。(a)は、温冷感に関する選択語は、寒いでは18℃にピークがあり、涼しいでは22℃にある。29℃で「暖かい」のピークがあり33℃になると「暑い」のピークとなる。(b)では、湿度の状況が示され、33℃条件では選択語が「暑い」、「暖かい」、「じめじめしている」、「不快」であるが選択され、「じめじめ」が最も高い評定値がしめされた。中央付近の選択では「ちょうど良い」の選択比率が高い。このように、様々な状況に応じた、また個人差を含めて環境に対する心理を把握することができる。

図7・4・3 多様な温冷感を測定するための尺度付言語選択法の測定用の用紙例

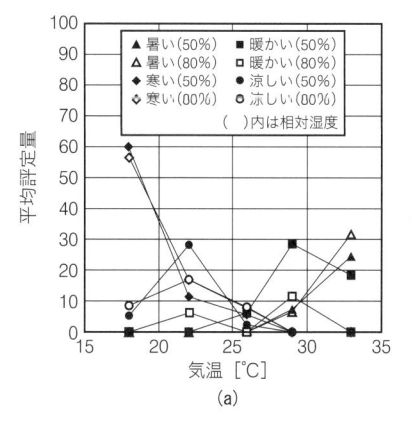

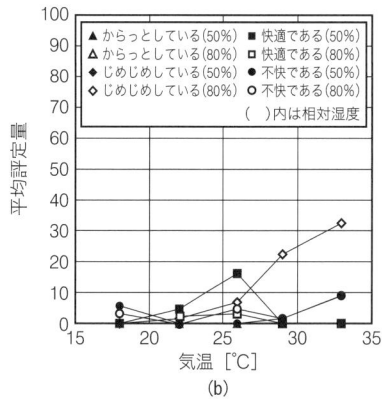

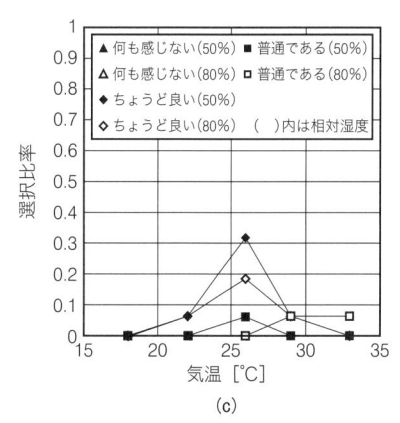

図7・4・4 尺度付言語選択法による熱環境の評価例（単一選択の場合） (a)(b)は尺度を持つ言語についての平均評定値、(c)は尺度を持たない言語の選択割合

参考文献
7・1
1) J.P.ギルホード（秋重義治監訳）『精神測定法』培風館、1959
2) 塩見邦雄・金光義弘・足立明久『心理検査・測定ガイドブック』ナカニシヤ出版、1982

7・2
1) P.H.リンゼイ・D.A.ノーマン（中溝幸夫・箱田裕司、近藤倫明共訳）『リンゼイ/ノーマン情報処理心理学入門I』サイエンス社、1986

7・3
1) 乾正雄・宮田紀之・渡辺圭二「開放感に関する研究・2（人工空による模型実験）」（『日本建築学会論文報告集』No.193、pp.51-57、1972）
2) 乾正雄・宮田紀之・渡辺圭二「景色の質が室内視環境に及ぼす影響」（『日本建築学会大会学術講演梗概集』pp.103-104、1973）
3) 大内淑子・堀越哲美「町並みの視覚的把握過程における視環境要素の影響」（『日本建築学会東海支部研究報告集』36、pp.505-508、1998）
4) 永野俊・梶真寿・森晃徳『視覚系の情報処理』啓学出版、1993

7・4
1) 伊藤真次『適応のしくみ―寒さの生理学―』北海道大学図書刊行会、1974
2) ASHRAE, *2001ASHRAE HANDBOOK Fundamentals*, ASHRAE, 2001
3) 長田泰公「室内温熱環境」（中山昭雄編『温熱生理学』理工学社、1981）
4) Givoni, B., *Man, Climate and Architecture*, Elsevier, 1969
5) 堀江悟郎「寒暑の感覚」（渡辺要編『建築計画原論III』丸善、1965）
6) Mac Intyer, D.A., *Indoor Climate*, Applied Science Pub., 1980
7) 清少納言「枕草子」（『日本古典文学体系』岩波書店、1957）
8) 兼子朋也・堀越哲美「尺度付言語選択法を用いた日本人の温熱環境に対する心理的評価に関する研究」（『日本建築学会計画系論文集』No.543、pp.93-99、2001）

第8章 音の調節と室内音響計画

8・1 騒音の測定方法とその評価

騒音の測定には騒音計（写真8・1・1）を用いる。騒音計には、対象となる騒音の音圧レベルをそのまま測定する特性（C特性）と人の耳の聴覚に近似した特性（A特性）が組み込まれている。実際の騒音の1,000Hz以下のオクターブバンドごとの音圧レベルから補正値(マイナスの補正値)を加えて、それらを合成して音圧レベル［dB(A)］を求める補正回路である（図8・1・1）。

一昔前は、そのアナログ出力をレベルレコーダに記録し、解析していたが、現在は騒音計にあらゆる機能が内蔵されており、例えば、測定期間の音圧レベルの最大値、最小値、平均値の算出に加え、瞬時に周波数分析も可能となっている。騒音の測定法はJIS規格で定められており、また日本建築学会から規準書なども出版されているので、詳しくはそれらの専門書を参考にするとよい。ここでは、測定法を概説する。

1 一定の音圧レベルの騒音

工場からの騒音のように、変動幅の少ない一定音圧レベルの場合は、騒音計で測定した値を指示値とする。1日で変化する場合は、変動するたびに指示値の平均値を求める。市販の普通騒音計には時定数を選択できる機能があり、この測定では通常 Fast を選択する。

2 周期的な騒音

図8・1・2に示すような、モーターからの騒音など、周期的な騒音の場合、騒音計で測定した最大値と最小値を記録し、その平均値を指示値とする。

3 不規則な騒音

図8・1・3に示すような、交通騒音が良い例であるが、不規則に変動する騒音の場合、一定間隔、例えば、5秒おきに騒音計の指示値を50回あるいは100回読み取り、読み取った値を図8・1・4のように集計して累積度数分布曲線を求める。図は100回測定した例である。累積度数分布を求めた上で、中央値と上下端の5%を除いた90%レンジに相当する値を代表値とする。

また、不規則に変動する騒音の場合、現在推奨されている方法は等価騒音レベル（$L_{eq,T}$）を求める方法である。前述と同様に一定間隔に騒音計の指示値を読み取り、騒音のエネルギーの平均値として次式から等価騒音レベルを求める。

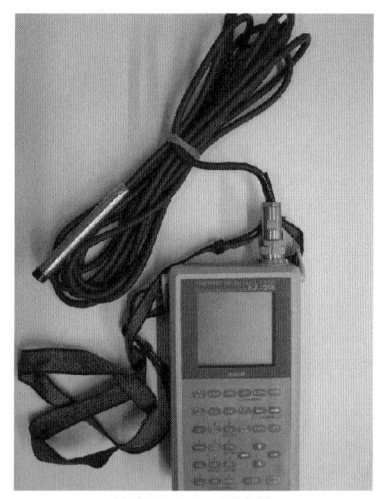

写真8・1・1 騒音計

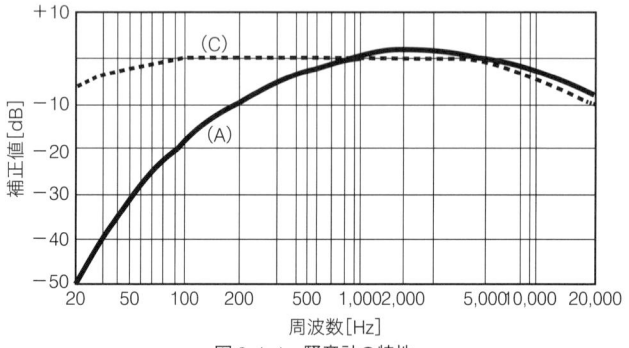

図8・1・1 騒音計の特性

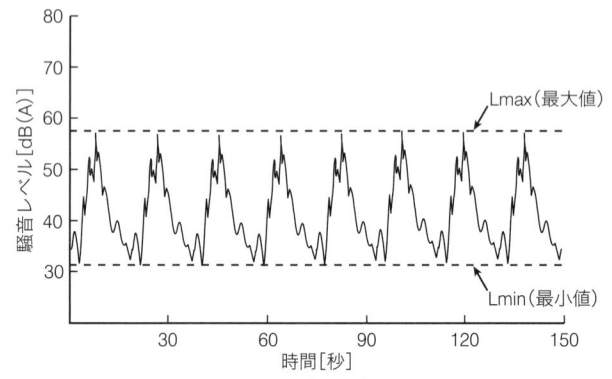

図8・1・2 周期的な騒音の代表値

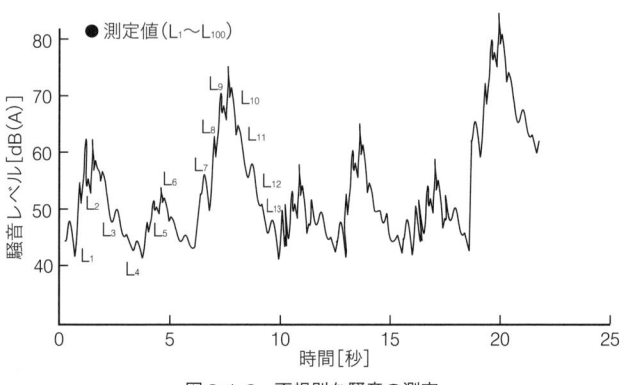

図8・1・3 不規則な騒音の測定

$$L_{eq,T} = 10 \log_{10}\left[\frac{10^{\frac{L1}{10}}+\cdots+10^{\frac{Ln}{10}}}{n}\right] \cdots\cdots\cdots\cdots\cdots (式1)$$

ここで、
- $L_{eq,T}$：等価騒音レベル［dB］
- T：測定時間
- Ln：測定値
- n：測定回数

8・2 騒音の防止を計画する

騒音防止計画では屋外からの騒音と屋内の騒音を防止することが重要となる。前者の場合、建物外壁の遮音性能が問われ、後者の場合は界壁の遮音性能が問われる。

1 壁体の透過損失

壁体の遮音性能は透過損失で評価できる。図8・2・1に示すように、壁体に音が入射した場合、反射成分（r）と壁体の吸収（a）と壁体を透過する成分（τ）に分かれる。そこで、透過する成分（τ）に注目して、下式で透過損失 TL［dB］を定義する。

$\tau = I - r - a$ とすると、

$$TL = 10\log_{10}\frac{1}{\tau} = -10\log_{10}\tau \cdots\cdots\cdots\cdots (式2)$$

2 屋外から室内への騒音伝搬

図8・2・2に示すように、外部から騒音が伝搬してきた場合、壁体で吸収されるエネルギーと透過するエネルギーは等しいと仮定すれば、次式が成り立つ。

$$I_0 \times S_w \times \tau_0 = \frac{C}{4} \times E \times S \times \overline{\alpha} \cdots\cdots\cdots\cdots (式3)$$

さらに、上式を変換して整理すると、

$$\frac{I_0}{CE} = \frac{I_0}{I} = \frac{S \times \overline{\alpha}}{4 \times \tau_0 \times S_w} \cdots\cdots\cdots\cdots (式4)$$

式4をレベル化して整理すると、

$$SPL_0 - SPL = 10\log_{10}\frac{I_0}{I} = 10\log_{10}\frac{1}{\tau_0}+1-\log_{10}\frac{1}{4}+10\log_{10}\frac{A}{S_w}$$
$$\cdots\cdots\cdots\cdots (式5)$$

さらに整理すると、

$$SPL_0 - SPL = TL + 10\log_{10}\frac{A}{S_w} - 6 \cdots\cdots\cdots\cdots (式6)$$

ここで、
- SPL_0、SPL：屋内と室内のパワーレベル［dB］
- I_0、I：屋内と室内の騒音の強さ［W/m²］
- E：騒音のエネルギー密度［J/m³］
- C：音速［m/s］
- A：室内の全吸音力［m²］
- $\overline{\alpha}$：平均吸音率［N.D.］
- τ_0：侵入音の透過率［N.D.］

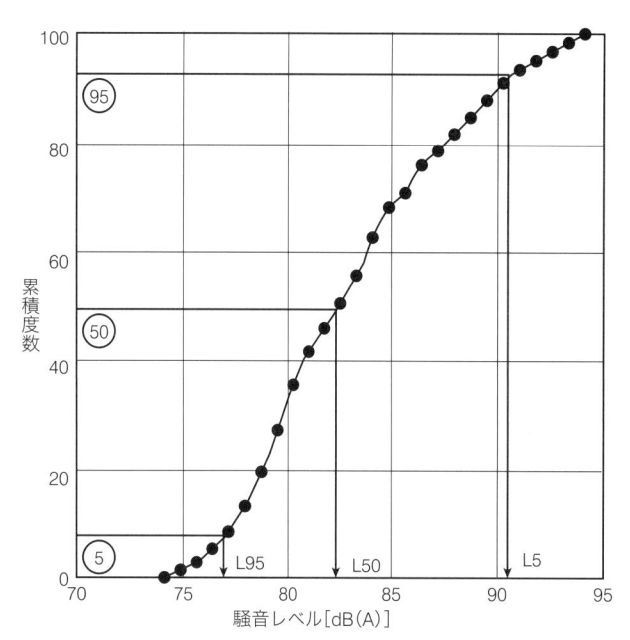

図8・1・4 不規則騒音の代表値

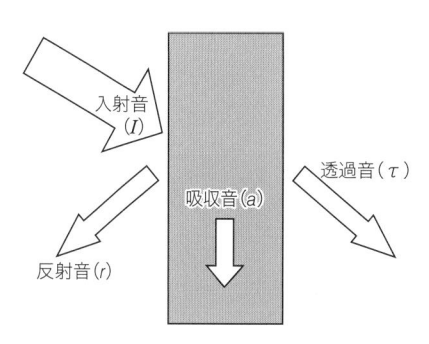

図8・2・1 壁体へ入射した音の移動経路

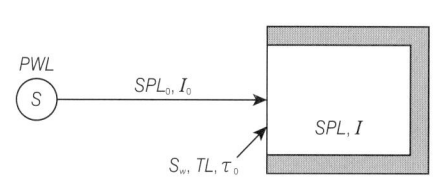

図8・2・2 外部騒音と室内騒音の関係

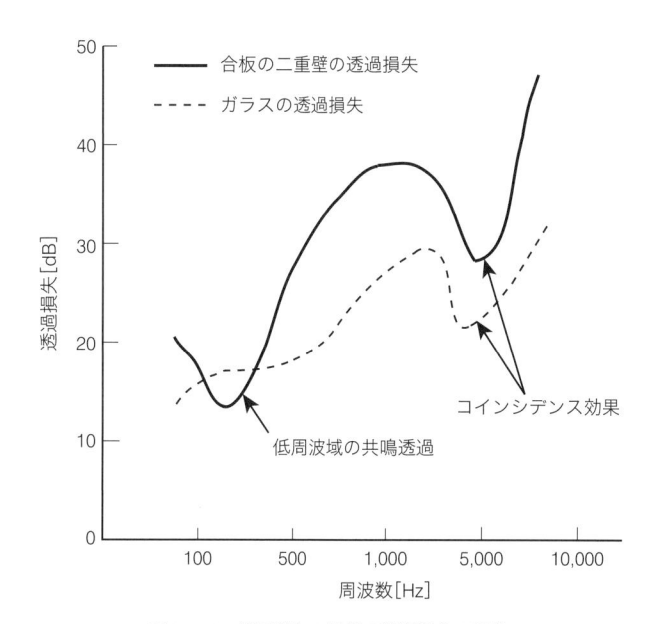

図8・2・3 単層壁と二重壁の透過損失の特徴

S_w ：侵入音が透過する隔壁の面積［m²］

式6から、遮音性能は隔壁の吸音力や面積の影響も受けるが、透過損失（TL）に依存することがわかる。

❸ 壁の遮音性能

1　単層壁の透過損失

平面波が壁に垂直に入射するときの単層壁の透過損失 TL_0［dB］は次式で定義される。

$$TL_0 = 20\log_{10}(f \times m) - 42.5 \quad \cdots\cdots\cdots (式7)$$

透過損失（TL_0）は m［単位面積当たりの重量、つまり面密度［kg/m²］］と周波数 f［Hz］によって決まり、m も f も大きいほど TL が大きくなる。したがって、式7の関係を単層壁の質量則と呼ぶ。乱入射する時の透過損失（TL）は、

$$TL \fallingdotseq TL_0 - 5 \text{［db］}$$

となる。

図8・2・3に示すようにガラスのように薄い単層壁では高周波域で期待される透過損失より著しく低下する現象が起こる。これをコインシデンス効果という。

2　二重壁の透過損失

中空層を含む二重壁では、一般的に同じ面密度の単層壁よりも中高音域の透過損失は大きい。したがって、軽量でも遮音性能が期待できる。ただし、単層壁と同様に高周波域ではコインシデンス効果が生じ、さらに低周波域でも共鳴透過が生じるので、周波数によっては透過損失が著しく低下することがある。二重壁の場合は、図8・2・3に示したように条件によって遮音性能がほとんど期待できない場合があることを注意しなければならない。

3　壁および床の遮音等級

建物の1室に音源がある場合、隣室にどれだけ音が透過するかは界壁の遮音性能で決まる。JIS規格（JIS 1417）で評価方法が定められており、両室間の音圧レベル差により判定する。図8・2・4にオクターブバンドごとの音圧レベル差をプロットして、その最大値を D 値とする。室間平均音圧レベル差に関する適用等級を表8・2・1に示す。D 値は大きい程遮音性能がよいことがわかる。図中に、実測例を示す。この場合、D 値は4,000Hzの値となるので、D-45となる。

床衝撃音の性能評価に関しては、重量床衝撃音を再現する標準重量衝撃源が規定されている（JIS 1418）。上階で所定の空気圧の自動車タイヤを床上85cmから自由落下させたときに、下階で騒音計を用いて動特性を測定する。また、最近になって標準重量衝撃源に外径20cm、2〜3kgの中空シリコンゴム球を落下させる方法も追加された。

軽量床衝撃音を再現する標準軽量衝撃源にはタッピングマシンがある。これは、直径3cm、500gの鋼製のハンマー

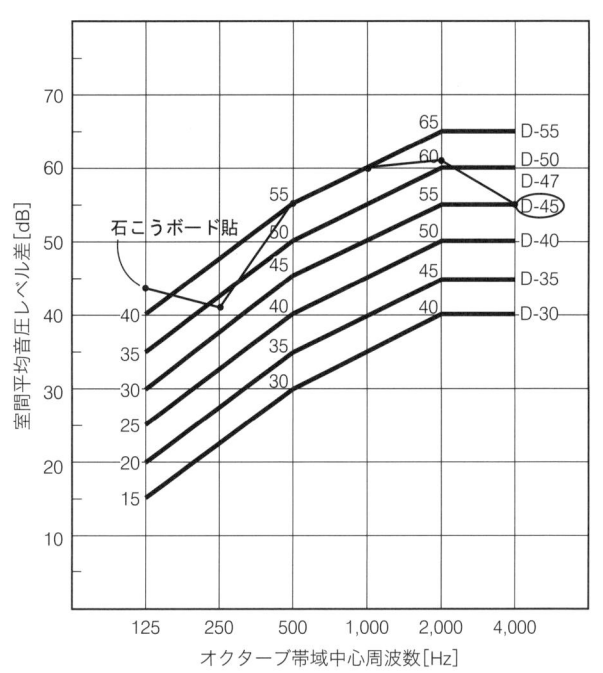

図8・2・4　室間音圧レベルによる遮音等級と等級曲線　(出典：JIS A 1419)

表8・2・1　室間音圧レベル差の適用等級

建築物	室用途	部位	1級(標準)	2級(許容)	3級(最低限)
集合住宅	居室	隣戸間界壁	D-50	D-45	D-40
ホテル	客室	隣戸間界床	D-45	D-40	D-35
事務所	一般会議室 事務室	客室間界壁 客室間界床	D-40	D-35	D-30
	役員室 役員会議室	室間仕切壁	D-45	D-40	—
学校	一般教室	室間仕切壁	D-40	D-35	D-30
	特別教室	室間仕切壁	D-45	D-40	D-35

(出典：日本建築学会編『第2版コンパクト建築設計資料集成』丸善、p.26 の表6)

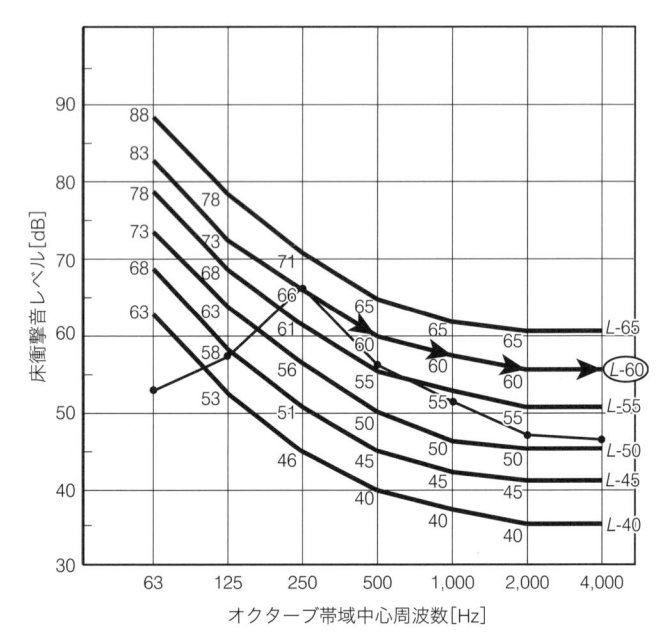

図8・2・5　床衝撃音の遮音等級と等級曲線　(出典：JIS A 1419-2)

表8・2・2　床衝撃音の適用等級

建築物	部位	1級(標準)	2級(許容)	3級(最低限)
集合住宅	隣戸間界床	L-45	L-50、55	L-60
ホテル	客室間界床	L-45	L-50	L-55
学校	教室間界床	L-55	L-60	L-65

(出典：日本建築学会編『建築物の遮音性能規準と設計指針』技報堂出版、p.7)

を床上4cmの高さから落下させる装置である。やはり、上階で音源を発生させ、下階の音圧レベルを測定する。オクターブバンドごとの平均音圧レベル（室内の数カ所で測定した場合の測定値の平均値）を図8・2・5にプロットして、その最大値をL値とする。床衝撃音に関する適用等級を表8・2・2に示す。L値は小さい程遮音性能がよいことがわかる。図中に実測例を示す。この場合、L値の最大値は250Hzの値となるので、L-60となる。

8・3 振動の性質とその防止

1 振動の伝搬

建物に及ぼす振動の原因には、建物内の機械設備、人の歩行など（飛びはね、床衝撃音）、交通機関（車や電車）と建設工事などが挙げられる。振動系を図8・3・1で表すと、振動の減衰は次式で表される。

$$R = 20\log_{10}\left\{1-\left(\frac{f}{f_r}\right)\right\} \cdots\cdots (式8)$$

ここで、
　R：減衰量［dB］
　f：機械の振動数［Hz］
　f_r：この系の固有振動数［Hz］

ただし、f_rは下式で定義される。

$$f_r = \frac{1}{2\pi}\times\sqrt{\frac{k}{m}} \cdots\cdots (式9)$$

ここで、
　k：防振材のばね定数［N/m］
　m：震動源質量［kg］

次に、振動の伝達を考える。振動源の振動力をP_0とし、防振材を介して床などにPだけ伝わったとすると、その比を振動伝達率T［-］と呼び、次式で定義される。

$$T = \frac{p}{p_0} = \frac{\sqrt{1+\left(\frac{2nf}{f_r}\right)^2}}{\sqrt{\left(1-\frac{f^2}{f_r^2}\right)^2+\left(\frac{2nf}{f_r}\right)^2}} \cdots\cdots (式10)$$

上式のfは振動源の周波数である。nは防振材の振動の減衰に関係する係数で、防振ゴムの場合は0.02～0.05である。そこで、Tとf/f_rの関係を図に示すと図8・3・2の様になる。つまり、$f/f_r<\sqrt{2}$では、Tが0以下となり、防振材があると逆に振動が増幅されることになる。特に、$f/f_r=1.0$のときには完全に共振して、最も危険な状態になる。したがって、防振材を選択するときには$f/f_r>4$となるように心がける必要がある。

2 振動の防止

防振には以下の3つが挙げられる。
①振動源の加振力を減少させる
例えば、振動の逆位相の振動を与えるなどの技術が考え

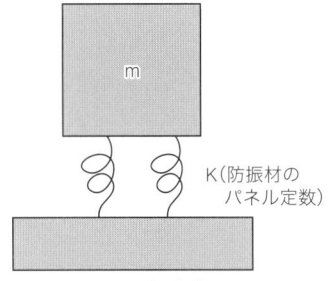

図8・3・1　振動系のモデル

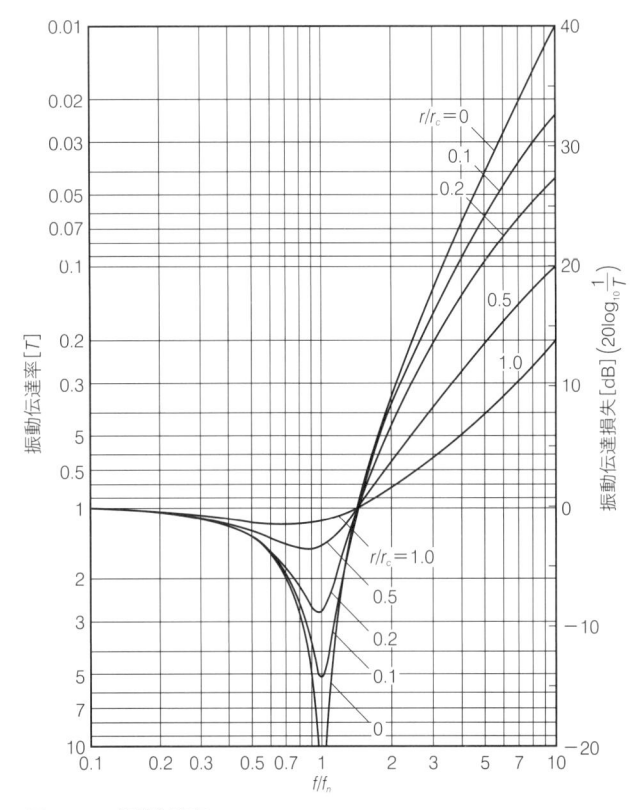

図8・3・2　振動伝達率（出典：木村翔『建築音響と騒音防止計画』彰国社、p.125、図7.14）

表8・3・1　緩衝材の防振特性

	金属バネ	防振ゴム	コルク	フェルト
静的たわみ量	設計自由	厚さの10%まで	厚さ（最大10cm）の5%まで	―
動倍率	1	軟　1.1 中軟　1.3 硬　1.5、1.6	1.8～5	9～17
有効強制振動数［Hz］	5Hz以下	5Hz以上	40Hz以上	100Hz以上
許容荷重[kg/m²]	設計自由	2～6	2.5～4	0.2～0.5

（出典：今井与蔵『絵とき建築環境工学』オーム社、p.143、表1から抜粋）

られる。

②加振力の構造体への伝達を少なくする

加振力の構造体への伝達を少なくするためには緩衝材を利用する方法がある。緩衝材には、ゴム、コルク、金属バネなどがある。それぞれの特徴を表8・3・1に示す。金属バネは緩衝材としてはすぐれているが、設計を間違えるとサージングを生じ、かえって振動を増進させるおそれがある。

サージングとは、いわゆる共鳴現象である。防止策としては、金属バネとコンクリートの間に直列的に防振ゴムを入れる方法がある。

③固体音の伝搬を減衰、または遮断させる

図8・3・3に示す浮き床などがこの例である。施工上の注意点としては、①スラブの厚さが足りない場合は、スラブと内装材の間に緩衝剤として防振バネを入れる、②f_rを小さくする、③床が柔らかすぎる場合は内装材を十分重くする、④集合住宅（RC造）の場合は、150kg/m²の負荷に対し、f_rが20Hzになるように動的バネ定数を決めるなどが挙げられる。

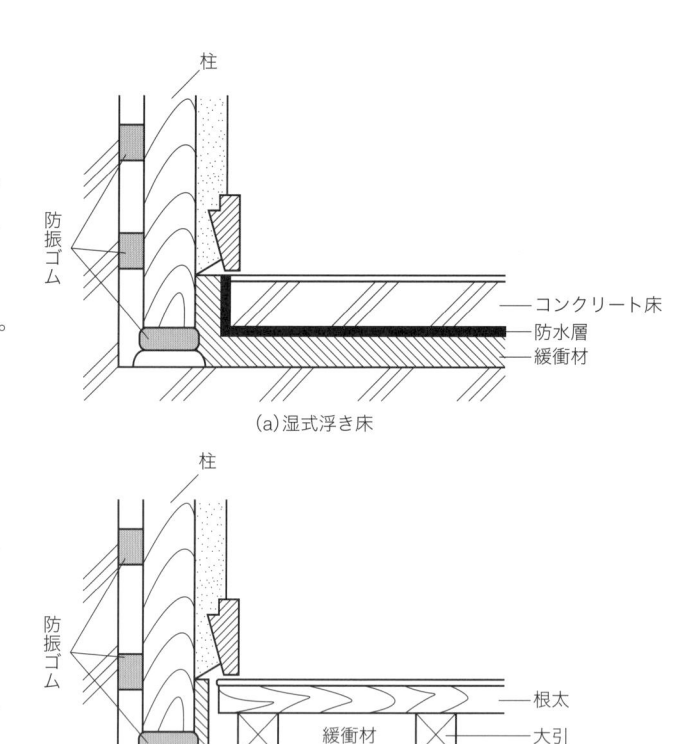

図8・3・3　浮き床の構造（出典：今井与蔵『絵とき建築環境工学』オーム社、p.147、図3）

8・4 音場と残響のメカニズム

室内音響では音の響きが重要となる。その質を決めるのに残響時間という指標を用いる。

1 残響時間

残響時間とは、図8・4・1、8・4・2に示すように音源が停止してから音のエネルギーが10^{-6}になるまでの時間、音圧レベルにすると60dB減衰するのに要する時間（秒）をいう。理論的に導出された残響時間の予測式を概説する。

1　Sabineの式

Sabineは、周壁をαS（α：吸音率、S：面積）の開放窓と等しい吸音能力を持つと仮定して、残響時間RT[sec]を次式で定義した。

$$RT = \frac{0.16V}{\bar{\alpha}S} \quad \cdots\cdots\cdots\cdots\cdots\cdots\cdots\cdots\cdots（式11）$$

ここで、
　V：室容積[m³]
　S：周壁面の面積[m²]
　$\bar{\alpha}$：平均吸音率[N.D.]

ただし、
$$\bar{\alpha}S = \sum_i \alpha_i S_i + \sum_j A_j$$

ここで、
　A_j：人体や家具などの吸音力[m²]
　α_i：各壁の吸音率[N.D.]
　S_i：各壁の面積[m²]

2　Eyringの式

Sabineの式では、$\alpha = 1.0$、つまり、完全に吸音される

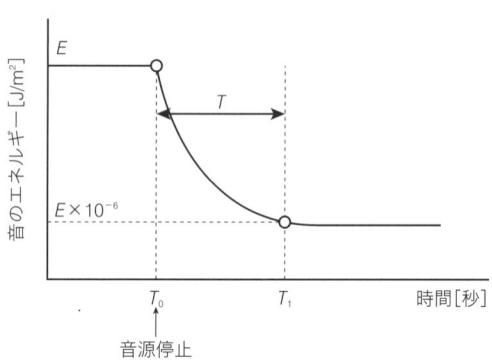

図8・4・1　音源が停止した後の音のエネルギー密度の減衰

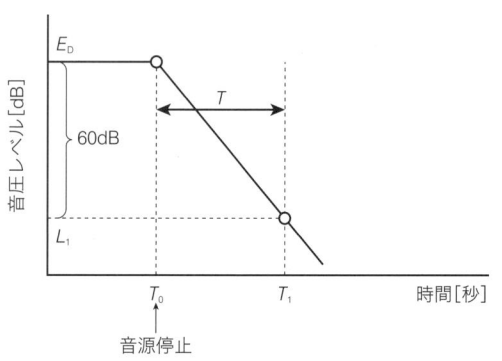

図8・4・2　音源が停止した後の音圧レベルの減衰

条件でも、RT が0にならない理論上の矛盾が生じる。それを修正するために、Eyring は次式を導出した。

$$RT = \frac{0.16V}{-2.3 \times S \times \log_{10}(1-\overline{\alpha})} \quad \text{(式 12)}$$

3 Eyring-Knudsen の式

Eyring の式は Sabine の式の矛盾を解消しているが、大容積の部屋などでは、伝搬中の音を大気が吸収する影響を無視できなくなる。それを考慮して、Knudsen は 1m 当たりのエネルギー減衰率（m）を導入して、残響時間を次式で定義した。これを Eyring-Knudsen の式と呼ぶ。

$$RT = \frac{0.16V}{-2.3 \times S \times \log_{10}(1-\overline{\alpha}) + 4mV} \quad \text{(式 13)}$$

ここで

m：1m 当たりのエネルギー減衰率 [1/m]

このエネルギー減衰率は周波数と室内環境による影響を受ける。図 8・4・3 に示すように、高周波数で減衰が多く、また相対湿度が低いほど減衰が多い。

4 最適残響時間

図 8・4・4 にいろいろな用途の音響室の 500Hz の最適残響時間を示す。最適残響時間の範囲は 0.5～2 秒で、室容積が大きくなると長くなる傾向がある。また、用途により違いがあり、概して講演を主にする部屋では短く、コンサートや教会音楽を演奏する場合は長めになる。

2 その他の指標

残響時間だけでは音響特性のすべてを評価できるわけではない。そのために、いろいろな評価指標が考えられている。一部を紹介する。

①エコータイムパターン

短時間信号音を用いたパルス応答をエコータイムパターンという。聴感上の評価に有効で、100～200ms 以上において、直接音に続く個々の初期反射音が重なり合い残響曲線となる。一例を図 8・4・5 に示す。

②デフィニッション

エコータイムパターンの音圧（P）の 2 重積分値により評価する。初期の 50ms は残響音が直接音を補強する効果があるといわれている。下式で定義される D 値が大きいほど会話の明瞭度が大きい。

$$D = \frac{\int_0^{50ms} |p(t)|^2 dt}{\int_0^{\infty} |p(t)|^2 dt} \quad \text{(式 14)}$$

③クラリティ（C 値）

Reichart は、前出の D 値の積分期間を 80ms で初期音と拡散音を区別して、下式を定義し、音楽に対する明瞭性の指標とした。

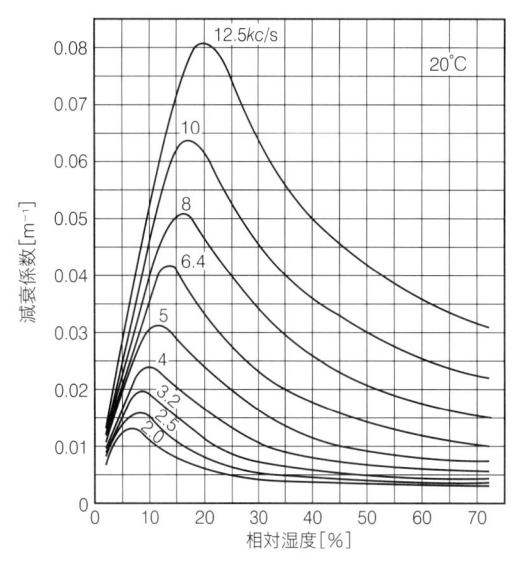

図 8・4・3 空気の吸収による減衰係数 （出典：日本音響材料協会編『騒音対策ハンドブック』技報堂、p.341、図 2・8・11）

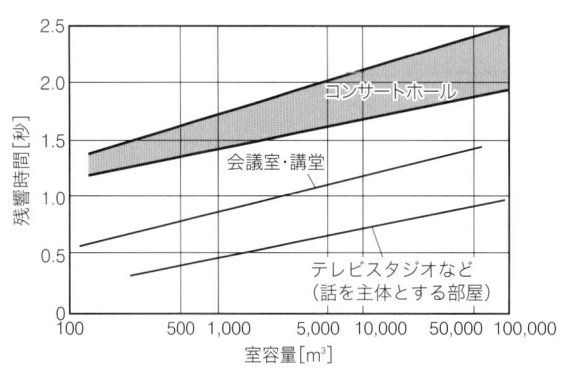

図 8・4・4 500Hz の最適残響時間 （出典：日本建築学会編『建築設計資料集成 1 環境』丸善、p.36 の図 1）

図 8・4・5 エコータイムパターンの例

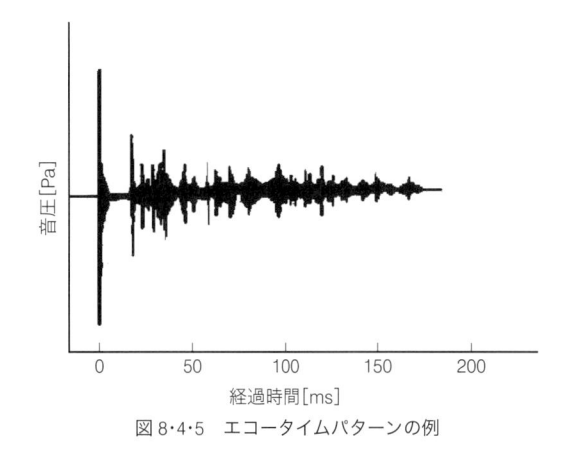

表 8・5・1 室内騒音の防止のための NC 値と騒音レベルの推奨値

室の種類	NCB 曲線	dB(A)
放送録音スタジオ	10	18
コンサートホール	10～15	18～23
大劇場、教会、オーディトリアム	20 以下	28 以下
小劇場、大会議場	30 以下	38 以下
病院、ホテル、寝室	25～40	33～48
教会、図書館、小事務室、小会議室、居間	30～40	38～48
大事務室、応接室、カフェテリア、レストラン	35～45	43～53
ロビー、研究室、製図室	40～50	48～58
厨房、洗濯室、計算機室	45～55	53～63
工場、ガレージ	50～60	58～68

（出典：前川純一ほか『建築・環境音響学第 2 版』共立出版、p.32、表 2.6）

$$C = 10 \log_{10} \frac{\int_0^{80ms} |p(t)|^2 dt}{\int_0^{\infty} |p(t)|^2 dt} \quad \cdots\cdots\cdots\cdots\cdots\cdots (式15)$$

8·5 室内の音響環境を計画する

室内音響を計画する上で大切な項目を列挙する。

1 暗騒音を低くする

聞きたい音、つまり演奏された音楽などが暗騒音でマスキングされてしまうと、せっかくの音楽を楽しめない。そのために、室内の暗騒音を低く抑える工夫が大切である。オーディトリアムの場合、外部の騒音を防止するために窓を設けないことや、前述の遮音性能を十分に確保する工夫をしている。許容できる暗騒音の範囲を表8·5·1に示す。用途にもよるが、オーディトリアムの場合、20～30dB（A）が許容範囲となる。

2 室内の音場を一定にする

設計に不備があると、図8·5·1、8·5·2に示すような音の焦点や反射音の回遊（ささやきの回廊）、鳴竜が発現する。音の焦点が発生すると、特定の位置で音が集中してしまう。これらは、オーディトリアムの内壁が凹曲面の場合に生じる障害であるが、このような音場の不均一さをなくすための工夫が大切となる。一般的には、壁面を凹面にしないなどの防止策が挙げられる。

3 音を十分に拡散させる

室内の音場を一定にするために音を十分に拡散させる必要がある。積極的な対策としては壁面に拡散体を設ける方法がある。拡散体の形状は多いが、典型的な形状の拡散体を図8·5·3に示す。拡散体の大きさによって拡散する音の周波数が決まり、拡散体の幅（d）と拡散する音の波長（λ）はほぼ等しい。したがって、拡散したい音の周波数の範囲を考えて、少なくともオクターブバンドごとの周波数に対応した大きさの拡散体を設ける必要がある。

4 残響時間を適切にする

残響時間についてはすでに説明したが、ホールなどの大きさや用途によって、先の図8·4·4に示すように最適残響時間が定められている。この残響時間の範囲に収まるような設計が望まれる。

8·6 オーディトリアムのデザイン

オーディトリアムのデザインは、先端音響技術を駆使して建設前に音場の評価などができるようになっており、それらのコンピュータシミュレーション技術をもとに設計の詳細を決めることができる。ここでは、オーディトリアムのデザインの基本的な考え方を概説する（図8·6·1）。

基本的な考え方は前述した室内音響を計画する上で大切

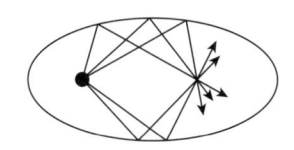

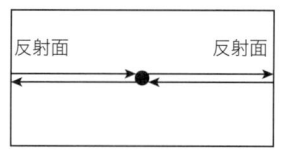

図8·5·1 拡散体の形状

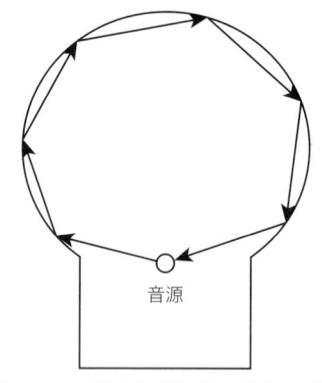

図8·5·2 反射音の回遊（ささやきの回廊）

図8·5·3 拡散体の形状

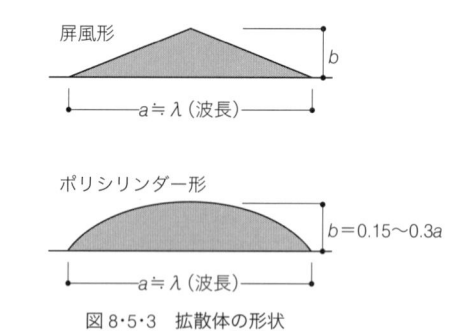

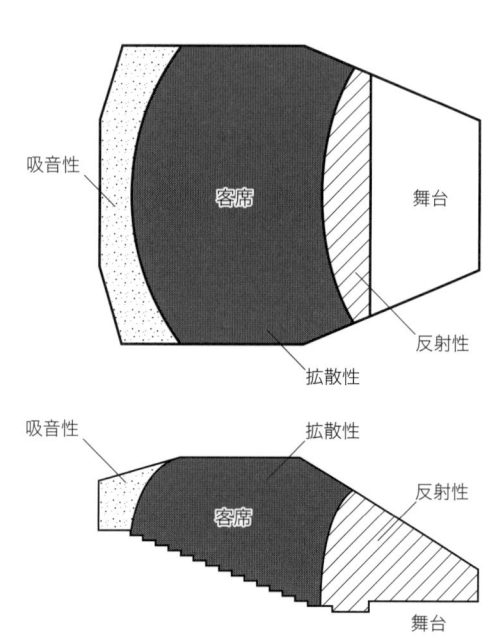

図8·6·1 オーディトリアムの音響デザイン

な項目が中心である。これらは、基本的にエコーを防止することが目的である。エコーとは、直接音と反射音が分離して聞こえる現象である。両者の耳に到達する時間差が50ms以上、つまり、行程差が17m以上で生じる。以下に注意点を列挙する。

①ステージ付近は拡散性をよくする

音場を均一化するための工夫である。特に、演奏者も拡散音を聴取できるようにするとよい。

②ステージの対面、つまり後方は吸音率を高める

直接音と反射音の行程差が大きくなるとエコーが生じる。これも好ましい音場ではない。したがって、ステージの対面、つまり後方の吸音率は高くする工夫が大切である。

③バルコニーを拡散性のある形状にする

音の拡散性を高めるには、壁などの表面を不定形の形状にするのがよい。2階または3階のバルコニーの設計を考慮すれば、拡散性をかなり高めることができる。

最後に、オーディトリアムの実例として、オーストラリアのシドニー市にある、シドニーオペラハウスを紹介する。写真8・6・1は内観を示している。

また、図8・6・2は断面図を示している。形状はまさに基本的設計方法によるものである。

写真8・6・1　シドニーオペラハウスの内観 （出典：シドニーオペラハウス・リーフレット）

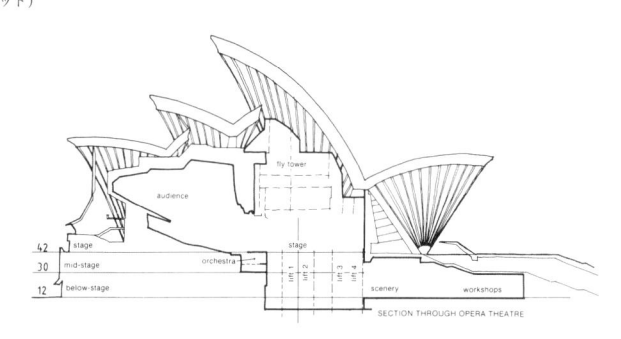

図8・6・2　シドニーオペラハウスの断面図 （出典：*Sydney Opera House—How it was built and why it is so*, Michael Pomeroy Smith, Sydney, 1984）

参考文献
8・1 ～ 8・6
1) 前川純一、森本政之、阪上公博『建築・環境音響学　第2版』共立出版、2000
2) 日本建築学会編『建築物の遮音性能規準と設計指針』技報堂出版、1999
3) 田中俊六、武田仁、足立哲夫、土谷喬雄『最新・建築環境工学　改訂2版』2003
4) 日本建築学会編『建築設計資料集成1　環境』丸善、1978
5) 日本建築学会編『第2版　コンパクト建築設計資料集成』丸善、2004
6) 日本音響材料協会編『騒音対策ハンドブック』技報堂、1974
7) 木村翔『建築音響と騒音防止計画』彰国社、1977
8) 今井与蔵『絵とき建築環境工学』オーム社、2004
9) 日本建築学会『設計計画パンフレット　騒音防止設計1』彰国社、1982
10) 日本建築学会『設計計画パンフレット　音響設計改訂新版』彰国社、1982

第9章 建築環境の計画

9・1 建築平面と環境

居心地のよい建築の内外環境をつくる上で建築の平面計画は非常に重要である。ここでは住宅を想定し、平面および断面計画における風の道の検討、周囲の植栽計画などについて述べる。住宅計画地の卓越風向、気温、日射などその土地の気候条件を把握し、光や風の建物内部への取り入れや防ぎ方を知り、それを室と室とのつなげ方に反映する方法を示す。

❶平面図で考える「風の道」

図9・1・1に通風輪道の概念を示す。建物の中と周囲をどのように風が抜けていくかを表現したものである。同じ平面であっても風向きによって室内での流れ方も風量も異なる。その場所の卓越風向と風速を知るとともに、室内の通風輪道を考え、風を導く工夫をすることが必要である。夏季において東京では一日中南風が卓越するが、大阪では西風が多い、福岡では海陸風が顕著で昼は北風、夜は南風となる。それぞれの土地がもつ地の潜在力（ポテンシャル）を最大限に活かしたいが、風上側に窓を設けても風下側に開口部がなければ風は抜けず、十分な通風は確保できない。「南面信仰」と呼ばれるが、現在の日本では居室を南側に並べ、北側に水回りを並べ、廊下との間をドアで仕切る間取りも多い。江戸時代の町家や武家住宅では道路に面して居室が設けられ、通り庭や高窓、地窓を通じて通風が図られていた。十分な通風を確保するためには、穏やかな採光が確保できる北側開口をもつ居室を含めた柔軟なプランニングを検討する必要がある（図9・1・2）。北面道路の住宅に多い水廻りの小窓ばかりが並ぶ無愛想な北側立面の表情を和らげる効果ももたらすことができる。密集した地域などでは中庭や坪庭を設けることにより風の道をつくり、通風を促進するとともに日照を確保することもできる。

建具のデザインも通風を考える上で重要である。ドアは閉鎖を常態とするが、引き戸は閉鎖も開放も自然な状態であり豊かな日本の知恵といえる。夏冬で建具の材質をかえる工夫もある。通風を確保するにはドアの上に欄間を設けることも有効である。また、夜間換気を推進する上で防犯対応の小窓も有効といえる。

❷断面図で考える「風の道」

風の道は平面だけではなく、建物上下方向の風の道も効果的である。図9・1・3に示すようにトップライト、ハイサ

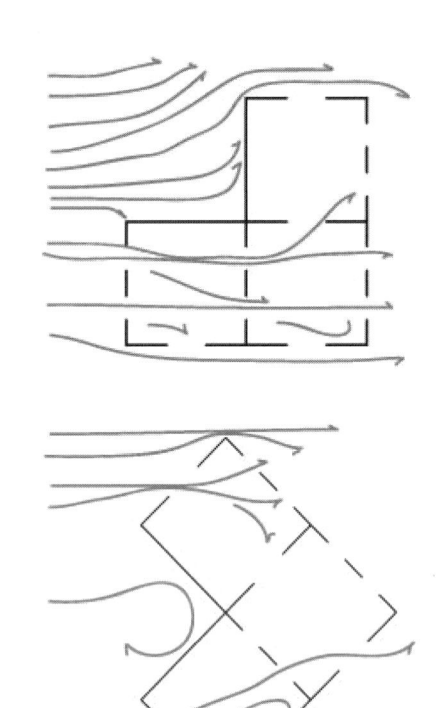

図9・1・1　同じ平面であっても風向によって異なる通風輪道

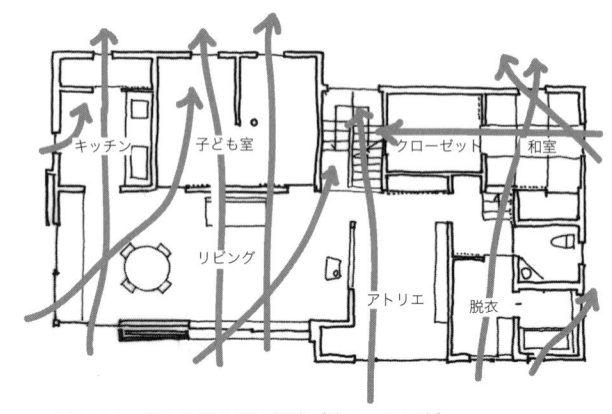

図9・1・2　間取り例と通風経路（池の見える家）（設計：宇野勇治）

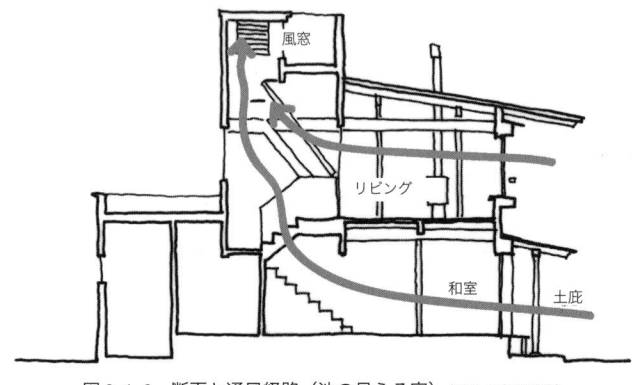

図9・1・3　断面と通風経路（池の見える家）（設計：宇野勇治）

イドライト、排気塔（風の塔）といった上方の窓や開口を確保して暖気を排出する温度差換気（重力換気）を活用することは通風換気計画としてとても有効である。吹き抜けや階段室で上下階を連結し、地上階には吸気のための地窓や小窓を設置することで、機械設備を用いない常時換気を可能にできる。これは、室内には人間など何かしらの発熱源があり、上昇気流を起こすことができるためである。

さらに建物外表面の風圧力分布（図9・1・4）を知ることで、風の取り込みや排出を想定できる。フラットルーフは常に屋根面が負圧になるが、勾配屋根は勾配によって風上側の風圧が大きく異なる。正圧の風上と負圧の風下に開口部を設けると有効な通風を図ることができる。図9・1・2〜3および写真9・1・1〜5は南北通風および上下方向の通風を考慮した住宅の一例であり、写真に見られるように開口部や間仕切りのつくりに工夫を施している。

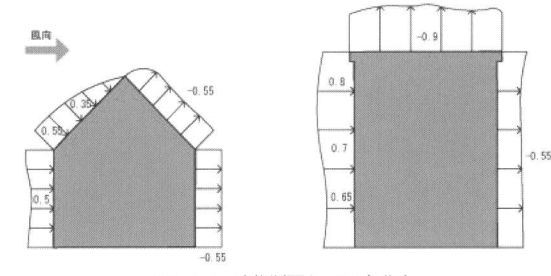

図9・1・4　建物断面と風圧力分布

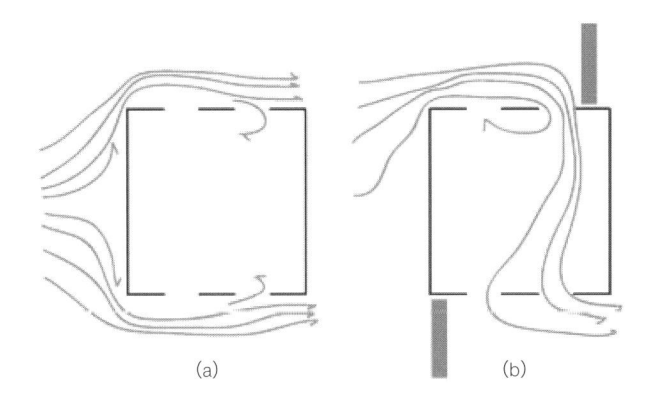

図9・1・5　通風輪道（垣根などによって通風輪道が変化する例）

❸植栽計画

建築を計画する上で、建物の周辺環境やまちなみを把握することは非常に重要であるが、これからの住宅建設においてはその建物や庭がどのように周囲に貢献できるかといった視点も重要である。庭の木々のあり様は動植物のネッ

写真9・1・1　大型の開口部を開放した状態

写真9・1・2　大型の開口部をルーバー付網戸で閉じた状態。プライバシーと防犯性を確保

写真9・1・3　土庇と濡れ縁

写真9・1・4　南北に風の吹き抜ける続き間

写真9・1・5　和室の開口部。無双窓付網戸により防犯性と遮光性を確保

（写真9・1・1〜5　「池の見える家」（設計：宇野勇治、撮影：山田真哉））

トワークの一部として大いに重要であり、おおらかで美しい、四季のうつろいを感じさせる町の風景の創出につながると考えられる。明治初期に日本を訪れた外国人は森のように美しい清潔な日本の街に驚嘆したという。立派な家ばかりではなかったが、庭の木々によって美しく彩られていたとも述べている。敷地内の植栽計画はこれからの住宅計画においてますます重要な要素になると思われる。

植栽や外構計画と間取りや開口部位置をあわせて検討することで室内通風をより有効にできる場合もある。風上側に開口部を設けられない場合、図9・1・5(b)のように配置することで風を導くこともできる。風の強い地域では防風垣や屋敷林などの植栽で風から建物を守り、美しい景観をみせている事例もある。

4 居心地のよい建築

居心地のよい建築とはどのようなものだろうか。建築家の吉田五十八は「住宅建築の極致とはどんなものですか？」と問われ、「新築のお祝いに呼ばれていって、特に目立って誉めるところもないしと云ってまたけなすところもない。そしてすぐ帰りたいといった気にもならなかったので、ついいい気持ちになってズルズルと長く居たいと云うような住宅が、これが住宅建築の極致である」と答えている。機能的で温熱環境は快適であるが、長居したいとは思わない空間もある。「ずっとここに居たい」という言葉が出てくるような空間、そして住むごとに、使うほどに心地よいと感じる味わい深い住宅建築はどのようなものだろうか。持続可能な建築を考え、設計していく上で十分に考慮すべきことがらである。

9・2 建築環境と構法材料

空間を構成し室内環境を生み出すのは建築材料であり、構法・材料と環境は密接な関係にある。構法や材料を選択する場合には、意匠性に加え、断熱性や気密性、調湿性のみならず遮音性能や不燃性、空気質に対しての安全性・健康性など多くの要求を多面的に勘案する必要がある。さらにライフサイクルコストやライフサイクルCO_2、解体後の再利用や環境負荷まで検討すると材料や構法の選択には幅広い価値観が必要となってくる。ここでは、幅広く建築に関わり、環境負荷の低減に寄与する材料として木材を取り上げ、これを活かした構法として伝統的構法について述べる。

わが国の戸建住宅の多くは木造であるが、日本で使用される木材（パルプ用など含む）の約80%は海外からの輸入材である（図9・2・1）。熱帯林や東アジアの天然林も相当量が年々伐採され、森林面積は減少している。その一方で、国内の森林は放置され、荒廃した状況が続いている。木材

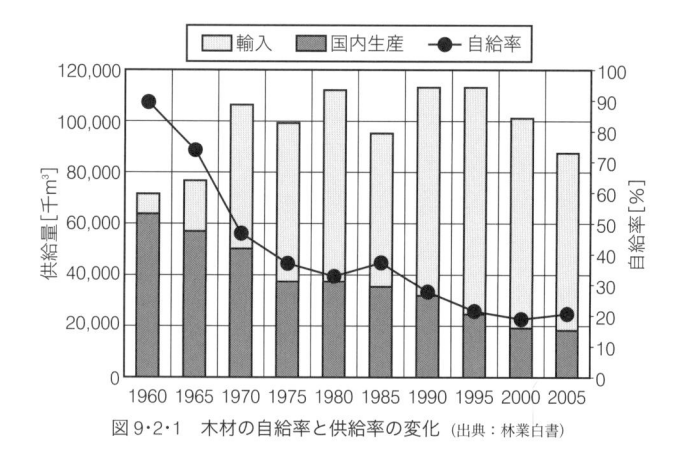

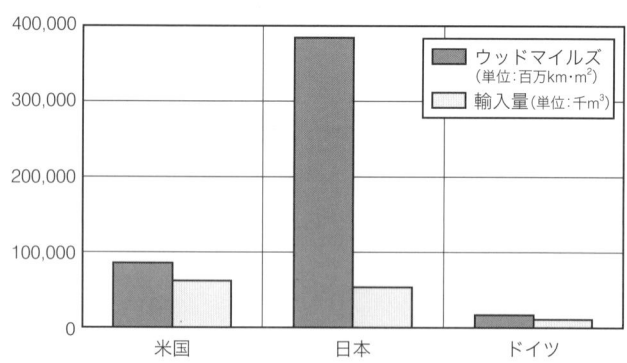

図9・2・1　木材の自給率と供給率の変化　(出典：林業白書)

図9・2・2　木材輸入量とウッドマイルズ。ウッドマイルズとは、木材の輸入距離と木材の量を乗じた指標。この図から輸入総量では米国の方が多いものの、ウッドマイルズでは日本がダントツで環境負担をかけていることがわかる（出典：森林総合研究所「木材情報」2002年8月号）

写真9・2・1　手入れがされず高密度で暗い森林

写真9・2・2　足もとの土砂が流出している森林

は計画的に伐採と植林を行えば、持続可能な建築資源であり、木材で建築を構成することは木材に固定化された炭素を都市で保持することとなり、都市を第2の森に見立てるという考え方もある。

■1 日本の森林と木材

世界有数の森林国でありながら多くの森林は荒廃している（写真9・2・1、2）。下草のない森林は「緑のダム」としての機能を果たせず、洪水の一因ともいわれている。あるべき森の姿は写真9・2・3のように明るく、下草や豊かな土壌に覆われた状態である。木材の輸入量に輸送距離をかけるウッドマイレージの比較（図9・2・2）を見ると、日本は木材の輸入量が多いだけでなく輸送にかかるエネルギーやCO_2排出量が多大であり、輸送に膨大なエネルギーを消費していることもわかる。国産材や流域材（現場に近い河川の上流域）など「近くの山の木」を使用することは輸送エネルギーの削減につながるとともに、山に活力を与え森林の再生に寄与することとなる。

木材の乾燥は現在一般に乾燥釜（写真9・2・4）で重油を燃やして行っているが、昔ながらの天然乾燥（写真9・2・5）を活用することでエネルギーを消費せずに乾燥を行うことができる。

その他にわが国の住宅建設に関連した課題として、シックハウス症候群、住宅が短寿命であることによる産業廃棄物の増加、伝統技術継承の途絶え、まちなみや構法における地域性の欠如、海外の自然林伐採などが挙げられる。旧来の日本が環境負荷の少ない、持続可能な社会を形成していたことを考えると「伝統に学び、地域の素材でゆっくりとつくる家づくり」の可能性も検討してゆく必要性がある。

木材使用のメリットとして以下の項目[1]が挙げられる。

①森林において二酸化炭素を吸収する。

②木材の製造エネルギーは他の材料に比べ、桁違いに低い。1mの母屋材は、スチールに比べ木材は製造エネルギー比で約18分の1である。

③焼却時にはエネルギーを得られる。

④伐採後、建築に使用することで、炭素を固定化したままストックできる。焼却までの時間が長ければ、その間に森林が成長する。燃焼量が森林の成長量を上回らなければ、大気中の二酸化炭素は減少の方向に向かう。

■2 熱環境と材料

屋根、壁、床からの放熱を抑制するには構成材料の組み合わせを検討する必要がある。一般的な木造住宅の外壁は内部に断熱材を充填し、室内側には防湿層を施した上にプラスターボード、外壁には透湿防水シートを施した上にサイディング貼りなどとする場合が多い。断熱材としては、グラスウールをはじめとして、ポリウレタンフォーム、新

写真9・2・3　手入れが施され下草が繁る森林

写真9・2・4　高温乾燥釜

写真9・2・5　天然乾燥（廃校となった小学校を利用）

写真9・2・6　伝統的構法による建て方の様子

聞紙やペットボトルの再生材、炭化コルク、杉の樹皮を活用した樹皮断熱材など様々な素材から選択することができる。

人が住宅内にいる場合に多く接するのは床であり、熱伝導率が高い石や硬くて重い木など使用した場合、接触温冷感としては冷たく感じ、床暖房などへの依存度は高まると考えられる。杉材は木材の中でも熱伝導率が低く、冬季でも冷たさの少ない素材である。

❸伝統的構法と建築環境

近年、自然素材で構成された家づくりへの関心が高まっている。土壁の壁倍率が以前よりも高い値に改訂され、外壁の板張りと土壁の組み合わせが準防火地域で認められるなど法的な整備も進められている。伝統的構法（写真9・2・6、7）とは仕口に金物を使用せず、太い柱や梁に土壁、貫、差鴨居、足固めなどで構成されたものである。現在、一般に用いられている在来軸組構法（写真9・2・8）は、部材断面が小さく、接合部の加工が簡略化され、接合部に金物を使用する工法が一般的である。

従来、わが国の家づくりは住み手が地域の人々と協働してつくりあげるものであった。そこには、苦労の反面、人的なネットワーク形成や技術の継承、環境教育など多くの有用性を含んでいた。住宅の長寿命化が課題となっているが、建物のハードとしての性能に加え、住み手の愛着や思い入れも重要であろう。住み手の建築参加の例として、写真9・2・9は土壁塗り体験の様子である。

「地産地消」という言葉がある。最近は地域の材料で地域に建てるという意味で「地材地建」という言葉も生まれてきている。「身土不二」は、地域でとれた食材や材料で生活してゆけば健康に暮らせるという意味の中国の言葉である。「建築」に関わっていると、建物単体の環境性能に目がいきがちであるが、その建物を構成する素材の生い立ちや伝統的なつくり方、環境に対して意味するところにも思いをはせると日本の建築文化はより豊かになっていくであろう。

写真9・2・7　伝統的構法の継手・仕口（車知栓継ぎ、長ホゾ鼻栓）

写真9・2・8　金物で補強を行った在来軸組構法

写真9・2・9　土壁塗り体験の様子

9・3 室内空間と環境

空間とは、文字通り「なにもなくあいているところ」であり、連続的に無限の広がりを有する。空間には物質やエネルギー、情報などが存在することが可能であり、これらの状態により環境が形成されている。このような空間を日常生活において表現する場合には、図9・3・1に示すように空間を境界により分けて捉えることが多い。

例えば、室内外の空間の区別は、一般的に自然環境と直に接している建築物の外皮（外壁、屋根、床等）を境界として捉えている。さらに、室内空間は間仕切り等の境界により部屋（室）に区切られ、その用途に応じて環境が調節される。同図に示されるように、境界により分けられた空

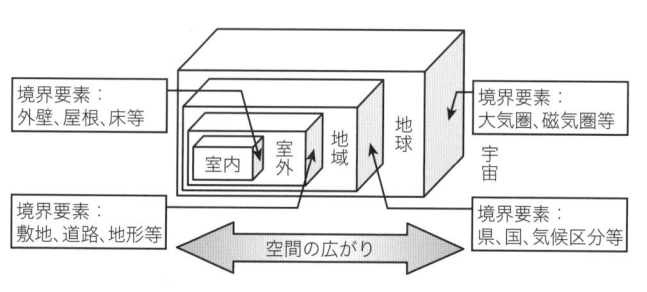

図9・3・1　空間の広がりと境界（モデル図）

間は互いに独立して存在するのではなく、入れ子構造のような形となることから、境界を介し分けられた空間の環境条件は相互に影響し合う。

例えば、室外の熱や空気、光、音など環境要素の時系列変動は室内空間の環境の挙動に密接に関連するが、逆に室内空間の環境条件やその制御に消費されるエネルギーは室外空間の環境に影響を与える。このようなことから、建築環境の計画において室内空間の環境について検討する場合、その対極にある室外空間の環境のレベルや変化の状況、および両者を隔てる境界の位置や構造、機能などといった空間を捉える範囲とその特性の把握が計画当初の重要なポイントである。

室内空間は建築物によって生み出される空間であるが、健康で快適な室内環境を計画するためには対象空間の用途や生活上の要求について検討する必要がある。室内空間の用途は、執務空間や作業空間、居住空間、娯楽空間など様々であり、熱・空気・光・音の環境要素ごとに空間の利用形態や作業内容、居住者属性に応じた計画が必要である。

例えば、光環境の計画に関する照度基準については、労働安全衛生規則第604条（表9・3・1）では、事業者に労働者を常時就業させる場所の作業面の照度が作業区分により3段階に定められている。また、JIS Z 9110の照度基準においては、用途の異なる種々の施設（事務所、工場、学校、病院、保健所、商店・百貨店・その他、美術館、博物館、公共会館、宿泊施設、公衆浴場、美容・理髪店、飲食店、興行場、住宅、共同住宅の共用部分、駅舎、通路、広場、公園、駐車場、ふ頭、運動場、競技場、船舶）における基準を示している。

室内環境の計画においては、前述の照度基準のように物理的な環境要素を指標として検討がなされる。対象空間において指標となる物理的な環境要素が均一な分布を呈する場合には空間内の代表点における検討でよいが、実際の室内空間においては環境要素の分布が不均一となる場合が多い。このような場合、空間の代表点だけではなく複数のポイントにおける検討により環境を評価することが望ましい。例えば、居住空間における上下方向の温度の不均一性の評価については、次式のような指標が提案されている[1, 2]。

$$T_{sj} = \sum_i \left(\frac{h_{ci}+h_{ri}F_{ri}}{h}\right)\left(\frac{A_i}{A_D}\right) t_{si} \quad \cdots \cdots (式1)$$

$$OT_j = \sum_i \left(\frac{h_{ci}t_{ai}+h_{ri}F_{ri}t_{ri}}{h}\right)\left(\frac{A_i}{A_D}\right) \quad \cdots \cdots (式2)$$

ここで、

h_{ci}：部位iの対流熱伝達率 [W/m²℃]
h_{ri}：部位iの放射熱伝達率 [W/m²℃]
t_{si}：部位iの皮膚温 [℃]

表9・3・1　作業面の照度基準

作業の区分	基準
精密な作業	300ルクス以上
普通の作業	150ルクス以上
粗な作業	70ルクス以上

（労働安全衛生規則第604条より作成）

t_{ai}：部位iにおける気温 [℃]
t_{ri}：部位iにおける平均放射温度 [℃]
A_i：部位iの体表面積 [m²]
F_{ri}：人体部位iにおける有効放射面積率 [N.D.]
h：総合熱伝達率 [W/m²℃]
A_D：体表面積 [m²]

（式1）のt_{si}は、各部位の対流・放射および皮膚面積の重み付け皮膚温の総和であらわされる修正平均皮膚温度であり、（式2）のOT_jは、各部位毎の対流・放射および皮膚面積の重み付けされた作用温度の総和であらわされる修正作用温度である。これらの指標は、従来の平均皮膚温や作用温度では表現し難い実際の居住環境においてみられる不均一環境の影響を評価しようとするものである。また、不均一環境の評価に関する課題には、日・年変動などの時間的要因や性別・年齢・部位などの人間的要因などがあり、多様な観点からの検討がなされている。

健康で快適な室内環境の創造には、個々の環境要素に対する詳細な検討も重要であるが、室内環境を総合的に評価する観点も必要である。室内環境を総合的に評価し計画に活かす調査手法の一つに、POE（Post-Occupancy Evaluation：居住後環境評価）がある。POEは、対象とする空間における環境要素について定期的に環境レベルの計測やアンケート調査などを実施し、物理的な側面と心理的側面の両面から経時的に環境評価を行う。これにより、システムの制御方法やレイアウトの変更などの比較的に対処しやすい短・中期的な課題、建築物の改築・増築などの大きな計画変更となる長期的な課題を見出すことが可能となり、この結果を実際の建築物の計画にフィードバックさせることにより快適な室内環境を実現しようとする手法である。例えば、POEの思想に基づき実施された工場併設オフィスにおける総合調査[3]では、移転前の社屋を含めた約1年間の調査を実施し、移転前後における比較から新社屋の環境についての改善点・問題点を把握するとともに、定期的な新社屋環境の調査により季節的な環境要素の変動や執務者の意識の経時変化について明らかにしている。

以上のように、室内空間の環境について計画する場合、各環境要素についての詳細な検討と総合的な環境評価が必要であり、複眼的考察によるバランスの良い計画の立案が重要である。

9・4 緩衝空間の計画

緩衝空間とは建築大辞典[1]における「中間領域」と同意と解釈でき、その意味としては「公－私、屋内－屋外、私有－共有などの対立する概念や性格の異なる空間の間のこと。実体的には空間を指すが、概念として用いられる場合もある。建築設計、都市設計とは異なるヒエラルキーの空間が相互に干渉、浸透、遷移する空間として、その扱い、処理が重要である」と記されている。また、建築物の定義は建築基準法第 2 条第 1 項において「土地に定着する工作物のうち、屋根及び柱若しくは壁を有するもの（これに類する構造のものを含む）、これに附属する門若しくは塀、観覧のための工作物又は地下若しくは高架の工作物内に設ける事務所、店舗、興行場、倉庫その他これらに類する施設（鉄道及び軌道の線路敷地内の運転保安に関する施設並びに跨線橋、プラットホームの上家、貯蔵槽その他これらに類する施設を除く）をいい、建築設備を含むものとする。」とされている。このことから、建築物は屋根や壁を介して空間を分ける工作物であり、自ずと公－私、屋内－屋外、私有－共有などの対立する概念や性格の異なる空間を生み出すものである。したがって、その間に位置づけられる緩衝空間（中間領域）も当然のことながら建築物には生じることになる。建築基準法において建築物の附属の工作物として挙げられている門や塀は、空間を分ける境界としての機能が明確に表出したものである。

建築環境の計画における緩衝空間の重要性は、熱・空気・光・音環境に関する自然環境や生活行為や精神性に関わる人間環境の両面に存在する。自然環境の側面における緩衝空間の重要性としては、室内環境に対する自然環境の影響を和らげる、防ぐ、あるいは利用するといった役割が挙げられる。

例えば「和らげる、防ぐ」といった視点から室内環境の要素毎にみると、熱環境では防寒、空気環境では防風、光環境では遮光、音環境では防音への対応が緩衝空間において可能である。「利用する」といった視点からは、パッシブ・デザインにおける工夫が緩衝空間で多く見受けられる。緩衝空間の効果に関する具体的な解析事例では、雪の多い地域にみられる玄関やベランダ辺りに設けられる囲い空間（写真 9・4・1, 2）や日本住宅における縁側は、室内外の中間に設けられることにより熱環境の緩和効果があることが示されている[2,3]。また、緩衝空間における環境調節装置としての「すだれ」については、日射遮蔽のメカニズムとその効果が明らかにされている[4]。写真に示されるような、「大きな庇」、「バルコニー部の可動建具」などは、冬季と夏季の厳しい気候条件より生み出された工夫である。

人間環境の側面における重要性としては、生活範囲の変化への対応や多様な生活行為の受容空間（ゆとり空間）としての役割が挙げられる。生活範囲の変化への対応については、図 9・4・1 に示されるように、多様な行為の内、室内・室外の両方で行われる中間的な行為がある。行為の場所が中間的となる理由としては、遊び方の違いなどの行為の質によることとともに、夏と冬の生活範囲の変化のように気象・気候などの自然環境の状態によることがある。写真 9・4・2 に示したバルコニー部の可動建具の空間は、自然環境の緩衝空間としてだけではなく、変化する生活範囲の緩衝空間でもある。多様な生活行為の受容空間としては、空間の曖昧さがゆとりとなり豊かな生活空間を創出する。例え

写真 9・4・1　大きな庇、ベランダ部分の可動建具、1 階部の半屋外の共用スペースが設置された共同住宅（新潟県）

写真 9・4・2　ベランダ部分に可動建具が設置された共同住宅（新潟県）

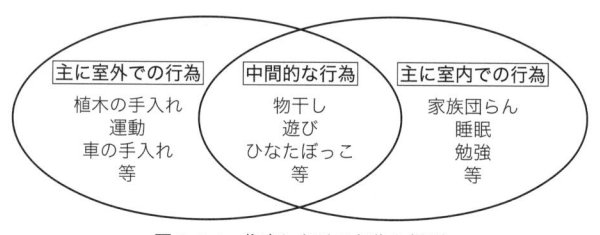

図 9・4・1　住宅における行為と場所

ば、日本住宅における縁側や廊下などの廊的空間では「あそび」や「生活行為」、「学習」、「行事」の4種類の行為が行われ、特に内部空間と外部空間との中継点である外部開放型の廊的空間では行為の発生頻度が高いことが明らかにされている[5]。

　以上のように、緩衝空間は建築環境の計画において重要な空間であり、地球環境時代においては積極的な活用が望まれる。特に、四季のうつろいの豊かな日本においては、古来より緩衝空間が建築に取り入れられていた。例えば、写真9・4・3は、国の重要文化財に指定されている長野県大町市の旧中村家住宅の土蔵（1780年建造）である。土蔵の軒下部分には稲穂掛けがみられ、軒下の緩衝空間の利用が伺える。写真9・4・4は、英国のスコットランドの公園に設けられたコンサバトリーである。スコットランドは英国の北方に位置する寒冷な地域であり、コンサバトリー（サンルーム）を併設した邸宅（写真9・4・5）もみられる。都市空間における緩衝空間は、アーケードやアトリウム、プラットホームなど他にも数多く存在し、都市空間の環境を豊かにしている。

写真9・4・3　倉の軒下部分に設けられた稲穂掛け（長野県）

写真9・4・4　公園内のコンサバトリー（英国）

写真9・4・5　邸宅に付設されたコンサバトリー（英国）

参考文献
9・1
1) 梅干野晃『住まいの環境学　快適な住まいづくりを科学する』放送大学教育振興会、1995
2) 彰国社編『自然エネルギー利用のためのパッシブ建築設計手法事典』彰国社、1983
3) 吉田五十八『饒舌抄』新建築社、1980

9・2
1) 日本建築学会編『地球環境建築のすすめ』彰国社、2002

9・3
1) 山岸明浩「上下気温分布のある環境の表現方法に関する研究」（『第20回人間―生活環境系シンポジウム報告集』pp.47-50、1996）
2) 山岸明浩、堀越哲美、石井仁「上下気温分布が人体の皮膚温および温冷感に与える影響について」（『人間と生活環境』5（1）pp.23-34、1997）
3) 山岸明浩、天野克也、山下恭弘、岡村勝司、堀越哲美「オフィスにおける室内環境の経時的変化と居住後環境評価手法　既設建物から新設建物へ移転した工場併設オフィスビルの総合調査」（『日本建築学会計画系論文集』第460号、pp.39-50、1994）

9・4
1) 『建築大辞典　第2版』彰国社、2004
2) 山岸明浩、河路友也「新潟県北魚沼郡守門村における住宅の玄関囲いおよび物干し場の冬季温熱環境と居住者意識について　積雪寒冷地における中間領域の温熱環境に関する研究」（『日本建築学会学術講演梗概集』D-2、pp.175-176、1998）
3) 山岸明浩、坂口淳「新潟県の一戸建て住宅における縁側の温熱環境に関する研究　夏季・秋季・冬季における温熱環境測定結果について」（『日本建築学会北陸支部研究報告集　第44号』pp.103-106、2001）
4) 堀越哲美、小口美香、土井正「すだれの日射しゃへい効果について」（『大阪市立大学生活科学部紀要』34、pp.157-165、1986）
5) 高木真人、小川一人、仙田満「昭和期住宅の廊的空間における機能に関する研究　縁側・廊下におけるこどものあそび行為の変遷を中心として」（『日本建築学会計画系論文集』第507号、pp.95-101、1998）

第10章　建築の外部環境計画

10・1 風環境を制御し計画する

　建築の外部空間において風は強すぎても弱すぎても問題となる。一般に、市街地における風は、建物や樹木などにより、安定した弱い風となる。しかし、周辺建物よりも目立って高い建物を建設すると、この建物に遮られた強い風が地表面に流れ込みビル風となりやすい（図10・1・1）。

　それでは、都市における強風はどのような問題を引き起こすのであろうか？　強い風が吹くと、歩行やスポーツがしにくくなり人間の行動や活動に影響を及ぼす。また、ドアの開閉が困難になったり、看板や自転車などが風で飛ばされたりする物理的な問題も引き起こす。さらに、すきま風や風切り音などの音の問題を引き起こしたり、ほこりなどを巻き上げて空気汚染の原因にもなる。

　一方、弱すぎる風もまた問題なのである。風が弱いと、室内の空気を入れ替えるための通風量が減少してしまう。また、建物近傍に排出された汚れた空気や暖められた空気が滞留して都市の暑熱化や大気汚染の一因ともなるのである。歩行者にとっても暑く風のない街路は極めて不快な環境となり、熱中症の危険性も高くなる。

　これらの問題を引き起こさないようにするためには、まず建築計画の最初の段階から風環境に対する認識を持つことが大切である。そして、計画の各段階において各種資料に照らし合わせて検討したり、場合によっては風洞模型実験や数値シミュレーション等による検討が必要になる。

　防風対策としては、①敷地内の建物配置または建物相互の配置の変更、②建物形状の変更、③フェンス、防風ネット、植栽など遮蔽物の設置などがある。

　また、風環境は人間の快適感にも大きな影響を及ぼす。村上と森川[2]は、不快感を訴えることの少ない風環境を適風と定義して、日平均気温と日平均風速から風環境を評価できる適風判定図（図10・1・2）を提案した。

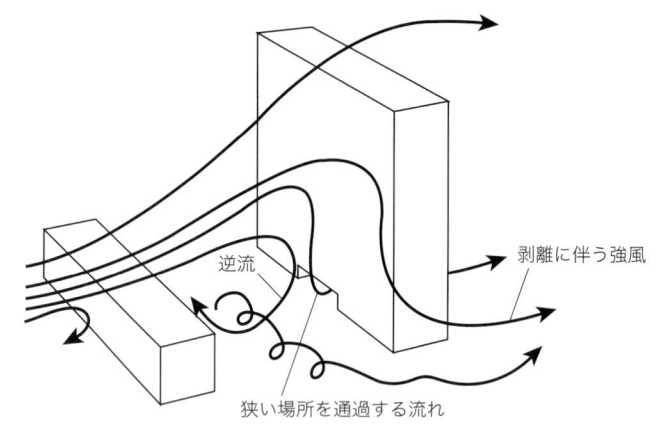

図10・1・1　強風の発生パターン（出典：日本建築学会編『都市の風環境評価と計画』丸善、1993）

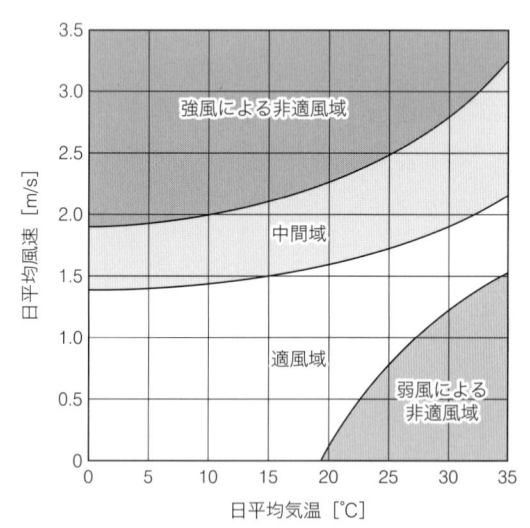

図10・1・2　風環境の適風判定図（出典：村上周三、森川泰成「気温の影響を考慮した風環境評価尺度に関する研究――日平均風速と日平均気温に基づく適風、非適風環境の設定―」『日本建築学会計画系論文報告集』No.358、pp.9-17、1985））

10・2 建物緑化を進める方策

　一般に都市を緑化することの効果として以下の点が挙げられる。景観の向上、ヒートアイランド出現の緩和、建物の熱負荷低減による省エネルギー、くつろぎの場の創出、鳥や昆虫などの生物多様性の向上、等々である。都市緑地法により緑化地域と緑地保全地域を定めることが求められ、緑化への志向は高まっている。しかし、高密度化した都市内において、新たに緑地を求めることは困難であり、建物の屋根や壁面を含めた都市の立体的な緑化が注目されている。特に壁面緑化は歩行者の視野に入りやすく、都市景観の向上に大きな役割を果たす（写真10・2・1）。

　事例として、名古屋市における壁面緑化の現状を示す。渡邊[1]の研究によると、名古屋市全16区における壁面緑化された建物は1191棟であり、壁面緑化建物の全棟数に対する割合は0.22％である。これは461棟に1棟の割合で壁面緑化された建物が存在することを示している。また、1km^{2}当たりでは3.65棟の壁面緑化建物が存在することを示している。

　また壁面緑化された建物に居住する人を対象としたアンケート調査によって、壁面緑化の利点と欠点が明らかにな

った。図10・2・1は壁面緑化された建物に居住して利点とされた理由である。住宅では「夏に室内が涼しく感じる」（63.6%）が最も多く、ついで「建物の外観がよい」（42.1%）、「環境保全に役立っている」（23.4%）、「街の景観に貢献している」（22.4%）、「冬に室内が暖かく感じる」（11.2%）であった。壁面緑化建物に居住する6割を超える人が、壁面緑化の遮熱・断熱効果により、夏季に室内を涼しく感じているのである。

図10・2・2は壁面緑化された建物に居住して欠点とされた理由である。住宅では割合の高い順に、「虫が寄ってくる」（41.1%）、「建物の保守管理が大変である」（38.3%）、「建物の外観が悪い」（9.3%）であった。「その他」の回答は落葉の処理や枝の剪定に関するものが多い。

このような状況の中で、今後、都市内の壁面緑化を推進していくためには、壁面緑化に関する情報提供、専門家や行政の支援が必要となる。さらに、壁面緑化に対する住民の意識や理解を向上させていくことも重要である。

10・3 敷地と隣棟間隔を計画する

建築を計画する上で建物の配置は極めて重要である。広大な敷地に建築を計画するのであれば、十分な日照を得ることは容易であり、また計画建物の日影によって周辺に影響を及ぼすこともないであろう。しかし、実際には限られた敷地の中で建物を適切に配置することが求められる。日照は人々の生活に必要なものであり、直接的に熱や光を得るだけでなく、日照を十分に得られる環境は間接的には通風や眺望を確保することにもつながるのである。さらに、建物が近接することの圧迫感の緩和やプライバシーの確保など心理的な効果を得ることにもつながる。特に、日本人は日照に敏感であるといわれ、1970年代のマンション・ブームに際して日照問題が多発し、その中から日照権という言葉も登場した。そして、1976年には建築基準法が改正され「日影による中高層建築物の高さの制限」（法第56条の2）が追加された。いわゆる日影規制である。これにより、建築を計画する上で、建物高さが制限されると共に建物の配置を十分に検討することが求められるようになった。

日影規制は、第3章3・2でも述べたように建築物が隣地に及ぼす日影の影響を時間数で規制するものである。第3章表3・2・1に示されたように用途地域別に制限される日影時間が定められている。しかし、この規制は近隣居住者の日照を確保するために、計画建物の建築デザインや配置を制限するものであり、周囲の既存建物との複合的な日影に対しては対応できない。

建物が連続的に配置される場合には、日照確保を検討するために隣棟間隔が重要となる。図10・3・1に示す棟間隔

写真10・2・1　壁面緑化の例（名古屋）（撮影：渡邊慎一）

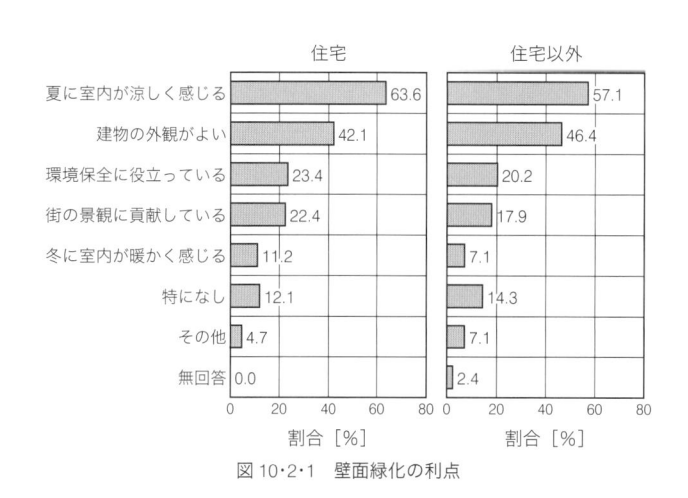

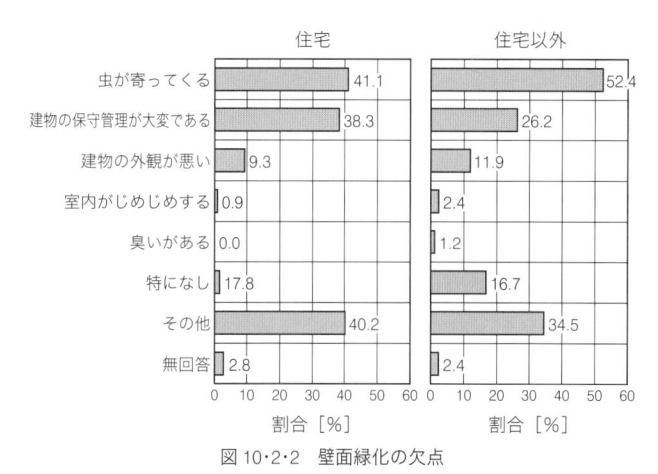

図10・2・1　壁面緑化の利点

図10・2・2　壁面緑化の欠点

D を南側建物の建築高さ H で除した値を隣棟間隔という。図10・3・2は緯度35°における隣棟間隔と冬至において確保される日照時間との関係を示している。A_0 は建物の真北からの方位角を示す。例えば、真南を向いている建物の場合（$A_0 = 0°$）、日照時間を4時間確保するためには、図から隣棟間隔は約1.7となる。すなわち、建築高さ H の1.7倍の棟間隔を確保しなければならないことを示す。

10・4 建物の色彩を計画する

建物の色彩計画の基本は、基調色とアクセント色を適切に選択することである。基調色とは大面積に用いられる地となる色で、一般に低彩度色が用いられることが多い。一方、アクセント色は目立たせたい小面積部分に用いられる色で、誘目性の高い色や基調色との対比が強い色が用いられる。一般に、一つの建物の外部色彩は5〜6色で構成されることが多い[1]。

個々の建築が集まって構成される街路は、数多くの色彩で構成されることとなる。さらに、街路空間には、建物だけでなく、広告、看板、ストリートファニチャー、サインなどがあり、より複雑な色彩構成となる。したがって、街路全体でこれらの色彩を統一させることは一般に困難である。しかし、伝統的なまちなみや一部の地域では、景観保全を目的として使用できる色や建物の形態に制限を加えている例もある（写真10・4・1、2）。一般に、極端に誘目性の高い色を大面積で用いると、騒色となりやすいので注意が必要である。設計者は個々の建物の色彩計画を行う際に、周囲との調和に十分配慮することが望ましい。

一方、目立たなくてはならないものにサインや標識がある。これらは事故防止や危険回避、また緊急事態へ素早く対応するために、適切な色彩が用いられなければならない。JIS Z 9101には安全色が規定されており、表10・4・1に示すように各安全色とその色が表す意味が示されている。

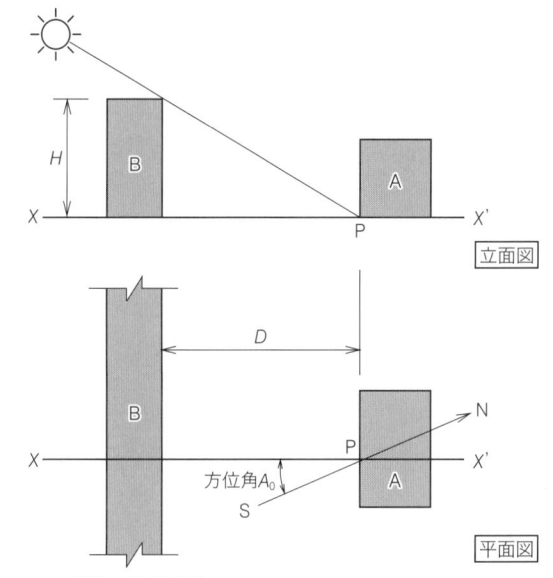

図10・3・1　建物の位置関係（出典：日本建築学会編『建築設計資料集成1 環境』丸善、1978）

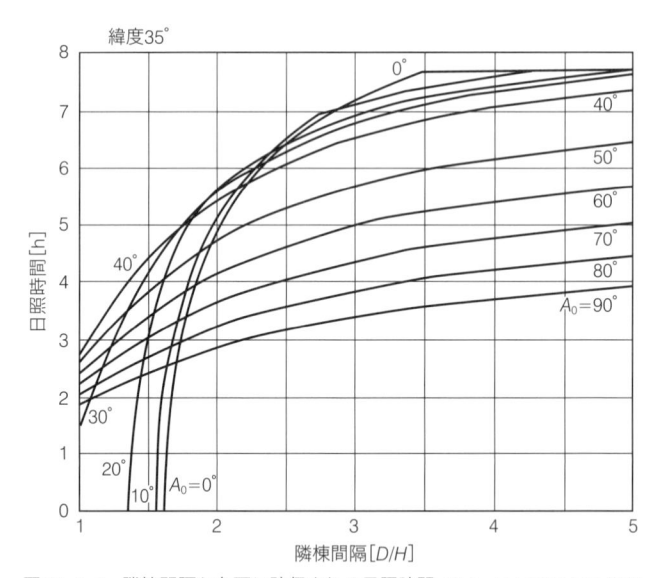

図10・3・2　隣棟間隔と冬至に確保される日照時間（出典：日本建築学会編『建築設計資料集成1 環境』丸善、1978）

写真10・4・1　伝統的な町並み（萩）（撮影：長野和雄）

写真10・4・2　伝統的な町並み（近江八幡）（撮影：石井仁）

10・5 街路の環境を考える

近年、地球温暖化やヒートアイランドの出現により、都市内の高温化が進み、夏季には熱中症の危険性も高まっている。したがって、街路の環境を考えるとき、視覚的な景観だけでなく、熱的な環境も適切に整えることは、今後さらに重要になる。特に夏季においては、建物や街路樹により日陰を連続させることは、歩行者の熱的な安全性を高めるためにも重要である。

暑熱環境を評価するための指標として湿球グローブ温度 WBGT（Wet Bulb Globe Temperature）がある。この指標は1957年に Yaglou and Minard によって提案された屋外温熱環境を評価するための指標である。元々は、暑熱環境下における軍隊訓練の熱的危険を回避するために開発された指標である。現在では、労働時の暑熱環境を評価する指標として ISO[1] や JIS[2] に採用されている。

算出式は、太陽照射の有無により以下の2式が与えられている（p.19参照）。

屋内および屋外で日射のない場合

$$WBGT = 0.7 t_{wn} + 0.3 t_g \quad \cdots\cdots（式1）$$

屋外で日射のある場合

$$WBGT = 0.7 t_{wn} + 0.2 t_g + 0.1 t_a \quad \cdots\cdots（式2）$$

ここで、

t_{wn}：自然湿球温度 [℃]

t_g：グローブ温度 [℃]

t_a：気温 [℃]

WBGT の基準値として表10・5・1 に示す5つの代謝率等級ごとに値が示されている。この基準値を超えた場合には、

①適切な方法によって当該作業場での熱ストレスを直接軽減する

②より入念な方法に従った、熱ストレスの詳細な分析を行う

とされている。また、作業—休憩のサイクルに対応した WBGT の基準値を示した図10・5・1 が与えられている。こ

表10・4・1　安全色の一般的な意味

安全色	意味又は目的	使用例
赤	防火	防火標識、配管系識別の消火表示
	禁止	禁止標識
	停止	緊急停止ボタン、停止信号旗
	高度の危険	火薬警標、発破警標、火薬類の表示
黄赤	危険	危険標識、配管系識別の危険表示、スイッチボックスのふたの内面、機械の安全カバーの内面、露出歯車の側面、目盛板の危険範囲
	航海、航空の保安施設	救命いかだ、救命具、救命ブイ、水路標識、船舶繋留ブイ、飛行場用救急車、飛行場用燃料車
黄	注意	注意標識、感電注意標識、クレーン、構内機関車のバンパー、低い梁、衝突のおそれがある柱、床上の突出物、ピットの縁、床面の端、ホッパの周囲及び階段の踏み面の縁、つり足場、電線の防護具、道路上のバリケード、有害物質の小分け容器又は使用箇所、家電製品の警告表示
緑	安全	安全指導標識及び安全旗
	避難	誘導標識、非常口の方向を示す標識、回避所の位置を示す警標及び回避所、坑口、特免区域の方向を示す標識
	衛生・救護・保護	衛生指導標識、労働衛生旗、救護標識、保護具箱、担架、救急箱、救護所の位置及び方向を示す標識
	進行	進行信号機
青	義務的行動	指示標識
	指示	保護めがねの着用、ガス測定などを指示する標識、修理中又は運転休止箇所を示す標識、スイッチボックスの外面
赤紫	放射能	放射能標識、放射能警標、放射性同位元素及びこれに関する廃棄作業室、貯蔵施設、管理区域などに設ける柵など

（出典：JIS Z 9101）

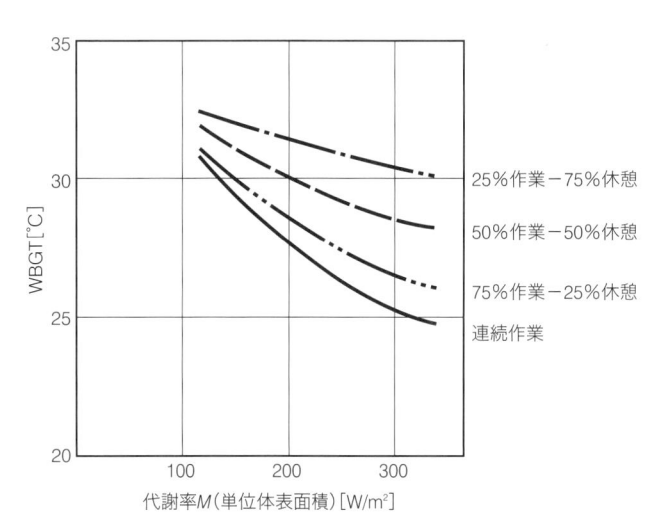

図10・5・1　作業・休憩サイクルに対応した WBGT の基準値　（出典：JIS Z 8504）

表10・5・1　WBGT の基準値

代謝率区分	代謝率 M		WBGT 基準値			
	単位体表面積 [W/m²]	総表面積（平均体表面積1.8m²）[W]	熱に順化している人 [℃]		熱に順化していない人 [℃]	
0（安静）	$M \leq 65$	$M \leq 117$	33		32	
1（低代謝率）	$65 < M \leq 130$	$117 < M \leq 234$	30		29	
2（中程度代謝率）	$130 < M \leq 200$	$234 < M \leq 360$	28		26	
3（高代謝率）	$200 < M \leq 260$	$360 < M \leq 468$	気流を感じないとき 25	気流を感じるとき 26	気流を感じないとき 22	気流を感じるとき 23
4（極高代謝率）	$M > 260$	$M > 468$	23	25	18	20

備考：これらの数値は最高直腸温度38℃を許容限度として設定されている。

（出典：JIS Z 8504）

れは、休憩場所と作業場のWBGTの値が同じか、または、かなり近い値であるとの仮定に基づいている。例えば、代謝量200W/m^{2}の作業を行うとき、WBGTが30℃の場合には、「50%作業—50%休憩」となる。すなわち、基準時間を1時間とすると、30分間作業を行い、30分間休憩することになる。

WBGTは暑熱労働環境の評価だけでなく、他の分野でも活用されている。日本体育協会はWBGTを用いて熱中症予防のための運動指針[3]を出している。また、日本生気象学会は表10・5・2に示す日常生活における熱中症予防指針[4]を作成している。

表10・5・2 日常生活における熱中症予防指針

温度基準 (WBGT)	注意すべき 生活活動の目安	注意事項
危険 (31℃〜)	すべての生活活動でおこる危険性	高齢者においては安静状態でも発生する危険性が大きい。外出はなるべく避け、涼しい室内に移動する。
厳重警戒 (28〜31℃)		外出時は炎天下を避け、室内では室温の上昇に注意する。
警戒 (25〜28℃)	中等度以上の生活活動でおこる危険性	運動や激しい作業をする際は定期的に充分に休息を取り入れる。
注意 (〜25℃)	強い生活活動でおこる危険性	発生する危険性は少ないが激しい運動や重労働時には発生する危険性がある。

(出典:日本生気象学会『日常生活における熱中症予防指針』2007)

10・6 建築環境と景観

建築はある特定の敷地に建てられる。敷地が決定されると、まずその土地が持つ様々な環境を読み解かなければならない。気温・湿度・風・日照などの気象条件、前面道路の幅員や交通量・騒音の状況、周辺建物の用途や建物高さ、地域の性格や特色などである。また、敷地が決定されれば法的な制限も明確となり、建築を設計する際にはこれらを遵守しなければならない。建築設計には、このような様々な条件を考慮し、総合化することが求められるのである。

私たちが安全で快適な、そして省エネルギーや環境に配慮した生活を営むためには、自然環境をいかに取り入れ、また制御するかが極めて重要な問題となる。場所が持っている環境を十分に理解し、その環境に対応する建築を設計することが重要である。このような自然や環境との関わりの集積が景観となるのである。例えば、ある特定の方向から強い風を受ける地域において、その風から建物を守るために防風林が設けられる。すべての建物に防風林が設けられ、それらが集合した集落は美しく統一された景観を形成する（写真10・6・1、2）。景観とは単に視覚的な形態や美しさを表すものではなく、気候風土に立脚した土地のあり様とそこにおける人々の連続的な生活の中から生み出されるものなのである。ただし、景観は自然が豊かな場所だけに成立するものではなく、都市においても重要なキーワードとなっている。

日本における景観まちづくりは1960年代頃から京都・奈良・鎌倉などの歴史的町並みを保全することから始まった。その後、一般的な市街地にも広まり、各地に景観条例が成立した。しかし、これらの条例には強制力がなく、町の景観を整えることの限界も露呈した。2004年、日本の都市、農山漁村等における良好な景観の形成を促進することを目的とした景観法が制定された。この法律は直接的に各地の都市景観を規制するものではないが、地方自治体が制定した景観条例に実効性を持たせる役割を果たすものである。

写真10・6・1 築地松（ついじまつ）のある風景 (撮影:長野研究室)

写真10・6・2 住居側から見た築地松 (撮影:長野研究室)

今後、この法律が適切に機能することによって、各地に特色ある景観が形成されていくものと考えられる。

一方、文化財保護法の改正により文化的景観という新しいカテゴリーが導入された。文化的景観とは、「地域における人々の生活又は生業及び当該地域の風土により形成された景観地で我が国民の生活又は生業の理解のため欠くことのできないもの」と定義されている。すなわち、気候条件と建物の伝統的環境調節や生活環境のあり方などが対象となるものであり、従来の視覚的に状況を捉えることでは必ずしも十分ではなく、新しい考え方が必要である。

景観を向上させていくことの意義としては、地域の価値の発見と共有、生活アメニティの保全、地域経済の活性化が挙げられる。すなわち地域力の向上である。

一般に、景観の向上には保全型と創造型がある。保全型とはすでにある良好な景観資源を守っていくことに主眼をおくものであり、歴史的な町並み保全が好例である。創造型とは、現状はそれ程すぐれた景観ではないが、これから良好な景観を形成していくことに主眼をおくものである。当然のことながら、創造型の方が、すでに景観資源のある保全型よりも困難となる。しかし、今後、一般市街地の景観を向上させていくには創造型による景観形成が重要となり、景観法を背景とした整備が望まれる[1]。この場合、単なる風景の統一のようなことにとどまるのではなく、新しい建築や都市の環境を整備して、例えば暑さを和らげることや夜間の照明の快適性を図るなどの視点も欠かすことはできない。

参考文献
10・1
1) 日本建築学会編『都市の風環境評価と計画―ビル風から適風環境まで―』丸善、1993
2) 村上周三、森川泰成「気温の影響を考慮した風環境評価尺度に関する研究――日平均風速と日平均気温に基づく適風、非適風環境の設定―」(『日本建築学会計画系論文報告集』No.358、pp.9-17、1985)

10・2
1) 渡邊慎一「名古屋市における壁面緑化建物の分布と壁面緑化に対する居住者意識」(『日本建築学会環境系論文集』No. 606、pp.59-65、2006)

10・3
1) 日本建築学会編『建築設計資料集成1 環境』丸善、1978

10・4
1) 日本建築学会編『都市・建築空間の科学―環境心理生理からのアプローチ』技報堂出版、2002
2) 吉田愼悟『まちの色をつくる―環境色彩デザインの手法』建築資料研究社、1998

10・5
1) ISO 7243: *Hot environments-Estimation of the heat stress on working man, based on the WBGT-index*, 1989
2) 「JIS Z 8504：人間工学― WBGT（湿球黒球温度）指数に基づく作業者の熱ストレスの評価―暑熱環境」1999
3) ㈶日本体育協会『スポーツ活動中の熱中症予防ガイドブック』1999
4) 日本生気象学会『日常生活における熱中症予防指針』2007

10・6
1) 日本建築学会編『景観まちづくり』丸善、2005

第11章 都市環境の計画

11・1 都市の気候を考える

　都市の発展は自然環境の減少、人工建造物の増加、人間活動の増大をもたらし、都市特有の気候、いわゆる都市気候をつくり出した。古くは古代ローマにおいて大気汚染についての記述が残されており、都心部の気温が郊外に比べ高くなるヒートアイランドについても、ヨーロッパの大都市で19世紀半ば頃にはすでに把握されるようになっていた[1]。しかし、都市気候に対する考慮がほとんどなされないままに都市化は進み、機能性や効率の向上とは裏腹に、表11・1・1のように、都市域の気候・気象は改変され、生活環境は悪化の一途をたどっている。現在ではヒートアイランドは夏季の暑熱を増大させ、熱帯夜の増加や熱中症を引き起こすのみならず、生態系への影響も指摘されており、都市の健康性と快適性の観点から大気汚染とともに解決すべき環境問題として認識されている。その中で、緑や水辺などの自然やその地域の気候といった自然の潜在力を有効に活用しながら都市環境の計画を行い、都市気候を緩和・解消することが求められている。

❶都市のヒートアイランド

　ヒートアイランド（heat island）は都市部の気温が周辺の郊外に比べて高くなり、等温線図を描くと都市部がちょうど島状に浮かび上がることから名付けられたものである。図11・1・1はヒートアイランドの典型例を示したものである。一般に、ヒートアイランドは冬季の静穏な日の最低気温出現時付近に最も顕著にあらわれるといわれている。ヒートアイランドと都市の規模の関係を表したのが図11・1・2である。都心と周辺郊外との気温差をヒートアイランド強度というが、北米と西欧でもその関係は異なり、北米の方が都市人口に対して強度上昇が大きい。日本と韓国では人口が20万～30万人を上回ると、ヒートアイランド強度がより大きくなる。一般に、都市人口30万になると都市インフラが整備された都市になるといわれており、そのこととの関係が推察される。

　図11・1・3はヒートアイランドの鉛直構造を示したものである。ヒートアイランドは、次のような立体的構造をもっている。ヒートアイランド形成で、都心部の暖められた空気は上昇気流を生じ上空へ向かい、同時に郊外から都心部に向かって空気が流れる。郊外から都市への空気の流れは極めて微弱である。これを郊外風という。上空へ向かっ

表11・1・1　都市の気候要素へ与える影響

日射	総量に対して－、散乱日射に対して＋
雲	雲量・霧は＋
降水	雷雨性降雨に対しては＋、微雨に対しては＋ 都市化の段階で－、降雪に対しては－
気温	年平均、最高・最低ともに＋
湿度	相対湿度は－、絶対湿度は－？
風速	年平均・極値は－ 局所的に極値は＋、静穏は＋

（＋：増加ないし上昇、－：減少ないし下降）
(出典：山下脩二「都市気候の諸問題と生活環境」『日本生気象学会誌』29-2、pp.65-70、1992より作成)

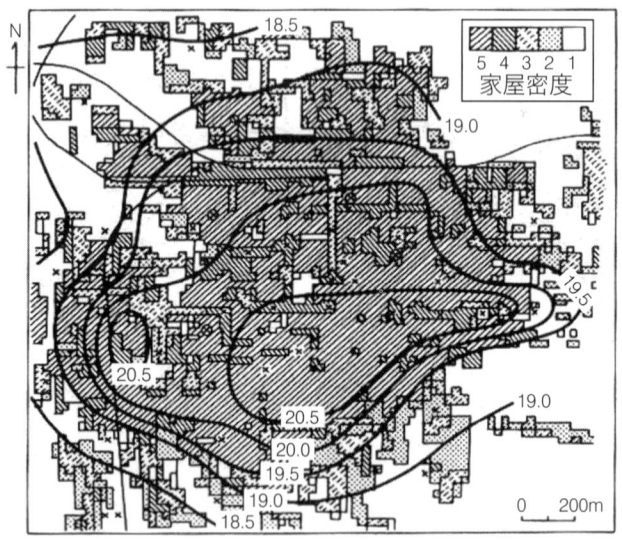

〈家屋密度〉
1＜5％＜2＜20％＜3＜40％＜4＜60％＜5

〈気温分布〉
大垣市：1956年9月24日20時の自動車による観測値

図11・1・1　ヒートアイランドの例（大垣市におけるヒートアイランドと家屋密度）(出典：高橋百之『日本の中小都市における気温分布と家屋密度』地理学評論、32、pp.305-313、1959)

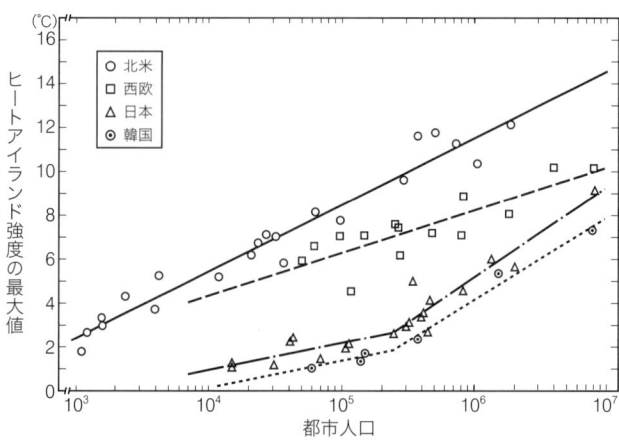

図11・1・2　ヒートアイランド強度と都市人口の関係（Oke・福岡・朴の図）
(出典：朴恵淑、野中健一『環境地理学の視座』昭和堂、p.13)

た空気が再び郊外へ降りてくることによって都心から郊外にかけての循環風が形成される。都市内部や郊外の工業地帯で発生した汚染物質や粉塵は循環風により都市内に留まり続け、外部に拡散されず都市ドーム（ダストドーム）を形成し、大気汚染をよりいっそう深刻にする。また、ヒートアイランドによる高温化によって、夏季には冷房使用に伴う排熱が増大することで、さらに気温上昇を引き起こし、よりいっそうの冷房使用の増加をまねくという悪循環が起こっている。ヒートアイランドの形成要因をまとめると以下のようになる。

● ヒートアイランドの形成要因

①人工排熱量の増大
　都市の人口の増加と活動の活発化により、人体の代謝による放熱、都市内でのエネルギー消費、交通による排熱などの人工排熱量が増大する。

②土地被覆の改変
　都市化により、土や草や緑に覆われていた場所が建物や道路などを形成するコンクリートやアスファルトに置き換えられてきた。このように水面や透水面が熱容量の大きな不透水面に改変されたことと、緑地が減少したことにより蒸発散による冷却が減少し、さらに日射の吸収・蓄熱が増加する。

③地表面の複雑化
　建物の密集や高層建築物の増加など都市のラフネス（凸凹）が増し、地表面が複雑化すると、上空に比べて風速が減衰することで放熱が減少し、凹部で多重反射や相互反射により日射などの放射熱の吸収率が増加する。また、建物に囲まれることで天空がふさがれ、放射冷却が抑制される。

④都市ドームの形成による温室効果
　都市内で発生した粉塵や温室効果ガスが都市ドームを形成し温室効果を持つことで都市内の気温を上昇させる。

2 ヒートアイランドの緩和

ヒートアイランドの緩和への方策としては以下のものがある。

①人工排熱の低減：省エネルギーの推進、交通流対策、未利用エネルギーの活用

②地表面被覆の改善：緑化の推進、水の活用と水面の維持管理

③都市形態の改善：緑地・水面の保全、風の通り道を確保する緑と水のネットワークの形成と、コンパクトで環境負荷の少ない都市づくり

④ライフスタイルの改善：エネルギー消費を抑制し、自然の潜在力を活かした生活を実践したり、環境を考え

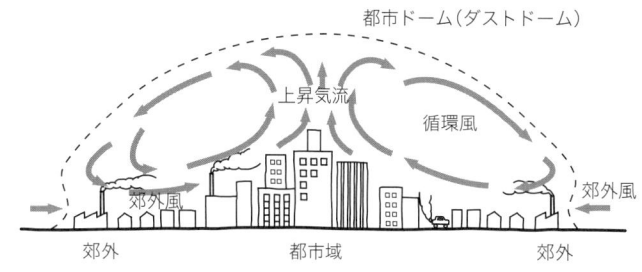

図11・1・3　ヒートアイランドの模式図と都市ドームの形成（無風に近いとき）
（出典：吉野正敏、山下脩二編『都市環境学事典』朝倉書店、p.17）

たライフスタイルへの転換をはかる

山や海に囲まれたわが国の都市は多様な気候風土を有しており、それらを有効に活用した対策を行うことが望まれる。ヒートアイランドの緩和に効果が期待される自然ポテンシャルとしては、海陸風、山谷風、都市内外の緑地・水面や河川等が挙げられる。各都市において、それぞれの地域の気候風土と自然のポテンシャルに配慮した都市の環境計画の策定を行う必要があろう。

3 大気汚染の防止

1　大気汚染の変遷

人間の活動に伴って排出された物質により大気の状態が変化すると、多くの場合好ましくない影響を及ぼす。これを大気汚染と呼ぶ。大気汚染は人間が都市を形成したときから始まったといえるが、産業革命以降、特に顕在化し社会問題となった現象である。

都市においての大気汚染の歴史的な典型例としてはロンドン型とロサンゼルス型がある[2]。ロンドン型は古典的な都市型大気汚染であり、主要発生源が不特定多数の暖房用の石炭利用である。ヨーロッパの都市では、薪や木炭に代わって石炭使用が急速に増加し、煤塵や硫黄酸化物（SO_x）などの排出が急増した。ロンドンでは19世紀以降、何度も大気汚染事件が発生していたが、1952年12月には、「ロンドンスモッグ」と呼ばれた煙（smoke）を含んだ霧（fog）、いわゆるスモッグ（smog）が立ちこめ、約4,000名が過剰に死亡するという事件が発生し、世界に衝撃を与えた。多数の死亡者を出したのは、空気中の水分と硫黄酸化物が反応してできた硫酸の霧（硫酸ミスト）が原因であるとされている。その後、石炭から石油へエネルギー源が移行して、煤煙を含む黒いスモッグから硫黄酸化物を中心とした白いスモッグへと変化していった。一方、ロサンゼルスでは、これまでとは性質の異なる光化学スモッグが1940年代中頃から問題となった。ロサンゼルス型は汚染物質の主要発生源が自動車であり、炭化水素（CH）と窒素酸化物（NO_x）が強い日射を受けて光化学反応を起こすことで生成された光化学オキシダントが原因物質である。これにより、1970年にはロサンゼルスで農作物に大被害を及ぼし、収穫量が

30%も減少したといわれている。こちらは夏に顕著になる。

日本の大気汚染の典型例としては四日市ぜんそくがあるが、これはコンビナートから発生する硫黄酸化物などの汚染物質によるものであった。図11・1・4に示すように、大気汚染の発生源は主に工場、事業所などの建物内での燃料使用、自動車である。発生源は工場や事業所などの固定発生源と自動車による移動発生源とに大別される。

2 大気汚染物質

主な6つの大気汚染物質について以下に概要を述べる。

① 硫黄酸化物（SO_x）：一酸化硫黄（SO）、二酸化硫黄（SO_2）など。石油系燃料の燃焼によって排出される。
② 一酸化炭素（CO）：不完全燃焼により発生し、自動車の排気ガスなどに含まれる。
③ 窒素酸化物（NO_x）：一酸化窒素（NO）、二酸化窒素（NO_2）など。高温での燃焼により空気中のO_2とN_2が反応してNOが、さらにNOが酸化してNO_2が発生する。呼吸器刺激性のガスである。
④ 炭化水素（CH）：天然ガスと石油の燃焼により発生する。光化学オキシダントの原因物質である。
⑤ 光化学オキシダント（O_x）：窒素酸化物と炭化水素が太陽の紫外線を受け、光化学反応を起こして生成される。目やのどや呼吸器への影響が認められ、光化学スモッグはこれによる。
⑥ 浮遊粒子状物質（SPM）：大気中に浮遊する粉塵や煤煙で、粒径が$10\mu m$以下のもの。

3 大気汚染対策

大気汚染の防止には発生源を抑えることが根本的な防止策であり、日本ではこれまで各種の規制により発生源を抑える対策が行われてきた。1967年には「公害対策基本法」が制定され、1993年には「環境基本法」に改められた。日本の大気汚染に関する環境基準を表11・1・2に示す。

工場や事業者などの固定発生源に対しては、濃度規制、燃料規制、総量規制などが行われてきた。これにより、大気汚染物質を除去するための集塵・排煙脱硫技術の向上、燃料のガス化、省エネルギー化などが進み、対策は着実な進展をとげた。移動発生源に対しては、自動車排出ガス規制、低公害車等の普及促進、自動車の効率的な利用や公共交通への利用転換等による交通需要マネジメント、交差点等の局地汚染対策などが進められている。しかし、自動車交通が集中する大都市圏の都心部などで依然として大気環境基準をクリアできない地点も少なからず存在するのが現状である。

日本の都市大気の測定局は、一般局と自動車排ガス測定局（自排局）がある。大気汚染物質の濃度の実態については環境省大気物質広域監視システムで汚染現況や注意報の発令状況がホームページ（http://soramame.taiki.go.jp/）で確認できる。

大気汚染は発生源を抑えることが対策の基本ではあるが、ヒートアイランドと同様、気候条件と密接に関係している。ヒートアイランドはすでに述べたように都市ドームを形成し、循環流を起こす。これが大気汚染を進行させるものとなり、密接な関係をもつ。そこで、各都市の気候特性と利用可能な自然ポテンシャルを十分考慮し、都市計画と一体

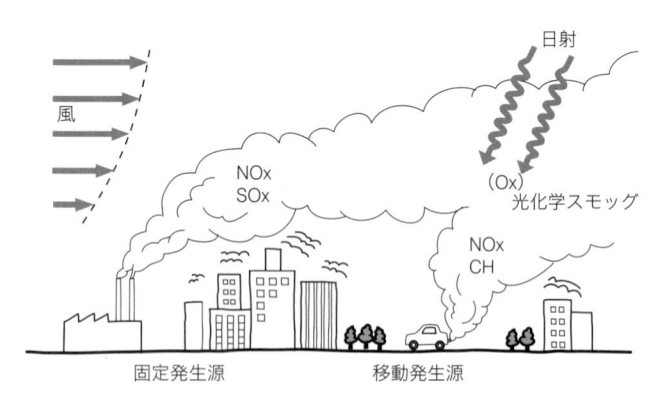

図11・1・4 大気汚染の分散（出典：紀谷文樹『建築環境設備学』彰国社より作成）

表11・1・2 大気汚染に関する環境基準

物質	化学式（略称、略号）	環境上の条件（設定年月日等）
二酸化硫黄	SO_2	1時間値の1日平均値が0.04ppm以下であり、かつ、1時間値が0.1ppm以下であること（昭48.5.16告示）。
一酸化炭素	CO	1時間値の1日平均値が10ppm以下であり、かつ、1時間値の8時間平均値が20ppm以下であること（昭48.5.8告示）。
浮遊粒子状物質	(SPM)	1時間値の1日平均値が0.10mg/m³以下であり、かつ、1時間値が0.20mg/m³以下であること（昭48.5.8告示）。
二酸化窒素	NO_2	1時間値の1日平均値が0.04ppmから0.06ppmまでのゾーン内又はそれ以下であること（昭53.7.11告示）。
光化学オキシダント	(O_x)	1時間値が0.06ppm以下であること（昭48.5.8告示）。
ベンゼン	C_6H_6	1年平均値が0.003mg/m³以下であること（平9.2.4告示）。
トリクロロエチレン	C_2HCl_3	1年平均値が0.2mg/m³以下であること（平9.2.4告示）。
テトラクロロエチレン	C_2Cl_4	1年平均値が0.2mg/m³以下であること（平9.2.4告示）。
ジクロロメタン	CH_2Cl_2	1年平均値が0.15mg/m³以下であること（平13.4.20告示）。
ダイオキシン類	（PCDD、PCDF、Co-PCB）	1年平均値が0.6pg-TEQ/m³以下であること（平11.12.27告示）。

（出典：環境省HP http://www.env.go.jp/kijun/taiki.html より作成）

的に大気汚染対策を考える必要がある。後述するように、ドイツのシュトゥットガルトは大気汚染を、都市の「風の道」を考慮することで都市計画的に改善したことで有名である。

4 酸性雨

窒素酸化物（NO_x）や硫黄酸化物（SO_x）は複雑な反応過程を経て硝酸（HNO_3）や硫酸（H_2SO_4）となり雨水に溶け込み、pH5.6以下の酸性雨をつくり出す。酸性雨は湿性大気汚染とも呼ばれ、森林や湖沼などへの影響の他、歴史的な石造建造物や人を含めた生物および生態系への影響があり、大きな問題となっている。特に中国などの先進諸国以外の国において問題が深刻化しており、これらは国境を越えて地球規模の汚染となっている。日本では日本海側で冬季に酸性雨が増加する傾向があり、大陸からの影響が示唆されている。

◢4 都市の「風の道」をデザインする

都市気候を緩和する手法として、建物や緑地の配置・形態に工夫をし、生活環境の改善を図る考え方や、自然界のポテンシャルにより発生する空気の循環系を活用する考え方がある。その代表的な事例が、都市における「風の道」のデザインである。「風の道」の実践事例としては、ドイツのシュトゥットガルトが有名である。シュトゥットガルト市は、ネッカー川の谷合に位置し、周辺を緑に包まれた丘に囲まれている。ドイツを代表する工業都市の一つであり、都市の発展に伴って大気汚染が深刻な環境問題となった。そこで、夜間冷気流を主とした山谷風の循環系に着目し、気候観測調査に基づいて「風の道」の計画を立案し、都市計画を推進した（図 11・1・5、6）。連続的な緑地帯を整備・保全する、主風向を考慮して道路を配置する、建築物の高さや隣棟間隔を規制するなど、風通しの良い街づくりを行うことにより、周辺の森林から新鮮で清浄な空気を中心市街地へと取り入れる「呼吸する都市」を実現した。ドイツでは、カールスルーエ等の諸都市でも同様な都市計画が展開されている。

日本では、ドイツの事例を参考にし、海風を主とした海陸風の循環系（図 11・1・7）に基づいた「風の道」計画の研究が進められてきており、国土交通省などがヒートアイランド対策として取り上げている。これは、海風により相対的に冷涼な空気が都市へと移流する現象に着目し、連続したオープン空間である河川を都市の「風の道」として積極的に活用することにより、環境に配慮した快適なまちづくりを実現しようとする提案である。早くから研究が行われてきた名古屋市での観測結果の一例を図 11・1・8 および図 11・1・9 に示す。これによると、夏季日中に海風が発達しているときには、河口付近と名古屋市北部では 5℃ 以上の気

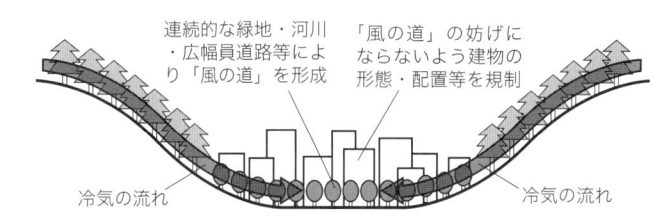

図 11・1・5 シュトゥットガルト市における風の道計画のイメージ

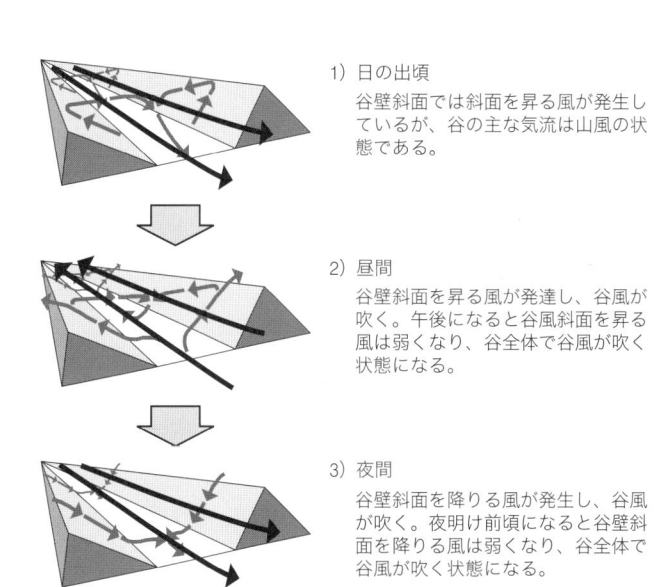

1) 日の出頃
谷壁斜面では斜面を昇る風が発生しているが、谷の主な気流は山風の状態である。

2) 昼間
谷壁斜面を昇る風が発達し、谷風が吹く。午後になると谷風斜面を昇る風は弱くなり、谷全体で谷風が吹く状態になる。

3) 夜間
谷壁斜面を降りる風が発生し、谷風が吹く。夜明け前頃になると谷壁斜面を降りる風は弱くなり、谷全体で谷風が吹く状態になる。

図 11・1・6 山谷風の循環（出典：吉野正敏『新版 小気候』地人書館より作成）

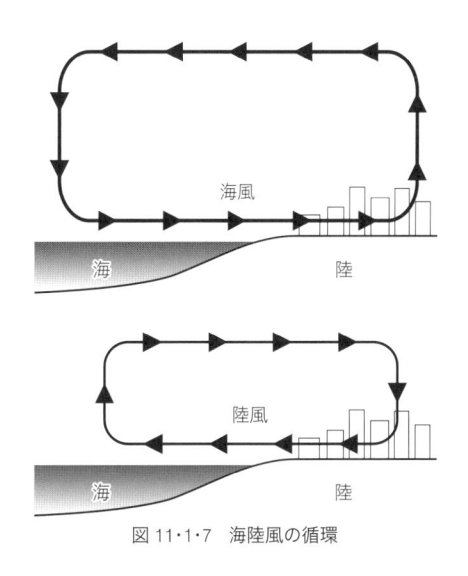

図 11・1・7 海陸風の循環

温差が生じており、海風による都市の暑熱環境を緩和する効果が十分に期待できることを示している。また、適度な風が吹くことにより、体感温度を下げる効果も期待できる（図 11・1・10）。

「風の道」をデザインする上でのポイントを以下に整理する。

①気候観測調査を十分に行い、地域の風環境の特性をよく理解する。
②緑地、河川、湖沼等の自然空間やオープン空間をうま

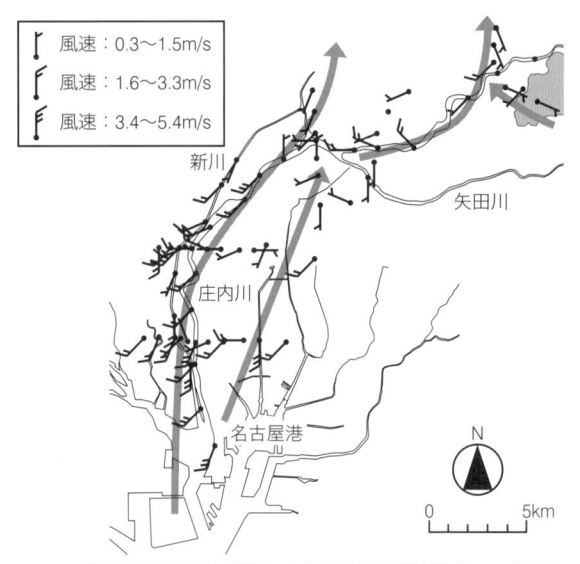

図 11・1・8　名古屋市庄内川・新川における風の観測結果（2001 年 8 月 3 日 14 時）

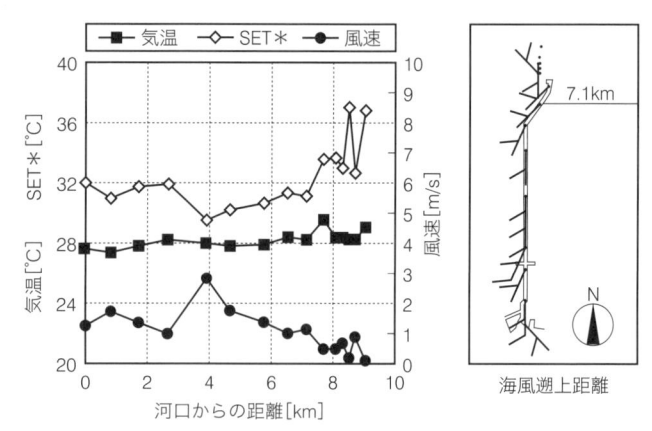

図 11・1・10　名古屋市中川運河における体感温度（SET*）の分布（1997 年 8 月 1 日 13 時）（出典：向井愛・堀越哲美「名古屋市中川運河における海風遡上が体感気候に及ぼす影響」『日本建築学会計画系論文集』第 553 号、pp.37-41、2002）

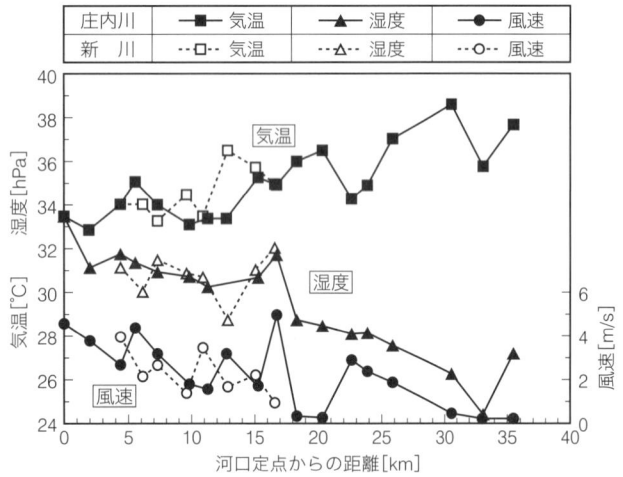

図 11・1・9　名古屋市庄内川・新川における気温・湿度・風速の観測結果（2001 年 8 月 3 日 14 時）

写真 11・1・1　「風の道」を考慮した都市デザインの提案例（提供：名古屋工業大学・堀越研究室）

く活用しながら、連続的な「風の道」を整備する。
③建築物の配置・形態等に配慮し、風通しの良いまちなみを形成する。
④単に環境問題の改善を目的とするのではなく、都市のアメニティの向上を図るための空間デザインを心がける。
⑤冬季に寒冷な季節風が吹く地域等では、利風とあわせて防風の工夫をする。

11・2 都市の緑地が果たす役割

1 緑地の効果

緑と人間のつながりは有史以来様々な形で現れているが、それは緑が様々な効果を有しているためである。環境の調節という側面からみると、緑はエネルギーを必要としない、メンテナンスが容易、寿命が長いという点で人工物では代替が難しい複合的な効果を有している。緑地の効果をまとめると表 11・2・1 のようになる。

表 11・2・1　緑地の効果

物理的効果	CO_2 固定、空気浄化、気候の緩和 雨水流出緩和、土壌の保全（浸食防止） 騒音・振動の低減、防火・防熱・防風
生態的効果	野生動物の誘致・繁殖、植物の保護・繁殖 生態系の創出
心理的・生理的効果	リラックス・リフレッシュ、景観向上 植物揮発成分による生理効果
その他の効果	環境教育、歴史的文化的効果 避難場所・広場の創出、生産、集客

（出典：山田宏之「ヒートアイランド対策としての都市緑地」緑の読本　シリーズ 57、公害対策技術同友会、pp.66-74 より）

❷緑地の気候緩和効果

　植物は土壌から水分を吸収し、太陽からの光により光合成を行い、葉から水分を蒸散している。樹木は日射を遮り、防風の効果がある。さらに植物は炭酸ガスを吸収する他、騒音を吸収するなどの効果を持ち、大気中の粉塵を吸着させるものもある。都市内部の大規模緑地は大気汚染対策として有効であるばかりでなく、コンクリートやアスファルトなどの人工構造物とは熱的特性が異なることで、地表面の熱収支や蓄熱の改善が期待できる。図11・2・1に、不透水材料で熱容量の大きなコンクリートやアスファルトより、透水面である裸地や芝生の表面温度が抑えられていることが示されている。また、図11・2・2に示されるように、植生の土地被覆率が高くなると気温が低下する。図11・2・3は東京の気温分布を示しているが、大規模緑地である新宿御苑、明治神宮で気温が低いことが示されている。皇居内、赤坂御所の敷地内は実際には測定されていないが同様の気温低下があると考えられる。都市内の大規模緑地は夏季には低温域を形成し、都市のヒートアイランドを緩和する「クールアイランド」効果を持つ。図11・2・4は名古屋市熱田神宮周辺の気温分布であるが、同様にクールアイランドを形成している。緑地の相対的に冷たい空気が周囲へにじみ出し、都市の暑熱環境を緩和している様相が示されている。まとまった高木の多い緑は大きい効果をもっている。

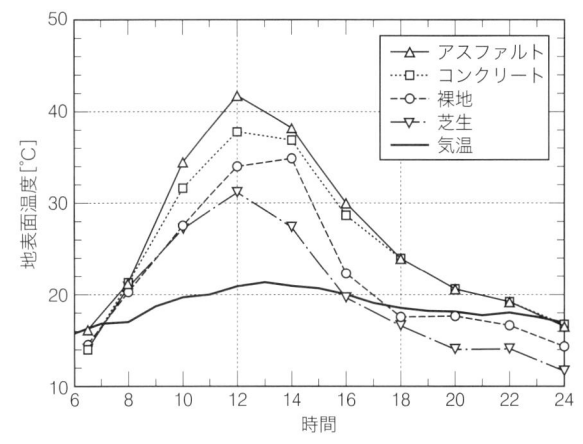

図11・2・1　地表面温度の日変化（出典：近藤純正『地表面に近い大気の科学』東京大学出版会、p.117）

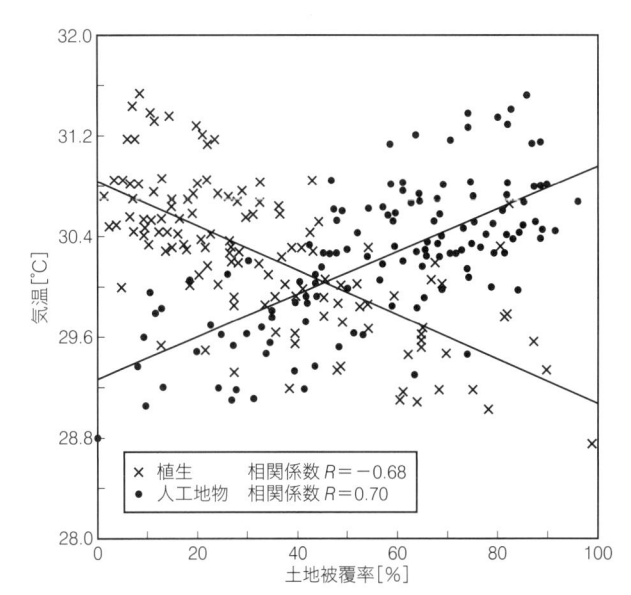

図11・2・2　夏季日中の植生および人工地物の被覆率と気温の関係（浦野良美編著「住宅のパッシブクーリング」森北出版株式会社、p.36）

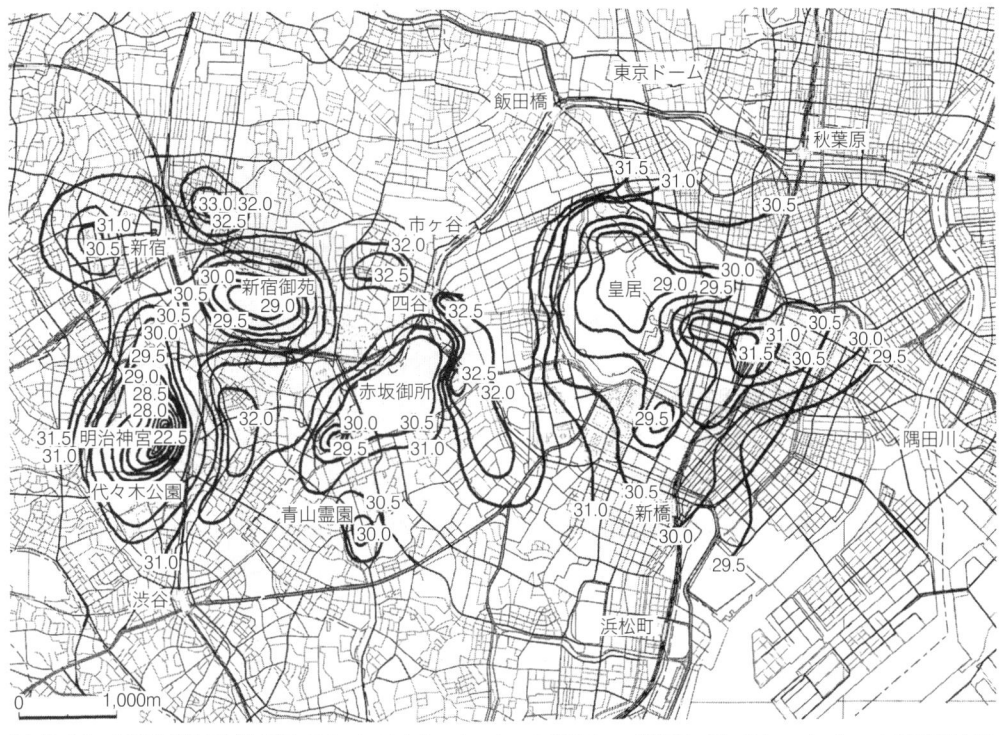

図11・2・3　東京における気温分布（出典：山田宏之「ヒートアイランド対策としての都市緑地」『緑の読本』シリーズ57、公害対策技術同友会、pp.66-74）

❸ 都市における緑化のタイプとその機能

都市の緑化には以下のようなタイプがある（図11・2・5）。

① 分散タイプの緑：地表面の緑化、屋上緑化、壁面緑化などがあり、これらを立体的かつ連続的にネットワーク化していき、緑化の絶対量を増していくことで、都市全体でヒートアイランドを弱める。

② 緑地帯（グリーンベルト）：連続した大都市を緑地で区切り、地震火災などへの備え（防災緑地）とするとともにヒートアイランドを分断し小さくする。

③ 高層化による地表面の解放と緑地化：地表面に公共的緑地空間を設け、水平方向のヒートアイランドを解消する。しかし、高層化によりエネルギー使用量の増加が懸念される。

④ 緑と風の道：海陸風や山谷風などの地域循環風が都市の大気を入れ替える効果を有しているため、緑を適切に配置し、河川などの連続したオープンスペースを利用して大気の誘導を図る風の道をつくることで、ヒートアイランドの緩和とともに大気の浄化をする。

❹ 緑と屋外空間

図11・2・6は広重の描いた木曾街道六十九次の一場面であるが、人々が大木の影で休んでいる様子が描かれている。緑は微気象を緩和し、夏季には涼しい日陰をつくり出し、都市空間の中に心地よい休憩場所を提供してきた。写真11・2・1は、旧東海道、御油の松並木である。街路空間が松の並木により囲まれることで、夏季には日射を遮り暑さを和らげ、冬季には風を遮断し寒さを和らげたことがわかる。歩行者にとってアメニティを向上させる空間を提供していたと推察される。いずれも緑が都市空間や屋外空間において有効に活用されている事例である。写真11・2・2は都市内緑地での風景であるが、人々が緑地でリラックスしたりリフレッシュしたりする様子が見られる。このように、緑は単に物理的効果を持つだけでなく、アメニティを向上させ、人々のリクリエーションの場として心理・生理的効果

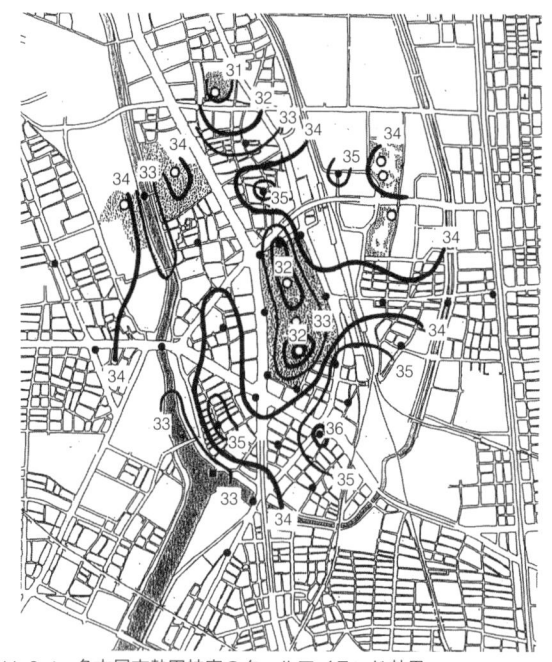

図11・2・4 名古屋市熱田神宮のクールアイランド効果（出典：堀越哲美「風の道の利用―名古屋市での事例から」緑の読本 シリーズ66、公害対策技術同友会、pp.32-37）

① 分散タイプの緑によるヒートアイランドの軽減

② 緑地帯によるヒートアイランドの分断

③ 高層化による水平方向のヒートアイランドの解消

④ 風の道・冷気の誘導によるヒートアイランドの緩和

図11・2・5 都市緑化のタイプ（出典：都市環境学教材編集委員会編『都市環境学』森北出版、p.86より作成）

図11・2・6 木曾街道六十九次「伏見」。大木の影で人々が休憩している（出典：萩島哲『風景画と都市景観』理工図書、p.83）

写真11・2・1 東海道「御油」の松並木（撮影：宇野勇治）

を有し、景観を向上させ、さらに文化や歴史を育んできたのである。さらに、阪神大震災のときに有効性が明示されたのが、火災の延焼防止効果である。防災面も含めて計画することが肝要である。

11・3 都市の中の風と日照

建物が林立する都市域では、建物の凸凹が障害物となり、上空の風速に比較して、地上付近の風速が著しく弱くなる（図11・3・1）。都市域では上空の大気と地上付近の空気との混合が少なく、排出熱が拡散されにくい状況となる。一方で、単体の高層建築物の周辺では、第10章10・1で述べたように強風域が出現し、いわゆるビル風として問題となることもある。図11・3・2のように同一建物でも風向により強風の現れる部分は異なる。風に対して見付け面積が大きいほど、建物が多くの風をせき止め、強風の出現する領域が広くなる。また、隣棟間隔が狭くなると、局所的に風速が大きく増加する場所が現れる（図11・3・3）。

都市は様々な建物と街路・広場により構成される。一般に都市化が進むと建物が高層化し、街路空間は建物により囲まれた谷間のような形態となる。このような空間はストリートキャニオン（またはアーバンキャニオン）と呼ばれる。ストリートキャニオンは道路面と建物により囲まれた半閉鎖・半解放空間であり、建物や地表付近からの排熱、日射や風、さらには建物表面や地表面からの放射熱が作用して複雑な熱環境を形成する。

ストリートキャニオンにおける環境は、街路の方位や道路幅員、建物の高さなどにより異なる。都市の形態と街路の関係に着目してみると、放射状の街路に環状の街路を組み合わせた形態の都市もあれば、碁盤の目状の形態をした都市もある。放射状の都市では街路の方位によって受ける日射や風の影響が異なるため、熱環境が異なってくる。碁盤の目状の都市は一般に東西と南北の街路によりつくられる場合が多いが、東西街路と南北街路に形成される環境は大きく異なる。図11・3・4は街路の方位と日照の関係を表したものである。北緯35°の地点において、建物高さ（H）が道路幅員（D）の1.5倍（$D/H = 2/3$）の場合である。南北の街路は正午前後のわずかな時間しか日照に恵まれない。東西の街路は冬至の場合、道路面上には全く日照がない。北国では、これらの違いが道路の雪の溶け方の違いとなって現れる。南北街路では昼間に日射により雪が溶け出しシャーベット状になるが、東西街路では日が差さず雪が溶けない。これらは交通への影響をもたらす場合もある。なお、D/Hが増減する場合は、図を短縮・延長することで日照の検討ができる。

都市化が進めばキャニオンが深くなり、地上から見える

写真11・2・2　都市内緑地の風景（スウェーデン、イェーテボリ）

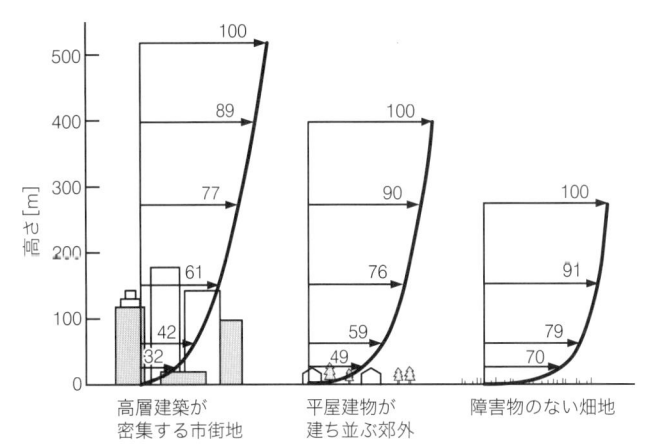

図11・3・1　都市域の風の鉛直構造（出典：Davenport, A. G.: *The relationship of wind structure to wind loading.* 1st Int-Conf. on Wind Effects and Structures. 1965, pp.53-111 より作成）

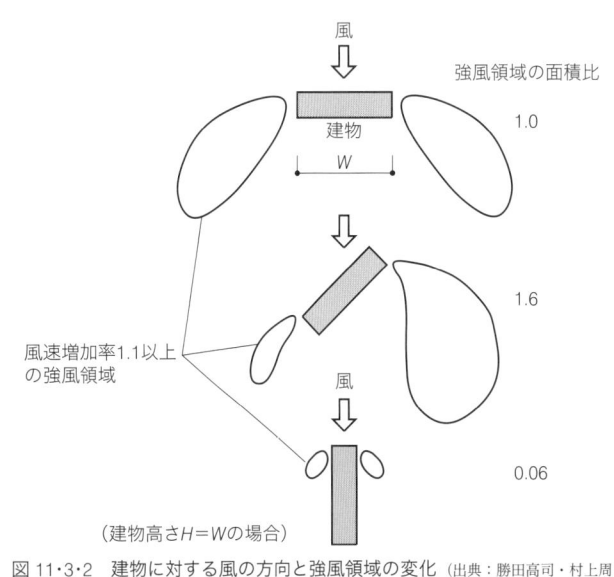

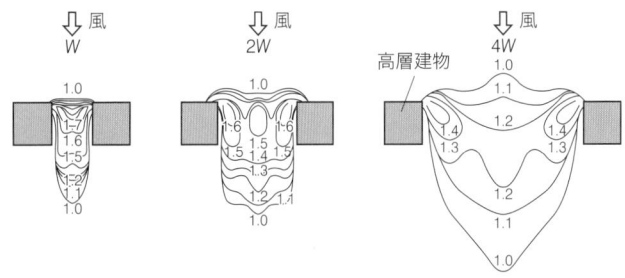

図11・3・2　建物に対する風の方向と強風領域の変化（出典：勝田高司・村上周三ほか『日本建築学会論文報告集』No. 233、「建物周辺に発生する強風ならびに防風垣による強風の遮蔽に関する風洞実験（その1）単独模型の場合」、(社)日本建築学会、1975）

図11・3・3　隣棟間隔と風速増加率（出典：『新建築学大系8 自然環境』彰国社）

空の占める割合（天空比または天空率）が小さくなる。その天空比とヒートアイランドとの関係をあらわしたものが図11・3・5である。天空比が小さくなるほど、ヒートアイランド強度が大きくなることが示されている。

11・4 都市の水辺と親水性

古代文明の発展には河川の存在が大きく関係していることからも明らかなように、都市の発展には水の確保とコントロールが重要な課題であった。日本の例を見ても、江戸はかつて町中に堀が張り巡らされた水運都市であり、水辺は庶民の憩いの場として重要な空間であった（図11・4・1）。また、農村集落では農業用水の確保と水害の防止は重要な課題であったし、集落内に水路を張り巡らせる地域も多く見られ、生活環境と水は密接な関係にあった（写真11・4・1、2）。しかしながら、戦後の高度成長期における都市開発の中で、河川の暗渠化や水面の埋め立てなどにより、市街地における親水性が著しく低下した（図11・4・2）。そして、近年では、ウォーターフロントの開発、親水性の高い商業空間の開発、ビオトープや多自然型川づくりによる自然環境の保全等、都市における水辺環境の重要性が再認識されて

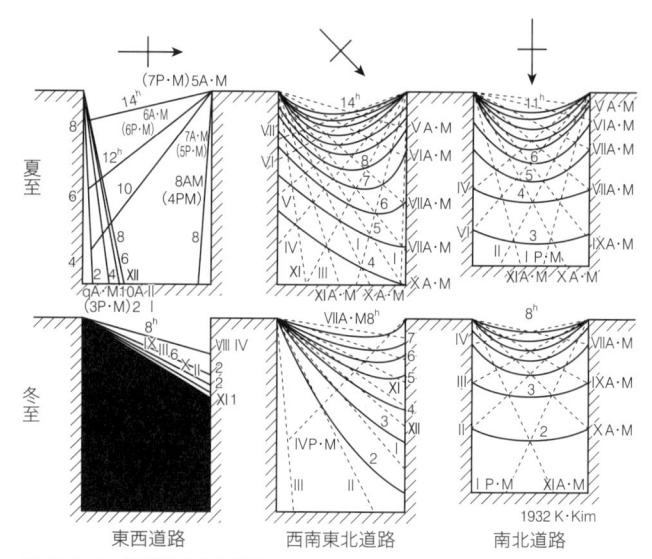

図11・3・4　街路の方向と日照（出典：木村幸一郎『建築計画原論』共立出版、p.154、1949）

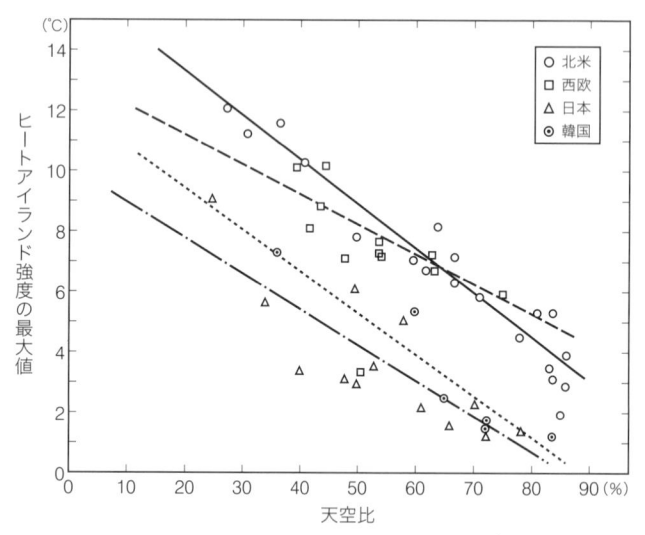

図11・3・5　天空比とヒートアイランド強度（出典：朴恵淑、野中健一『環境地理学の視座』昭和堂、p.24）

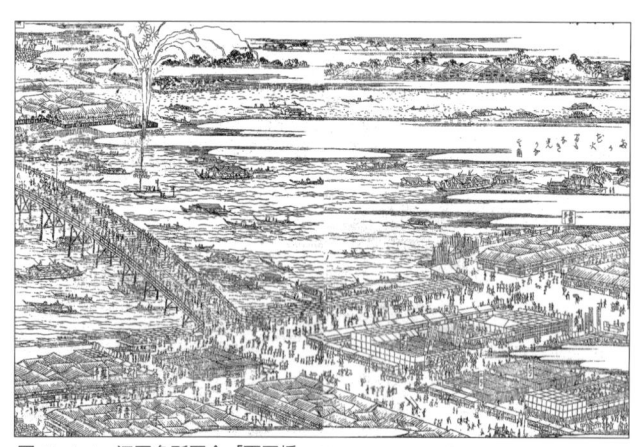

図11・4・1　江戸名所図会「両国橋」（出典：吉川半七編『日本図会全集　江戸名所図会』吉川弘文館、pp.80-81、1928）

写真11・4・1　伝統集落の水路（滋賀県東近江市五個荘集落）

写真11・4・2　水路を敷地内に引き込んだカワト（洗い場）（滋賀県東近江市五個荘集落）

きている（写真 11・4・3、4）。韓国のソウル市では老朽化した高架道路を撤去し、暗渠化されていた都市河川を復元した。一度は失われた親水空間を中心市街地に再生したのである（写真 11・4・5）。

都市には、河川、水路、池、湖沼、海などの水環境が存在する。そして、水体のもつ熱容量や水面からの蒸発散作用には都市を冷やす効果がありクールアイランドが形成されることや、連続的なオープン空間である河川が「風の道」としての働きを持つなど、水辺空間のデザインはヒートアイランドの緩和に対しても、第 11 章 11・2 で述べた緑のデザインとともに重要な役割を担う。また、これらは人工物に覆われる市街地において貴重な自然要素であり、心理的な面からも都市のアメニティ向上には欠かせない存在であるとともに、動植物にとっても重要な環境である（図 11・4・3）。また、イベントや祭事などの文化的・伝統的な活動を行う空間としての役割を果たすことも多い。

都市の水辺環境をデザインする上で重要な要素の一つは、親水活動のテーマ設定である。親水活動には、水遊び、水

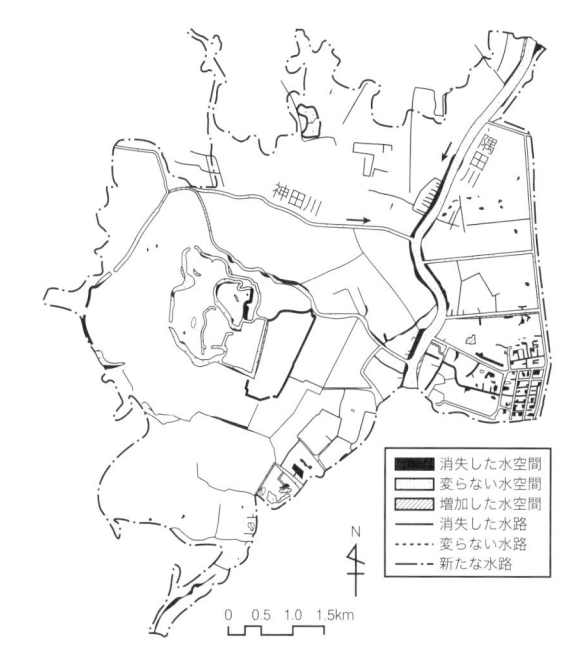

図 11・4・2　東京の水辺空間の変遷（出典：松浦茂樹・島谷幸宏『水辺空間の魅力と創造』鹿島出版会、p.2、1987）

写真 11・4・3　河川沿いの飲食店（名古屋市堀川の納屋橋付近）

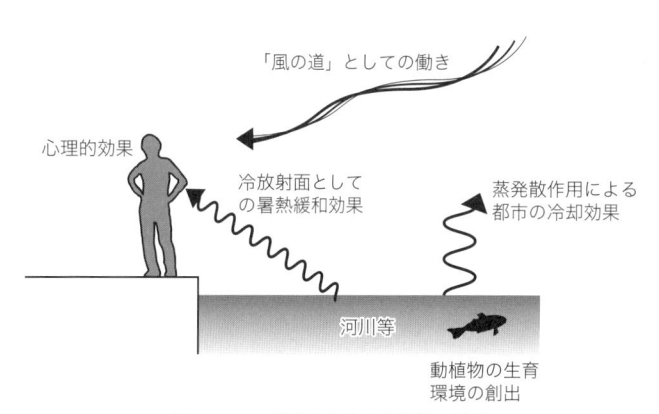

図 11・4・3　都市における水環境の効果

写真 11・4・4　積極的に親水空間を創出した商業施設（天一広場：寧波市（中華人民共和国））

写真 11・4・5　復元された都市河川（清渓川：韓国ソウル市）（撮影：堀越哲美）

泳、釣り、水上スポーツ（ボート、カヌー等）といった水と直接的に触れあうものと、散策、ジョギング、写生等の水辺を含む景観を間接的に楽しむものとがあり、それぞれのテーマによりデザインの方向性が大きく異なる。また、水質や水量といった水に関する基本的な条件の他に、地域と水辺との歴史的な関わり、文化的活動、動植物等の生態系の状況等を事前に調査しておくことが水辺環境のデザインには必要である。

11・5 都市の騒音・振動を防ぐ

都市の中では多様な音源からの大小様々な音が存在することは、誰もが日常的に体験していることである。それらの音は、「好ましい音」「望ましい音」あるいは「聞きたい音」といった快適な環境要素となるものばかりではなく、「好ましくない音」「望ましくない音」あるいは「聞きたくない音」といった、騒音に溢れている場合が少なくない。屋外における主な騒音源としては、工場・事業所、建設作業、自動車・鉄道・航空機等の交通機関、深夜営業などが挙げられ、これらは騒音と同時に振動の問題を起こしている場合が少なくない。

音の強さは音源からの距離の2乗に反比例して低下するため、騒音対策の基本は、騒音源から距離を離すこととなる。しかしながら、都市においてあらゆる騒音源から離れるのは極めて困難である。騒音対策は以下の3つに大別される。

①音源対策

工場の防音性能を高める、道路に騒音効果のある高機能舗装を用いるなど、騒音源の低騒音化を進める。

②伝搬経路対策

音が音源から受音側に到達する経路において、遮音・防振・吸音等の設計を行う。具体的には、工場や道路の周囲に緩衝緑地帯を設ける、高速道路や鉄道に防音壁を設ける、といった方法が挙げられる。

③受音側対策

建築物の防音性能そのものを高める他にも、建築物の配置や平面計画を工夫することにより騒音対策となる。例えば、コンサートホールを設計する場合には、事務や倉庫等を幹線道路側に配置し、ホールは幹線道路からできるだけ離して配置するとよい。あるいは、図11・5・1に示すような鉄道沿いの敷地における集合住宅の配置では、Aのように線路と垂直に配置すると、騒音が住戸間を抜け、すべての住戸に防音対策が必要となる。一方、Bのように線路に平行して住戸を配置し、線路に面する住戸の防音・遮音性能を高めることにより、奥の住戸への騒音が軽減され、総合的には経済的に騒音対策を行うことができる。また、各

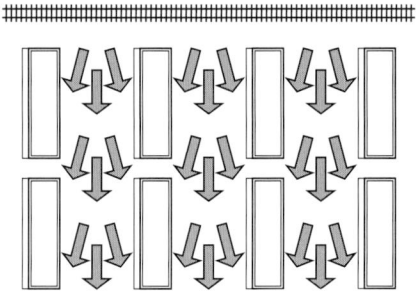

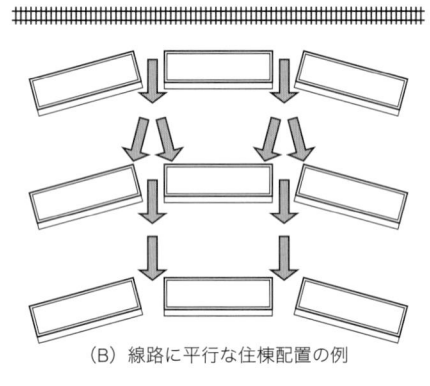

図11・5・1　線路沿いの住戸配置の例（出典：環境工学教科書研究会『環境工学教科書』彰国社より作成）

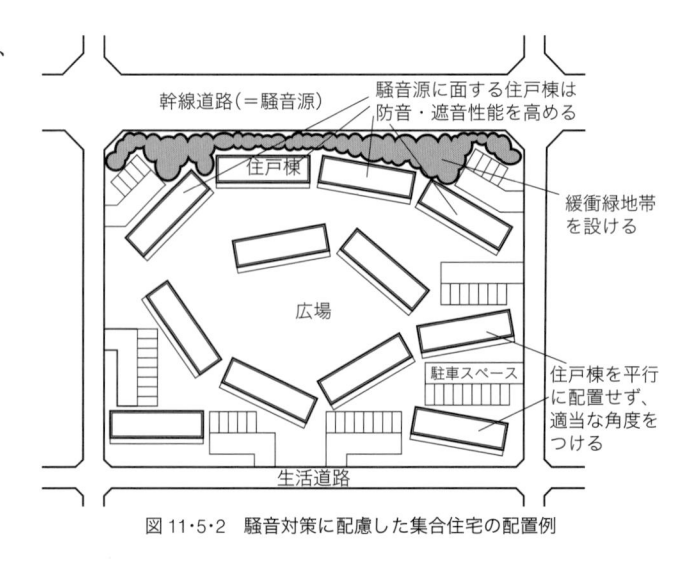

図11・5・2　騒音対策に配慮した集合住宅の配置例

住戸を平行に配置せず、適当な角度をつけることにより、音が反響せず、拡散させることができる（図11・5・2）。

一方、水の流れる音や小鳥の鳴き声といった自然の音は、人々に快適に聞こえる場合が多くあり、都市の音環境デザインに取り入れることは有効である。例えば、水の音を利用した昔ながらの音響装置として、水琴窟というものがある（図11・5・3）。このような効果を利用して、都市の休憩場所にせせらぎ、噴水、小さな滝等を設け、潤いのある空間デザインを実践している事例も見られる（写真11・5・1〜3）。このような音があることで、その場を表わし、想起させ、楽しむことを演出する音のことをサウンド・スケープ（音の風景）と呼ぶ。

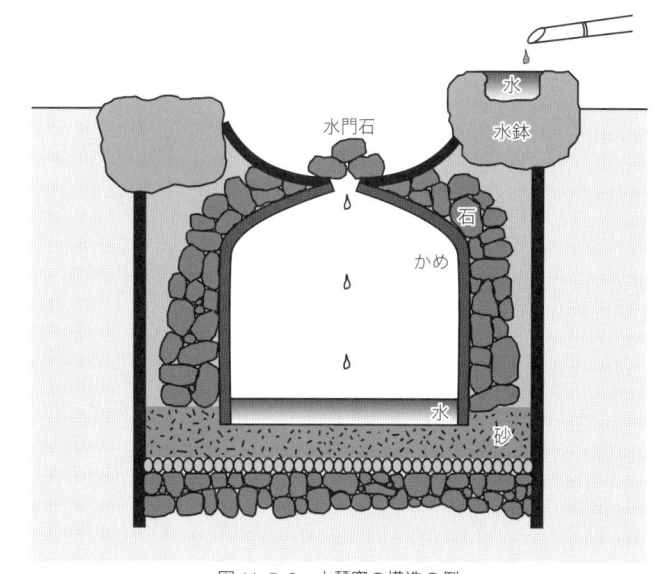

図11・5・3　水琴窟の構造の例

写真11・5・1　噴水機能の付いた親水施設（オアシスパーク：岐阜県各務原市）

写真11・5・2　公園内の水路（霞ヶ浦総合公園：茨城県土浦市）

写真11・5・3　水の流れる壁面（つくばセンター広場：茨城県つくば市）

11・6 都市と気候景観

　気候景観とは、ある地域の気候的な要因が直接的あるいは間接的に影響して形成された景観のことである。例えば、日本の集落景観に着目すると、風の強い地域では屋敷林や防風垣といった気候景観が見られる。写真11・6・1は茨城県つくば市洞下集落の空中写真である。この地域では冬季に「筑波おろし」と呼ばれる寒冷な季節風が吹くことで知られている。そのような気候風土において、集落を取り囲むように配置された連続的な屋敷林に囲まれた独特な景観が形成されたのである。図11・6・1は洞下集落で行った気候観測調査に基づいて作成した、冬季の風向および風速分布図の一例である。連続した屋敷林による防風効果が明確に現れており、集落の外では最大で4m/s以上の強風が吹いているが、屋敷林に囲まれた集落内部では風が弱い。筑波山麓地域では、「イグネ」「イキグネ」等と呼ばれる防火・防風のための生垣も各地で見られる（写真11・6・2）。また、屋敷林や防風垣の他にも、新潟県等の豪雪地域で見られる雁木や、長野県諏訪地方で見られるタテグルミ（写真11・6・3）など、建築デザインとして表出する気候景観も各地で見られる。このように、気候風土と調和した文化的景観を形成してきた伝統的なデザインはパッシブデザインの基礎で

写真11・6・1　茨城県つくば市洞下集落の空中写真（出典：国土地理院撮影の空中写真。2001年10月19日撮影）

図11・6・1　洞下集落における風向風速の観測結果の事例（2006年1月8日13時30分）

写真11・6・2　筑波山麓の「イキグネ」の事例（茨城県石岡市大増集落）

写真11・6・3　タテグルミの事例（長野県諏訪市）

あり、これからの環境と調和した建築・都市デザインを考える上でとても重要な要素である。

　現在の日本における都市や住宅地のデザインを見ると、地域性に欠け、どこにいっても同じような風景が形成されている印象を否定できない。しかし、パッシブデザインとしての気候景観の形成を意識することにより、地域性に富んだ都市デザインの展開の可能性があると考えられる。例えば、ギリシャのミコノス島等で見られる白い街並み（写真11・6・4）や風車の並ぶ風景（写真11・6・5）や、パキスタン等の中近東で見られる採風装置（図11・6・2）などは、その好例である。あるいは、現在の日本の都市における街路樹や公園に植えられた樹木を見ると、地域性を無視した樹種の選定が行われていることが少なくない。この点については、景観としての問題だけではなく、生態系保全や生育不良による維持管理上の点からも課題がある。

　新たな気候景観の形成という視点から建築・都市デザインを考えることにより、地域の気候風土に調和した環境負荷の少ない都市生活の実現とともに、地域アイデンティティーの確立につながる景観デザインの展開が期待できる。

写真 11・6・4　ミコノス島の白い街並み（ギリシャ）

写真 11・6・5　ミコノス島の風車（ギリシャ）

図 11・6・2　パキスタンにおける採風口がある住居

参考文献

11・1
1) 吉野正敏『気候学の歴史』古今書院、p.171、2007
2) 福岡義隆編著『都市の風水土―都市環境学入門』朝倉書店、1995
3) 吉野正敏『新版　小気候』地人書館、p.171、1986
4) 橋本剛・堀越哲美「名古屋市近郊に位置する庄内川及び新川の海風の「風の道」としての働き」（『日本建築学会環境系論文集』第571号、pp.55-62、2003）
5) 向井愛・堀越哲美「名古屋市中川運河における海風遡上が体感気候に及ぼす影響」（『日本建築学会計画系論文集』第553号、pp.37-41、2002）

11・4
1) 吉川半七編『日本図会全集　江戸名所図会』吉川弘文館、pp.80-81、1928
2) 松浦茂樹・島谷幸宏『水辺空間の魅力と創造』鹿島出版会、p.2、1987

11・5
1) 環境工学教科書研究会『環境工学教科書』彰国社、p.195、1996

11・6
1) 矢沢大二『気候景観』古今書院、1953
2) 橋本剛・堀越哲美・鈴木健次・長野和雄・兼子朋也・石井仁「屋敷林に囲まれた集落に形成される微気候　冬季における防風効果」（『日本建築学会大会学術講演梗概集』D-1、pp.519-520、2006）

第12章 人間のための建築・都市の環境デザイン

12・1 伝統建築から学ぶ

　伝統的な住宅（民家）は限られたエネルギーを用い、自然から身を守ると同時により過ごしやすい生活空間を求めてつくられてきた。集落は山林、耕作地などと一体となり、生活と生業の中でものや資源、エネルギーが循環するシステムとして成立してきたといえる。現代の都市は快適さやプライバシーと引き換えにエネルギーの大量消費や都市の暑熱化など様々な問題を抱えている。集落や民家が長い歳月にわたり変わらない環境と社会を持続してきたことを考えると、適度な環境調整能力と住処としての有効性を有していると推察される。

　伝統的な日本家屋の主な特徴として屋外に対して開放的である点が挙げられる。「開放系の技術の特徴は、多くの試行錯誤と長い経験的な積み上げが伝統として継承され、形として集積された総合デザインである点で、効果の確認さえも困難な多くの工夫が生活感覚を通して判断され、民家や町家として引き継がれている。」[1]とする意見もあり、そこから学ぶことの重要性が訴えられている。国内において地域による風土性の違いは明らかであり、伝統的住宅や集落のつくり、住まい方を捉え、そこに蓄えられてきた住文化と知恵を現代につなげてゆく必要がある。

❶ 伝統的住宅の環境調整手法

　伝統的な住宅には、夏季の蒸し暑さを緩和するための自然の潜在力や伝統的な手法をはじめとして、エネルギーを最小限とする原理や工夫を多く有している。そしてこれらを活かした住まいづくりの必要性はかねてから指摘されてきた。具体的な伝統的住宅の環境調整手法としては、

①日射遮蔽：軒（写真12・1・1）、ひさし、よしず、簾、障子、植栽（防風林を含む）など

②通風利用：大開口、格子戸、欄間、通り庭など

③排熱・放熱・通風促進：吹き抜け天井（写真12・1・2）、煙出し、床下換気、中庭など

④屋根断熱：茅葺屋根など

⑤蒸発冷却：茅葺屋根、土間、植栽など

⑥湿気調節：土壁、板壁、畳など

⑦蓄冷熱：土蔵造、土間（写真12・1・3）など

❷ 伝統的住宅に見られる防寒手法

　伝統的な住宅では、現代の断熱・気密による防暑・防寒手法の性能には及ばないものの、防寒のための様々な工夫が行われていた。例えば、冬季の冷たい季節風から住宅を守る防風林は燃料となる薪供給源でもあり、現代においては地域景観の重要な要素として、その保全・活用が望まれるところである。厚い茅葺の屋根や土壁などの住宅形態も環境調節の手段である。防寒手法をまとめると以下のようになる。

①断熱：茅、藁等による「雪囲い」（写真12・1・4）、茅で壁をつくる「茅壁」、開口部の最少化

②地熱利用・断熱：土間（土面）に藁、もみ殻を厚く敷き、その上にむしろ敷いて座る「土座」

③間取り：厩などの内部化

④熱容量：土蔵造

⑤防風：季節風・局地風に備えた防風林・生垣・板塀の他、藁・薪・竹等による風除け

写真 12・1・1　深い軒と縁側空間。旧西山家住宅（近江八幡市）

写真 12・1・2　町家の吹き抜け。旧西山家住宅（近江八幡市）

写真 12・1・3　民家の土間（川崎民家園）

写真 12・1・4　雪囲い。富山の民家（川崎民家園）

⑥採暖:「いろり」による採暖、「かまど」の調理用発熱の活用
⑦居住地選択・地形利用:日照の良い土地を選択、北西が丘陵である土地を選ぶ、斜面を掘削する、土塁を構築するなど。

❸ 民家の室内外気候

太平洋側地域における農家住宅としての民家の多くは、南側に作業用の庭を設け、防風を兼ねた植栽で屋敷を囲む場合が多く見られた。中高木を含む防風林は冬の季節風を防ぐとともに夏には日陰をつくった。図12・1・1では深い軒が日差しを遮るとともに厚い茅屋根が断熱材として日射熱の侵入を防いでいることを示している。茅屋根の厚さは60cmを超えるものもあり、すぐれた断熱材としても機能している。降雨後や夜露による茅屋根への水分の保持は、そのあとの晴れの日には茅屋根からの蒸発冷却による屋根裏の温度低減が実現できた。また住宅南側が温まり、北側が日陰で冷やされると空気密度の差から空気の揺らぎが期待できたようである。室内の風の道は卓越風向を考慮しながら南北を中心に開口部が設けられ、屋根に煙出しを設けて上下方向の風の道が確保されたものも見られる。

❹ 町家の室内外気候

京都の伝統的町家における夏季の観測事例では、日の当たる坪庭と日の当たらない坪庭の温度差を利用し、これにはさまれた居室に気流を生み出す効果があることが示されている[2](図12・1・2)。庭木に覆われた中庭から室内への冷放射も期待できるとしている。坪庭で冷やされた空気が通り庭を通じて流入し、夜間にはオクの床付近を冷やす効果があるなどの知見もある。岐阜県高山の吹き抜けを有する民家を対象として行った実測では、民家の吹抜部において上昇気流が認められ、居住域において気温を緩和する効果があることを確認されている[3]。温度差換気を利用した通風計画が古くから行われていたことがわかる。暑さの中で涼しさを演出する工夫が随所に見られ、外部の風を取り込むだけでなく、庭と庭、庭と道路との圧力差を利用した風

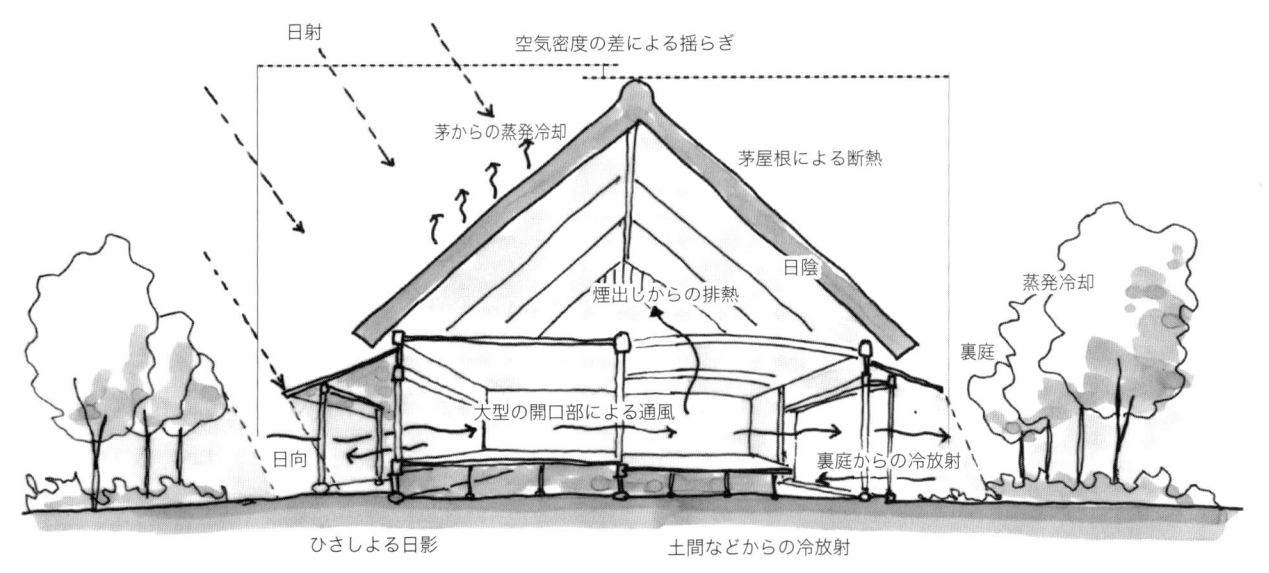

図 12・1・1 民家の室内外気候

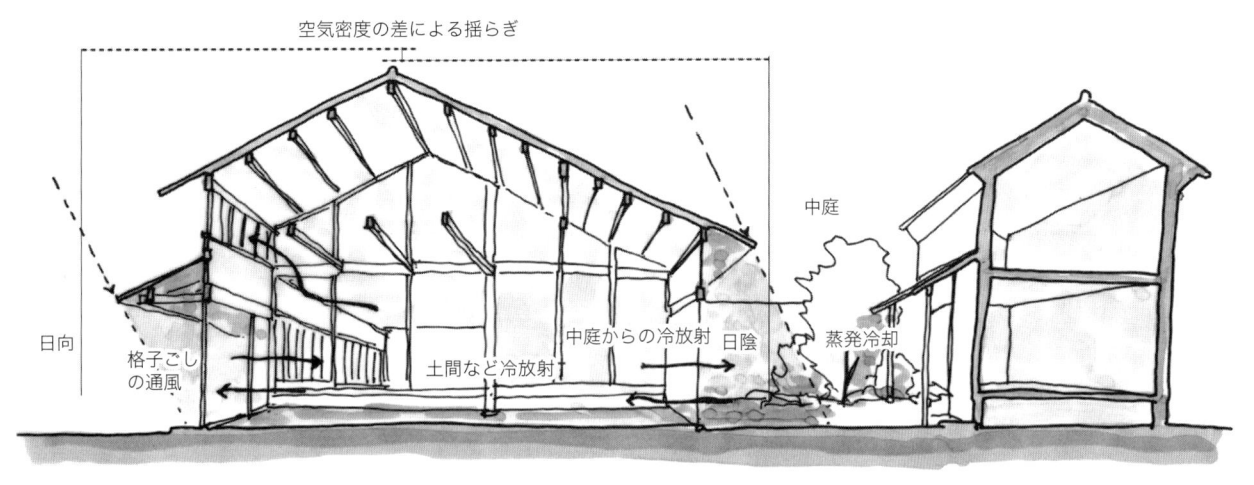

図 12・1・2 町家の室内外気候

の流れや空気の揺らぎがつくり出されていた。また中庭や道路で打ち水をすることでも気温低減の効果が期待できる。

5 伝統民家の開口部と気候

伝統的な日本家屋の夏季における有効な環境調節手法の一つは外部に対する開放性である。外部に対する開放性は、しのぎやすい生活空間を求めて様々な工夫を加えてきたものである。その工夫の地域による差異は気候的側面によるところが大きい。その例として、図12・1・3に伝統的住宅における各方位の開口部形態（開口比）を指標とした地域区分を示す[4]。図12・1・4に各地方における民家平面図の例を示す。寒冷な地域と比較的温暖な太平洋側の地域で各方位の開口部割合は異なっていたことがわかる。九州南部では南東から南西にかけて大きく開口が設けられ、東海・近畿では南北を中心に開口部が設けられている。山間部では谷筋や山地地形に対応したため特定の方位に開口部が設けられていない。これまで日本の伝統的住宅は大きな開口部を有するものとして、その地方性には言及されてこなかった。しかし、建築を計画する上で、経験的に培われた伝統的住宅の開放、閉鎖性能の地域的特性を知ることは設計上考慮すべき事項であると考えられる。

6 伝統を現代につなげる

持続可能性を考える場合、木造で可能な建物は木造で、土壁など自然素材で可能な部分は自然素材でという考え方も重要になる。また地域の気候風土や素材を考慮してデザインすることは、地域の景観にも寄与するものと思われる。日本の伝統や文化を改めて見直し、学ぶべきは学び、現代へ再生する方法を考え、環境にも住まい手にも負荷をかけない長生きできる愛される家づくり、まちづくりをすべきではないだろうか。国産材は今や決して高いものではなく、すぐれた職人は再び増えつつある。健康的な生活環境を確保し、住宅の寿命を延ばすにはハードの機能だけでなく、住まいづくりに住まい手が参加など建物への愛着や思い入れも重要な要素になると思われる。

12・2 パッシブデザインの原理

1 パッシブデザインとアクティブデザイン

近年、環境への負荷を低減した様々な建築の試みがなされてきている。省エネ、環境共生を考えた建築デザイン手法の多くを、パッシブデザイン（建築的工夫）、アクティブデザイン（設備的工夫）として整理することができる。パッシブとは「受身的に自然エネルギーを利用する」という意味であり、パッシブデザインとは太陽の光や熱、風や気温の変化など自然のエネルギーを活用し、建築自体のつくりや材料の性能によって環境を調整する手法である。

一方、アクティブデザインは、機械設備を用いて自然エネルギーを活用するシステムや、化石燃料の高効率利用などを図るシステムである。具体的には高効率冷暖房、太陽熱・地熱利用暖房、氷蓄熱システム、太陽熱給湯、高効率照明や自動調光、太陽光発電、風力発電といった設備的なシステムが挙げられる。また、建築におけるエネルギー消費量を低減するには日中の太陽光を活用した昼光照明も有効である。

量の多少に関わらず現代の建築が設備や電気などエネルギーを必要とする以上、環境負荷の低減を図るには両者を組み合わせた工夫や対策が求められることになる。在室者の許容できる温熱環境を形成するにあたり、外界の厳しい

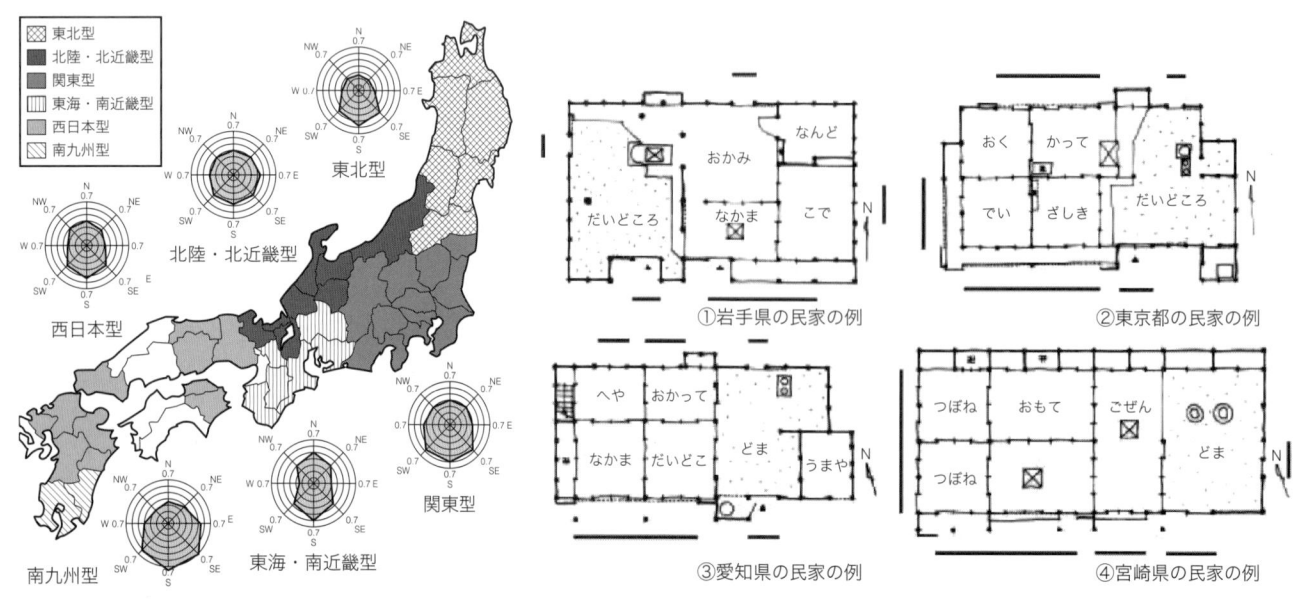

図12・1・3 民家の開口部による地域区分図 (出典：宇野勇治、堀越哲美、藤田充、渡邊慎一「伝統的住宅の開口部形態・位置と立地地域における体感気候 その3 開口部形態の分析にもとづいた類型化の提案」(『日本建築学会学術講演梗概集』pp.1069-1070, 2001))

図12・1・4 各地方における民家平面図の例 (出典：①東北大学建築学科佐藤巧研究室編『岩手県の民家』1978、②東京都教育委員会編『東京都文化財総合調査報告』、③愛知県教育委員会編『愛知の民家』1975、④角田三郎『宮崎の民家』鉱脈社、1981)

気候をパッシブ的手法（建築的工夫）で緩和し、必要に応じてアクティブ的手法（設備的工夫）により補完するといった発想が必要である。パッシブデザインは気候特性の理解に始まり、伝熱の原理や蓄熱作用、温度差換気や通風計画、太陽位置や日影の状況、日射吸収量など建築環境工学で学習した内容を総合的に勘案して設計に反映する手法であり、建築デザインにおける創意工夫の余地は多いにある。今後の発展を期待したい。

2 パッシブクーリング

パッシブクーリングは自然エネルギーを有効に活用して、夏を涼しく過ごすための手法である。ここで重要なのは日射のコントロールと通風そして蒸発冷却である。断熱性を高めるとともに、室内への日射侵入を最小にし、通風を確保することが重要である。以下にパッシブクーリングのポイントを整理する。

1 室内に侵入する熱の最少化

①日射遮蔽

室内に侵入する熱のルートとしては、太陽からの直達日射がまず挙げられ、ついで天空日射、高温空気からの伝熱などが考えられる。最も大きく影響を及ぼすのは直達日射であり、これを遮ることをまず検討する必要がある。手法としては、日本の伝統的技法として軒やひさし、すだれ、よしずなどが挙げられる。その他に窓面の遮蔽方法では、緑のカーテン（写真12・2・1）、ブラインド、カーテン、ロールスクリーン、オーニング、ルーバー（写真12・2・2）、植栽、高遮熱ガラスなどが挙げられる。屋根の日射遮蔽では置き屋根、屋上緑化（写真12・2・3）などがある。

②断熱

屋根や壁面を通じて侵入する熱量を断熱材等により最小化にすることを検討する。さらに外表面を日射吸収率の低い素材とすることで受熱を最小化する。壁体内に通気層を設けることで、侵入熱を排気する方策もある。

2 放熱の促進

①通風

建物内部に平面方向、垂直方向の風の道を確保し（写真12・2・4）、放熱の促進を図る。夏季の昼間に温まった建物の躯体を夜間の外気導入により冷やしておくことで、翌朝空調を入れたときの初期負荷を減らすことができる手法（ナイトパージ）もある。

②蒸散・蒸発冷却

緑のカーテン（窓面緑化）、屋上緑化、壁面緑化など植物からの蒸散の他に、打ち水、屋根散水、屋外でミストを発生させることで蒸発冷却で温度を下げる方法などが挙げられる。日射の入射を低減する方法としては、反射性の高い素材の採用も考えられるが、樹木の葉面は再放射が少なく、

写真12・2・1　「緑のカーテン」による日射遮蔽の例（ゴジカラムラ）

写真12・2・2　日除けルーバーの例（南山大学）

写真12・2・3　屋上緑化の例（アクロス福岡）（撮影：長野和雄）

写真12・2・4　日射遮蔽・外気導入の例（名護市庁舎）（撮影：長野和雄）

周囲環境の調整にも効果的である。

3　その他
夜間放射や蓄冷、調湿による効果、また年間を通じて温度変化の少ない地下水や地中温を利用して空気を冷却することも考えられる。

❸パッシブヒーティング
パッシブヒーティングとはいかに自然の力を利用して暖房するか、冬を暖かく過ごすかということである。パッシブヒーティングではまず、断熱性を高めヒートロスを最小にすることと、日射を有効に取り入れることが挙げられる。パッシブヒーティングのポイントを整理する。

1　日射熱取得の最大化
日照を積極的に室内へ取り込むことを検討するが、夏季には日射を遮蔽する必要があるからその両立がわが国において課題となるところである。縁側やサンルームでの直接的な日照利用は古くから行われてきたが、太陽光を熱源としてより積極的に利用する方法として、床面に熱容量の大きい材料を敷設して蓄熱を図る直接集熱型（ダイレクトゲイン）や屋根面で空気に集熱して床下に搬送し蓄熱する方法、屋根面で水に集熱し床暖房熱源として活用する方法、壁で集熱し温風を壁体内で循環させる方法などがある（図12・2・1）。

2　熱損失の最少化
断熱性を高め、屋根、壁、床、窓から屋外へ流出する熱量の最少化を図る。省エネ基準などに準拠して断熱材の充填や窓ガラスの複層化を行い、すきま風による熱損失を低減するとともに、換気による熱負荷を低減するために全熱交換器を用いることも検討する。高度の気密化がシックハウスをまねいた反省もあり、計画的な換気が義務づけられている。

3　その他
適切な蓄熱、また年間を通じて温度変化の少ない地下水や地中温の利用も考えられる。

❹昼光利用
事務所や教室をはじめとして、日中の室内において照明を点灯している空間は比較的多い。建築物の1次エネルギー消費量の約1/4が照明用であるという指摘もある。そこで、昼光を十分に活用するような建築的工夫や手法がある。手法としてはライトシェルフ（第3章 図3・5・4、p.44）、トップライト（天窓）（図3・5・2、p.44）、ハイサイドライト（高窓）、光ダクトなどが挙げられる。ライトシェルフは窓側に反射率の高い大型のひさしを設け、窓から離れたゾーンへ反射光を届ける方法である。

❺計画上の注意
熱環境コントロールの不適切な例は、断熱気密性を高め

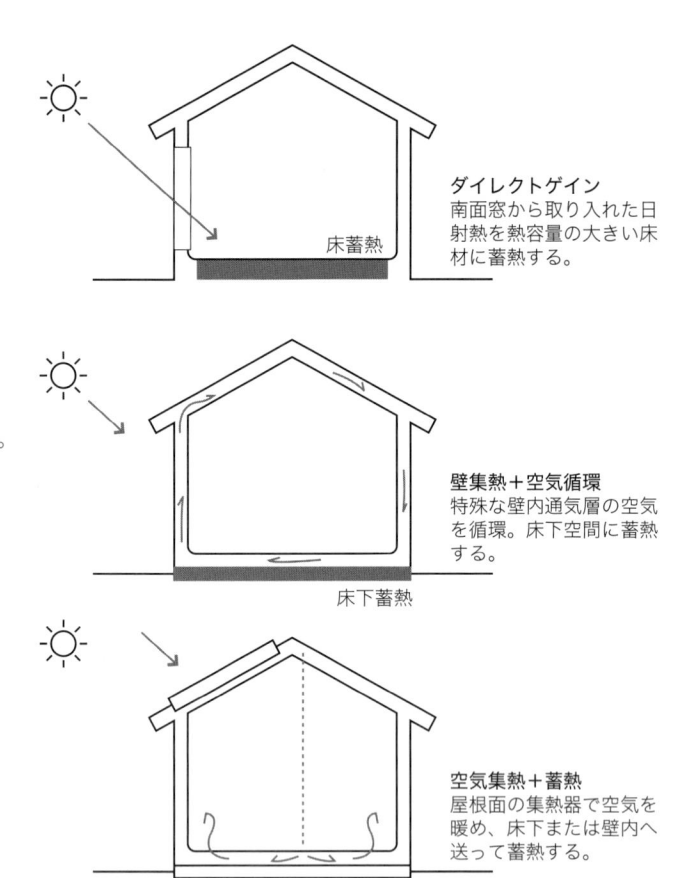

ダイレクトゲイン
南面窓から取り入れた日射熱を熱容量の大きい床材に蓄熱する。

壁集熱＋空気循環
特殊な壁内通気層の空気を循環。床下空間に蓄熱する。

空気集熱＋蓄熱
屋根面の集熱器で空気を暖め、床下または壁内へ送って蓄熱する。

図12・2・1　おもなパッシブ集熱手法（出典：日本建築学会編『地球環境建築のすすめ』彰国社、2002 より作成）

たにもかかわらず、ひさしがないことから日射が大量に侵入したり、通気計画が不十分なことから排熱が行えないといった建物である。この場合、室内に熱が蓄熱され夜間においても高温状態が続くことになる。トップライトやサンルームは冬季には日射を取り込む上で有効であるが、夏季にオーバーヒートが生じることもありうるので、日射の遮蔽方法や排熱方法をあわせて計画する必要がある。

12・3 自然の潜在力を使って建築をデザインする

住まいにとって「気持ちのいい」というのは一番大事なことである。そのためには私たちの五感がどういうふうに環境に対して、自然に対して働いているのかを知ることが、重要と考えられる。さらに、それが建築デザインにどのようにつながっているかを考える必要がある。

地球温暖化・地球環境問題が一般に話される今日、都市の暑熱化は地球温暖化の前兆・先行事例だと考えられる。まちのレベルで起きていることが、いずれ大きな地球規模に連動するといった視点を持って建築やまちづくりを行っていくことが重要である。

❶身近な場所からの発想
まずは身近なところから発想することがわかりやすい。例えば、堀越ら[1]は自分の部屋から見る景色がどんなふう

にまちにつながっていくのかを考えてみることを提案している。そのまちから、地球の中でいろいろな場所があって、いろいろな人々がいて、いろいろな暮らしをしているというところまで思いをはせてみる。場所によってどう違ってくるのか、気候的なもの・風土的なものを、人は肌で感じ、五感の中で感じてそれは暮らしにつながっている。日本でもいろいろな風景を見ることができる。その風景の後ろには、自然や人々の暮らしがある。この発想を建築のデザインやまちづくりに活かすとき、自然の、見ないけれども確かにある潜在力を活かすことになる。

そのように考えると、電気やガスに頼り1年中空気調和した室内で過ごすことが、果たして楽しい生活かという疑問が起こる。

2 自然の潜在力を活かした伝統的な技

そこで昔から人間がどんな暮らしをしてきたのか、ということを考えてみる。これは単に古いものに帰れ、ということでなく、その中から私たちが見るべきもの、残してきたもので今でも続いているものを探り出すということである。そうすることが人間の原始的な感覚や自然的な手法を、現在に甦らせ、さらに研ぎ澄ますことができる可能性があると考えられる。

自然の潜在力を使った伝統的な日本の住宅の技について以下に述べる。

①合掌造り

白川郷の合掌造りの屋根は断熱性があって、夏は雨が降って雨が溜まって、晴れて暑くなったときに蒸発して温度を非常に下げて、涼しくなる。冬は、下は開放的であるが平均積雪2mを越えると、1階の縁側などの開放的な部分が埋もれて、雪と屋根の作用で断熱される（写真12・4・1 a）。

②坪庭

次に京都の町家は、坪庭があることで、水が蒸発し、冷気が溜まって暖かい空気が上の方に逃げていって、涼しい。家の中に風の道が存在する。町中にあって坪庭は人工の中にある自然の縮景であり、人の五感を楽しませる。

③ひさし・軒

ひさしや軒の出は、夏には太陽高度が高いので日差しを遮って、冬は太陽高度が低いので、室内奥にまで日差しが入って暖かい空間をつくりだす。ひさしを少し出すだけでこの役割を十分に果たす。最近の建築では、ひさしをつけないことも多い。しかしひさしは、太陽が季節によってその高度を変化させるという、自然の動きを使ったデザイン要素である。ル・コルビュジエがブリーズソレイユ（建築化された日よけ）を提唱しているが、まさにこれに相当する（写真1・5・1参照）。

④すだれ

写真12・3・1　ふくぎ並木

すだれも暑い日差しを遮る。すだれは軒先につるす方が、風が通って中間領域が窓との間にできて、さらに涼しさを呼ぶ。自然素材を用いた環境調整装置といえよう。

⑤落葉広葉樹

落葉広葉樹は、夏季に葉が繁茂し、秋から冬には落葉する。その落葉が嫌われる側面もあるが、夏は蒸散作用が働き日陰をつくってくれて、冬には落葉によって、建築の室内には日差しが入る。これは建物まわりだけでなく、市街地街路でも有効である。

⑥防風林・生垣

樹木は風から家を守るということで、日本の各地には冬季の季節風を防ぐ工夫として、生垣や防風林がある。これが発達し、里山としての働きも持つものとして、屋敷林（森）と呼ばれるものも多く存在する。現在の新しい建物は高断熱、高気密でアルミサッシが入っているので、消えてゆく運命にあるものもあるが、それでも生活の要として残されている実態もある。生物の多様性を考えるとき、保全すべき対象である（写真12・4・1 b）。

⑦風通し

風のコントロールは、夏季には、防ぐのではなくて室内に風を導き入れることになる。室内にも風の道をつくることが重要である。通風輪道の確保ということで、換気のところで述べられていたように、外部の風を期待する風力換気の考え方と上下方向への温度差換気の考え方がある。今後は、密集した都市型住宅での通風の考え方を発展させることが必要である。

⑧ふくぎ並木

沖縄は亜熱帯であるので、常緑樹のふくぎで並木道がつくられる。厚い葉は日射しを防ぎ、ときには集落全体を覆うこともある（写真12・3・1）。

12・4 生態的(エコロジー)建築と都市へのデザイン

地球環境時代を迎え、日本では超高齢社会へと移りゆく中で、生活基盤や社会構造をどう再構築していくかが問われている。そこで、建築環境デザインに要求されていることが、持続する建築づくりである。そのめざすべき持続可能な建築とは何かを考える必要がある。建築づくりは、どのような経緯をたどってきたのかを振り返ってみる。風土に適応した建築は、時代や環境の変化の中で持続してきた。一方、私たち人間をはじめとする生物の営みは、エコシステム（生態系）の上に成立している。そこで、持続する建築として、エネルギーや資源の節約、循環や再生利用を考えた、生態的（エコロジー）建築を考えてゆく必要がある。

砂漠にある日干し煉瓦の住宅や飛騨の合掌づくりなどの風土建築と呼ばれるものは、長い間にその土地に適応する形で、環境をつくってきたものと考えられる。日本の場合には、すでに本書でも述べたように、桂離宮などの建物に見られるように深いひさしが日照調整の役割を果たし、高床の開放的な空間が夏の通風を促進する。伝統的農家住宅には、屋敷森、かぜよけ、しぶきよけ、雪よけ、雁木など、外界気候条件に対しての防御や環境調節の働きがあるしくみが施されている。地域独特の住宅の形式や間取り、住まい方もある。これらは風土建築と呼びうるものであろう。この例を写真12・4・1に示す。歴史の流れの中で、建築は変化と適応が行われ環境・風土とつながり、持続してきた姿である。ここに、風土建築の持続性（サステイナビリティ）が見い出される。

近代になり、新しい建築を支えたものは、鉄（鋼）とガラスとコンクリートといわれている。この新しい材料とそれを支える様々な技術によって、自由な平面や立面・造形が可能となり、全面ガラス張りの摩天楼がうまれた。これらの建築が機能するためには、生活できる環境をつくる空気調和と人工照明の設備技術が必要であった。今日では日射により室内が熱せられた空気を冷房で冷やし、器具を取り付け照明すれば形態を変化させる必要はない。しかし、2度のオイルショックを経験し地球温暖化や資源枯渇がいわれる現在、建築に持続性が求められている。省エネルギーの努力は積み重ねられ、これ以上のエネルギー削減は容易ではないところまでされてきている。そこで、新エネルギーの利用が推進されている。これらによる機械的な環境調節は行えるとしても、エネルギー消費は0にならない。そこで、建築としての持続性を増すことが、相対的な資源やエネルギーの節約に、より貢献すると考えられる。エネルギー依存型の建築が集積したものが現代の都市であり、

写真12・4・1a　白川郷合掌民家

写真12・4・1b　浜松近郊にある住宅のほそばがき

写真12・4・1c　竹富島の集落

同様のエネルギー的課題を持っている。

そこで、環境を意識した風土建築の潮流を活かして持続性を求めることが一つの考え方である。快適性の観点から見た場合、1年を通して人工的に一定環境を提供して暮らすことが人間にとって本当に快適なのであろうか。自然と親しむこと、変化にも適応して暮らすことがより人間的であるという考え方もできるのではないだろうか。一方で、都市では人口の集中化によりエネルギー消費量の増大や、人工的な構築物がつくられ、不透水化が進み、都市の高温化、暑熱化が起こってきた。一つにはヒートアイランドの顕在化である（図12・4・1）。ここでは人工的な環境調節は難しく、エネルギー消費の削減や都市構造の改変が求められる。そこで着目されるのが自然的要素である緑と水面である。これらは、蒸発冷却や水体の熱容量で都市の冷涼さをもたらす。そこに、持続可能な生態的建築や都市づくりの発展の鍵がある。建築では太陽エネルギーの利用に始まり、ソーラーハウスがつくられ、エネルギー消費の削減やそれに基づく機械力に頼らない、パッシブソーラーハウスを誕生させた。さらには太陽熱だけに限らない、自然の潜在力をフルに利用する建築デザインとしてのパッシブデザインの考え方が生まれている。これらの一例を写真12・4・2a〜cに示す。エネルギー依存型の生活から環境重視型の生活へと転換、エコロジー建築や都市の潮流をつくることは、新しい建築と都市の創造に向かうことでもあり、持続する社会の建設に大きく貢献すると考えられる。エコロジー建築や都市の原点は決して新奇なものではなく、実は伝統的な建築や集落として本来持っているべき性質を含むもので、環境に対して適応し、持続することで地球環境時代の一翼を担うものとなろう。

12・5 高齢者や乳幼児への配慮

これまで述べてきた建築の環境に関する設計や技術の事項は、ほとんどが標準人間という成人を対象としたものであった。しかし実際には、建築の環境にいて、生活し、働き、学ぶ人々は多様である。そのことを忘れてはならない。

図12・5・1に日本の年齢別の人口構成を示す。2004年の

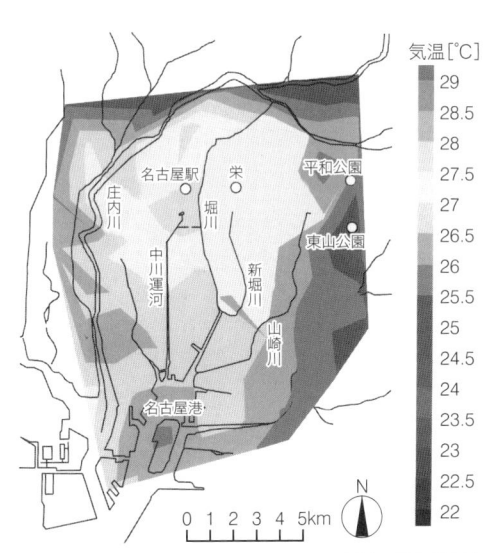

図12・4・1 名古屋におけるヒートアイランドの事例。都心部が高く郊外が低い気温分布を示している

写真12・4・2a 名護市庁舎パッシブデザイン

写真12・4・2b アクロス福岡建物緑化

写真12・4・2c 糸満市庁舎ハイブリッドデザイン

データであるが、65歳から70歳幅の人口と15歳から20歳幅の人口がほぼ等しいことが読み取れる。55歳から60歳の幅の中に入る団塊の世代とそのジュニアである30歳から35歳の幅の人口が多い。このことは、今後の高齢者の増加が予想され、これらの人々が多くの割合を占めることになる。一方で、若年者の人口が減り、標準人間のような設定が難しくなることが予想される。つまり多様性に応じた、環境調節や環境デザインが求められることになる。

人口的に見れば、近い将来各年代層において均等な人口構成となる可能性があり、すべての年代についての配慮が必要ともいえる。そこでは、特にまだ成長の過程にある乳幼児や、身体の老化を迎える高齢者についての配慮が課題である。筋肉の衰えに伴って、身体の活動が限定的になることが、段差の解消や手すりの設置といった、バリアフリーに係わる設計としてすでに行うことが求められている。しかし、環境的な視点から見ると、実現されている建築環境がバリアとしての認識やそれぞれについての配慮事項が決められていない部分が多い。今後は従来行われてきたバリアフリーに加えて、身体が環境の状態に対して適応しない、健康を損ねるおそれがある、居心地に悪い影響を与えることなどを精査して、対策をとる必要がある。

まだ十分に議論されていない側面もあるが、以下のような点に対する配慮が求められる。

1 乳幼児

乳幼児は、2歳までには能動汗腺数が決まるものの、代謝量や発汗、血流調整の機能が必ずしも成人のように十分に働いていない。人間の生命の維持に係わる体温調節機序は、熱環境の制御と大きく関係する。例えば、冷房時には室内の気温分布が、床付近で低温になり、高いところでは高温になる。このことは、乳幼児は、冷房時には成人に比べて涼しい（寒い）環境にさらされている可能性が高い。実際、有富ら[1]によれば、冷房時の実測で床から80cmまでは温度差が大きく、子どもの皮膚温に影響していることを報告している。同様に、床暖房などでは、より床に近く床からの放射熱を受ける割合が成人よりも高くなることが予測される。本来、大人よりも体温調節に優れていないのに、より厳しい環境にいることになる。何らかの対策が必要である。

音に関しては聴力の年齢による違いがある。人の聴力は20歳付近で最もよく、それよりの年齢が低い場合は聴力も低いといわれている。成人とは異なる配慮が必要である。

2 高齢者

高齢者は体温調節機序として、身体活動量が少なく産熱量が低いといわれている。そのために高めの気温が求められる。また高齢者は深部の体温（核心温）が低く低体温症

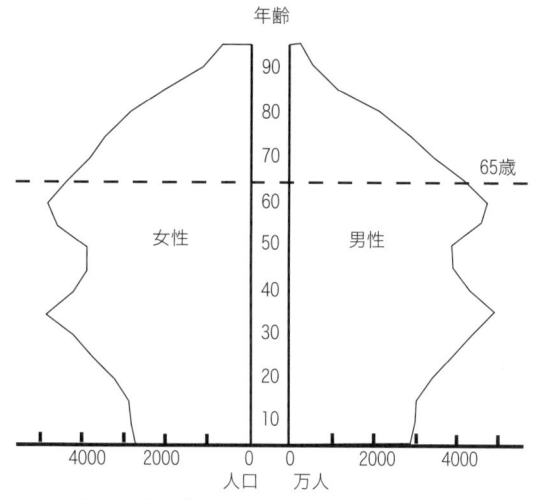

図12・5・1　日本の人口ピラミッド（出典：平成18年厚生労働省人口統計のデータより作成）

になることも考慮しなくてはならない。また、青年層に比べて寒暑の感覚が感じにくいともいわれている。また、温度の急激な変化が血圧上昇を誘発し、脳血管疾患になるおそれが考えられ、室内での温度差の解消が求められる。特に、夜間における寝室とトイレなどの部屋の温度差の解消が必要であり、調査結果[2]からも指摘されている。

視覚的な問題として、光の環境、視環境が高齢者にとって配慮する必要が大きい事項でもある。視覚は、多くの情報をもたらすために、できるだけ障害がないように務める必要がある。加齢により焦点あわせの機能が低下し適切な矯正が必要となる。必要な適正照度も高くなる。しかし、白内障があると光が眼球内で散乱してまぶしさを特に感じることや黄変により識別できる色が狭くなることもあり、明るさの適正化やグレア防止、見やすい色彩計画の配慮が求められる。また見やすい文字の大きさや目の疲れやすいことがあり、視作業の作業時間の考慮も必要である。

音環境に対しては、人間の聴力は20歳前後が最も良いとされ、加齢によって、周波数が高い音に対して聴力が低下するといわれている。これを加齢性難聴という。聴力の低下度合いは一般に男性の方が女性に比べて大きいとされる。聴力低下は周囲の音環境も含めて、自分から発する音に関しても関わりがあるので、音環境の計画のみでなく、暮らし方にも大きく係わる課題である。

12・6 環境のバリアフリーとユニバーサルデザイン

■1 バリアフリーとユニバーサルデザイン

近年、バリアフリーはよく耳にすることが多いと思う。また町や公共施設などでもそれに係わる設備や施設を実際に体験した場合もあろう。また、少しそれらを知っている人であるなら、段差の解消やスロープの設置、車いすに乗

った人が利用できるトイレ、手すりの設置などといった施設を想起するかもしれない。一方、ユニバーサルデザインの方がなじみが薄いかもしれない。最近ではユニバーサルデザインの住宅などとして売り出されるものもあり、以前に比べれば一般的になってきたと考えられる。

では、バリアフリーとユニバーサルデザインの違いは何であろうか？

バリアフリーとは、人が、移動や行動を行う際に物理的に障害になるものを排除したり、代替になるものを提供することで、その自由さを確保しようとする手法であるといえよう。そして、特にある場所へのアクセシビリティ（移動と到達できること）の確保と空間の妨げない利用の保証が具体的な事柄であろう。前者として段差解消や斜路の設置、後者が浴室やトイレの手すり、車いすトイレの設置などにあたるであろう。しかしこれらは、ある人にとっては何の問題もないが、ある人にとっては問題となりそこを解消しようとするものである。

これに対して、ロン・メイスが提唱したユニバーサルデザインは、誰でもが使うことができる、すべての人のためのデザインといわれている。すなわち、年齢や性別だけでなく、能力の違いなど、もっといえば習慣や文化の違いに係わらず同じように利用できるデザインである。逆にいえば、その障がいや違いを意識せずにすむようなデザインがなされることである。ユニバーサルデザインの定義としては、ノースカロライナ州立大学のメンバーによりまとめられホームページに各国語で示されている「ユニバーサルデザイン7原則」[1]がある。前書きでは「すべての人にとって、できる限り利用可能であるように、製品、建物、環境をデザインすること」とされている。以下に7原則を示す。

①公平な利用
②利用における柔軟性
③単純で直観的な利用
④認知できる情報
⑤失敗に対する寛大さ
⑥少ない身体的努力
⑦接近や利用のためのサイズと空間

しかし、誰でもどこでも使えるデザインとは言っても、かなりの人は問題が生じなくとも、究極的には別途配慮する必要がある場合もある。その意味では、ユニバーサルデザインで多くの建築、環境や製品をつくりつつも、特殊な場合のバリアフリー化を行うなどの措置も必要である。静岡県ではユニバーサルデザインの取組みが比較的早くから行われてきた[2]。平成11年にユニバーサルデザイン室がつくられ、翌12年にはしずおかユニバーサルデザイン行動計画が出されている。

2 バリアフリーと法令等

日本において、バリアフリーは社会的な要請として実施され、これには法律や条令などによって、保証されている。以下にその概要を紹介する。

建築ではハートビル法が施行され、一定の規模の建築物内の物理的環境が、主に車いす利用者のアクセスに対する障害を取り除き、アクセスできる空間と装備を確保することが義務づけられた。高齢者や障がい者にとって公共的な建物での移動の自由やトイレなどの施設利用が改善されるものであった。しかし、高齢者にとっては必ずしも十分なものではなかった。まちについては、各自治体を中心に「福祉のまちづくり」をめざした条例や指針が整備されてきた[3]。これも車椅子等での移動をサポートするものであった。また、高齢者の住まいの設計を実施するための指針として、長寿社会対応住宅設計指針がつくられた。これらは「段差解消と手すりの設置」といわれるように移動や行動の障害の除去と補助支援を行うものの設計事項の大半を占めていた。環境的なものとしては、居室や便所等への暖房設備の設置やその準備を求めるものと共用・屋外階段の影ができない照明設備が挙げられる程度であった。そして、平成18年に交通バリアフリー法とハートビル法が統一されて、バリアフリー新法ができた。これによって、建物から都市そして交通機関におけるバリアフリーが連続的に達成される目標としての要件となった。建築における実際的設計の指針として高齢者、障害者等の円滑な移動等に配慮した建築設計標準が出された。しかし、これらは移動の円滑化が主眼に置かれたものであり、環境的な要素に対するバリアに対する対策については、あまり配慮されていないのが実態である。

長寿社会対応住宅設計指針の後継として、平成13年に高齢者が居住する住宅の設計に係る指針が出されたが、やはり移動のしやすさと空間の物理的性状が中心である。その中で、温熱環境と照明設備については進展があった。温熱環境そして以下の事項が盛り込まれた。

- 「各居室等の温度差をできる限りなくすよう断熱及び換気に配慮したものであるとともに、居室、便所、脱衣室、浴室等の間における寒暖差による事故等を未然に防ぐことができるように暖冷房設備等を用いることができる構造のものであること。」

以前の冷暖房設備の設置をこえて断熱と換気を配慮し、寒暖差による事故の未然防止が謳われている。照明設備は以下の通りである。

- 「屋外アプローチ及び共用部分の照明設備が、安全性に配慮して十分な照度を確保できるものであること。」

このように、次世代に向けて環境的なバリアの除去が次

第に進みつつあることは歓迎すべきことである。

このように、徐々には進展しているものの、まだユニバーサルデザインとして環境的事項の配慮設計やその手法は整っていない。しかし、年齢や障がいの種別を越えた快適な暖冷房のデザイン、見やすい案内標識や照明のデザイン、識別しやすい色彩計画、音や光を認識できない場合の代替的手法を用いたデザインなど多くの場合やものが考えられる。今後のさらなる展開を待つと共に、自らの計画や設計の中で、新たに考えて解決してゆかなくてはならない問題でもある。

最後に、人間の加齢と共に変化して生命の維持とも大きな関係を持つ熱環境の場合について、課題を以下に掲げて他分野の参考として示しておきたい。

3 熱環境とユニバーサルデザイン

ユニバーサルデザインを考えるとき、一つの軸は加齢による人間の人生の時間における変化である。もう一つは、ある年齢における、個人差ないし個性の違いを断面としてみた場合に現れやすいものとして、身体的特性の違いや個人の感受性の違いなどがある。ユニバーサルデザインを行うに際してはこれらの両断面を見据える必要がある。その意味では、熱環境に係わる人間側の要素として体温調節機序の年齢による変化や違いと各個人における感受性と身体的能力の差がある。

新生児から加齢とともに、人間の体温調節に関する機序はその能力が変化する。暑さに強くなる能動汗腺の数は、2歳児までに決まるといわれ、それ以後は変化しない。2歳までの熱環境への曝露履歴が暑さに対する耐性を決めているともいえる。しかし、発汗機能は成人に比べると未発達であり、発汗による体温調節能力は成人に比べて高くない。代謝量は、基礎代謝が3歳で最大を示しそれ以後加齢と共に減少する。そして、当然のことながら、人間の体温調節を行う血管拡張と血管収縮についても年齢的な差異がある。このように、年齢による体温調節機序の能力に違いがあることで、これらをどのように熱環境のユニバーサルデザインとして解決していけるかが、これから問われるところである。さらに、脊椎損傷などの障がいを持つ人々にとっては体温調節そのものが難しく、特別の手当てをする必要性が高く、体温維持装置、小型加熱冷却システムなどやバリアフリー的な解決の手段が望ましいとも考えられる。

一方で、空間的な不均一性や時間的な変動の問題もある。先にも述べたが成人と子どもではその身長が異なるゆえ、さらされる熱環境の質が異なる。また、個体の違いにより曝露時間が同じであっても受熱量が異なるなど影響の違いも考えられる。これをどのようにしてユニバーサルな空間と環境として実現するようにできるのか十分に考察する必要がある。

もちろん熱環境だけでなく、他の音・光・空気・色・水などの環境要素を含む環境のデザインにも、これらの考え方を導入することが求められている。

参考文献
12・1
1) 荒谷登「風土論」(『新建築学大系8 自然環境』彰国社、1984)
2) 石田秀樹、荒谷登、佐々木隆、絵内正道「開放系住居の夏の環境特性 町家の冷気積層型の上方開放空間」(『日本建築学会計画系論文報告集』第408、pp.23-32、1990)
3) 叶内米子「吹抜けおよび合掌造り民家における屋内気流の測定事例について」(『家政学研究』奈良女子大学、23 (2)、pp.164-174、1977)
4) 宇野勇治、堀越哲美「伝統的農家住宅の開口部形態・位置と立地地域における体感気候」(『日本建築学会計画系論文』vol.538、pp.37-43、2001)

12・2
1) 日本建築学会編『地球環境建築のすすめ』彰国社、2002
2) 宇野勇治、堀越哲美、藤田充、渡邊慎一「伝統的住宅の開口部形態・位置と立地地域における体感気候 その3 開口部形態の分析にもとづいた類型化の提案」(『日本建築学会学術講演梗概集』pp.1069-1070、2001)

12・3
1) 堀越哲美・澤地孝男『絵とき自然と住まいの環境』彰国社、1997

12・5
1) 有富由香・堀越哲美「夏期における子どもの居住空間の温熱環境に関する研究―大人と子どもの比較―」(『日本建築学会東海支部研究報告集』No.39、pp.405-408、2001)
2) 大矢公則・堀越哲美・宇野勇治・高橋啓子「高齢者居住住宅の温熱環境と環境調節行動」(『第26回人間―生活環境系シンポジウム報告集』pp.37-40、2002)

12・6
1) ホームページ参照：http://www.design.ncsu.edu/cud/
2) ホームページ参照：http://www.pref.shizuoka.jp/ud/
3) 例えば、『福祉都市環境整備指針―人にやさしいまち名古屋をめざして―』名古屋市、1991

索引

■英数

ASHRAE	75
A特性	28, 78
CEC	50
CIE表色系	69
CO_2	22
ET*	20
ET線図	18
Eyring-Knudsenの式	82, 83
HOT	20
HOTV	21
hue-heat仮説	29
JIS規格	78
Low-Eガラス	41
P-Q特性曲線	61
PAL	50
PMV	20
POE	91
PPD	20
Sabineの式	82
SET*	20
WBGT	97, 98
1時間日影線	34
50回法	28

■あ

アースチューブ	57
アクセント色	71, 96
アクティブデザイン	116
暑さ寒さ	14, 15, 28, 29, 52, 75, 76
圧力	58, 59, 61
アメニティ	104, 106, 109
暗順応	24
暗所視	24
安全色	71, 96
暗騒音	84

■い

硫黄酸化物	102, 103
一酸化炭素	22, 102
一対比較法	72
色温度	25, 65, 68

■う

ヴァナキュラー（風土）建築	9
ウェーバー・ヘヒナーの法則	72, 73
ウォーターウォール	57
ウォーターフロント	108
内断熱	52, 56
打ち水	116
ウッドマイレージ	89
うるささ	29

■え

永久日影	34
エクリン腺	14, 83
エコー	85
エネルギー	10, 50, 101, 114, 116, 120, 121
エネルギー減衰率	83
エポクリン腺	14
縁側	92, 93, 118
演色性	65
煙突効果	63
エンタルピー	55, 56

■お

凹曲面	84
オーディトリアム	84
オーニング	41
オーバーヒート	118
屋上緑化	106, 117
オクターブバンド	78, 80, 81, 84
音の焦点	84
音の強さ	27
音の強さのレベル	27
音の響き	82
音場	84
おろし	10
音圧	27
音圧レベル	27, 78, 80, 82
音響出力レベル	27
音源	110
温室効果	57, 101
音速	27
温度差換気	60, 87, 115, 117, 119
温度湿度指数	19
温度受容器	18
温熱環境指標	18
温熱風速場	21
温冷感	29

■か

開口部	9, 43, 58, 64, 88, 116
快適域	21
快適感	58
快適性	100
快適範囲	68, 75
海風	103
界壁	79
開放感	44, 73
海陸風	86, 101, 106
会話の明瞭度	83
風上	63
風下	63
可視光線	24, 45
加湿	56
加湿冷却	56
可照時間	33
加振力	81
風	10, 64, 86, 94
風通し	12, 54, 104, 119
風の塔	10
風の道	86, 103, 106, 109, 115, 119
可聴域	26
可動式垂直ルーバー	40
壁倍率	90
茅屋根	115
ガラスブロック	41
ガラリ	62
加齢性難聴	122
側窓	44
換気	12, 22, 49, 56, 58, 61, 62, 118
換気効率指標	62
環境温度	13, 54
環境調節	11, 50, 92, 114, 116, 119, 121, 122
環境デザイン	122
環境配色	71
環境負荷	50, 88, 116
換気量	60
緩衝空間	92, 93
緩衝材	82
寒色	70
間接光	66
間接照度	43
間接照明	67
間接昼光率	43
汗腺	14
乾燥空気	55
かん体細胞	24

■き

気圧	13
気温	13, 20, 28, 30, 52, 86, 94, 100, 116
機械設備	61, 116
起居様式	14
気候	10, 86, 99, 102
気候区分	10, 11
気候景観	112, 113
気候風土	8, 98, 101, 112, 113, 116
基準昼光率	43
気象条件	98
気積	23
季節風	11, 115, 119
基礎代謝	124
基調色	71, 96
輝度	26, 42
輝度対比	26
輝度比	26
気抜き	64
気密性	49, 61, 118
逆位相	81
逆日影図	36
キャニオン	107
吸音率	82
給気	60, 61, 62
吸収率	48
強制換気	60, 61, 62
強制対流	16, 47
共鳴現象	82
極限法	72
局所換気	62
局地風	11
居住後環境評価	91
距離尺度	76
気流	13, 20, 52
キルヒホッフの法則	48
均時差	33

■く

空気	13, 91, 92
空気質	22
空気調和	10, 50, 120
空気の汚染	22
空調エネルギー消費係数	50
クールアイランド	105
クラリティ	83
グレア	26, 43
グローブ温度	18
クロ値	17
クロマ	69
クロマチックネス	69

■け

景観	94, 96, 98, 99, 112, 116
蛍光水銀ランプ	66
蛍光ランプ	65, 66
形態係数	16, 17, 48
軽量床衝撃音	80
血管拡張	124
血管収縮	53, 124
ケッペンの気候区分	11
血流調整	122
結露	12, 55, 56
健康	11, 22, 52, 88, 100
建築基準法	23, 36, 43, 59
建築デザイン	112, 116, 117, 118
建築の衛生	11
建築物衛生法	23
建築物の外皮	90
顕熱	55
減能グレア	26

■こ

コ・ジェネレーションシステム	51
コインシデンス効果	80
高圧ナトリウムランプ	66
公害対策基本法	102
光化学オキシダント	101, 102
光化学反応	102
高輝度	26
高気密	49
光源	25, 29, 42, 43, 68
高周波域	80
光束	26, 67
光束発散度	26
後退色	70
高断熱	49
光度	26
高度	25
行動性体温調節	8, 14, 52
高齢者	122, 123
木陰	39
五感	118
国際照明委員会	24
越屋根	64
個人差	77
固体音	82
小屋裏換気口	64
固有振動数	81

■さ

サージング	82
差圧	61
採光	41, 43
最小可聴値	27
最大視感度	24, 69
採暖	115
最適残響時間	83, 84
彩度	69, 70
在来軸組構法	90
サウンド・スケープ	111
ささやきの回廊	84
寒さへの適応	8
作用温度	19, 20, 29, 91
残響時間	82, 83, 84
三刺激	69
サンスペース	46
酸性雨	103
酸素	22
産熱	13, 18
サンルーム	57, 118

■し

紫外線	45
時角	32, 33
視覚的快適感	29
視環境	73, 74
時間率騒音レベル	28
色彩	29, 68, 96, 122
色彩調節	71
色相	69, 70
色度	69
識別配色	71
色名	68
子午線	32
時差	33

視細胞	23
視床下部	18
姿勢	14, 52, 53
自然エネルギー	51, 57, 117
自然換気	58, 62
自然対流	16, 47
持続可能	89, 116, 120
視対象物	25
室温	53
室温変動	52
湿気	49
湿気貫流量	48
湿気調節	114
湿気伝達	48, 49
湿気伝導	48, 49
湿気の移動	48
湿球温度	56
湿球グローブ温度	19, 97
シックハウス症候群	22, 50
シックビル症候群	22, 23
湿度	13, 14, 20, 52, 55
室内音響	82
室内気候計画	52
室内空気質	22
室内表面温度	56
質量則	80
至適温度条件	75
島日影	34, 36
湿り空気	55
湿り空気線図	55
湿り作用温度	20, 21
遮音性能	79, 80, 84
尺度付言語選択法	77
遮光	92
終日日影	34
収縮感	70
集塵・排煙脱硫技術	102
修正湿り作用温度	21
修正平均皮膚温度	91
修正有効温度	18
集熱器	46, 57
周波数	26, 78, 81, 83, 84
周波数特性	26, 28
周辺郊外	100
集落景観	112
重量床衝撃音	80
受音側対策	110
主風向	103
受容空間	92
循環	10, 120
循環流	102
省エネルギー	50, 98
障がい者	123
消極的な快適	76
消極的に快適	30
上下温度差	53
蒸散	57, 117, 119
障子	41
常時換気	87
情緒的効果	70
照度	25, 26, 42
照度基準	91
照度計	25
照度段階	67
照度分布	44
蒸発	13, 17, 57
蒸発散	101, 109
蒸発放熱量	17
蒸発冷却	10, 57, 114, 117
照明	10, 66, 67
照明ベクトル	25, 68
照葉樹林	11
植栽	86, 88
植生	10
除湿	49
暑熱	10, 18, 97, 98
所用照度	67
自律神経系	18
自律性体温調節	8
シルエット現象	26, 68
新エネルギー	51
人工光源	65
人工照明	120
人工排熱	101
新鮮空気	62
人体と環境との間の熱平衡式	15
人体の至適域	54
人体の熱収支	13, 14
真太陽時	33
新陳代謝	15
振動	81, 110
振動伝達率	81
振動の減衰	81
振動力	81
深部温	17, 14
新有効温度	20
心理	28, 72, 73, 106
心理評価手法	77
水琴窟	111
水蒸気	55, 56
水蒸気分圧	48
錐体細胞	23
水分蒸発	54, 57
水平ルーバー	40
スカラー照度	25, 68
すき間風	53
図形尺度	76
すだれ	41, 119
ステフェンスの法則	73
ステファン・ボルツマンの定数	16, 47
ストリートキャニオン	107
スモッグ	101
清浄	22, 62
精神物理学的方法	72
生態的（エコロジー）建築	120
晴天空	42
生理	11, 28, 72, 106
赤外線	45
積極的な快適	76
接触温冷感	90
絶対閾値	73
絶対湿度	55, 56
全体表面積	16
全天空照度	42
潜熱	55
全熱交換器	56
騒音	28, 110
騒音計	28, 78
騒音源	110
騒音対策	110
騒音レベル	30
総合的不快評価	30
総合評価	29
相互反射	67
相対湿度100%	20, 55
相反法則	48
送風機	60, 61
総量規制	102
袖壁	64
外断熱	52, 56
外付けブラインド	41
第1種換気	60
第2種換気	61
第2の森	89
第3種換気	61
第一不調和領域	70
体温	13, 15
体温調節	14, 15, 17, 122, 124
体温調節中枢	18
体感温度	12, 52, 54, 103
大気汚染	101, 102, 103
大気外法線面照度	42
大気透過率	42, 45
大規模緑地	105
代謝	15
代謝量	17, 54, 122
体重減少量	17
第二不調和領域	70
対比	25, 26, 70, 96
体表面積	13, 14
太陽	10, 32, 33, 45
太陽位置	32, 33, 117
太陽光	43, 116
太陽高度	32, 33, 42
太陽定数	45
太陽の運行	32
太陽方位角	32, 33
対流	13, 16, 19, 47, 48
対流伝熱面積比	16
対流熱交換量	16
対流熱伝達率	16, 17, 47
ダイレクトゲイン	46, 57
卓越風向	86, 115
多自然型川づくり	108
多重反射	101
タッピングマシン	80
タテグミ	112
炭化水素	102
単極尺度	77
断湿層	56
暖色	70
単層壁	80
断熱	50, 114, 117, 118
断熱材	47, 53, 56, 89, 115
断熱性	48, 49, 50, 52, 118, 119
単発騒音レベル	28
暖房	47, 49, 59
暖房設備	53
暖房負荷	49, 53
断面計画	86
地域	113, 116
地域循環風	106
地域風	11
地域冷暖房	51
知覚	29, 30
地球温暖化	97, 118
蓄熱	51, 105
蓄熱量	15
蓄冷熱	114
地形	10, 39, 115
地材地建	90
地産地消	11
地中熱	57
窒素酸化物	102, 103
地熱利用	114
地表面の熱収支	105
地表面被覆	101
着衣	13, 17, 19, 53
着衣面積増加率	17
中央値	28
中間領域	92
昼光	42, 118
昼光光源	65
昼光照明	43
昼光色蛍光ランプ	65
中性帯	59
長時間日影	34, 36
調整法	72
頂側窓	44
聴力	122
直射光	33
直射日光	42, 43, 45
直接光	66, 67
直接集熱型	118
直接照度	43
直接昼光率	43
直達日射	38, 45
通気量	61
通風	9, 44, 50, 58, 62, 64, 95, 114, 117
通風計画	58, 62, 64, 87, 115, 117
通風輪道	62, 86, 119
土壁	90
坪庭	115, 119
底部表面温	17
低放射ガラス	41
適正照度	25, 68
通風判定図	94
デフィニッション	83
天球	32
電球形蛍光ランプ	66
電球色蛍光ランプ	65
天空輝度	42
天空光	42, 43
天空日射	45
天空比	108
天空率	108
伝導	13, 17, 47
伝統技術継承	89
伝統的	96, 112, 114, 115, 119
伝統的な環境調節	99
伝統的構法	90
伝導伝熱面積比	17
伝導熱交換量	17
伝導面積率	17
伝熱	117
伝搬経路対策	110
天窓	44
透過光	67
等価騒音レベル	28, 78
透過損失	28, 79, 80
透過率	28
等感曲線	26, 28
等時間日影線	34
動的バネ定数	82
透明板ガラス	40
都市気候	100, 103
都市ドーム	101, 102
都市の暑熱化	118
都市緑地法	94
都心	100
土地被覆率	105
トップサイドライト	44
トップライト	44, 86
トロンブウォール	46
曇天空	42

■な

内部結露 … 56
中庭 … 10, 45
鳴竜 … 84
夏型結露 … 56
ナビエ・ストークス方程式 … 58
南中 … 32, 33

■に

におい … 22
二酸化炭素 … 22
西日 … 38, 41
二重壁 … 80
日射 … 19, 45, 53, 86, 118
日射吸収率 … 40
日射吸収量 … 117
日射遮蔽 … 41, 57, 114, 117
日射遮蔽係数 … 41
日射量 … 54, 57
日照 … 33, 38, 44, 53, 86, 95, 107
日照鏡 … 45
日照権 … 95
日照時間 … 33, 38, 96
日照調整 … 38
日照問題 … 95
日赤緯 … 32
日本中央標準時 … 33
ニュートン流 … 58
ニュートン冷却則 … 47

■ね

音色 … 26
熱移動 … 47
熱環境 … 118, 124
熱環境の心理 … 76
熱貫流 … 47, 49
熱貫流抵抗 … 48
熱貫流率 … 48
熱コンダクタンス … 47
熱産生 … 15
熱収支バランス量 … 15
熱ストレス … 97
熱ストレス指標 … 19
熱線吸収ガラス … 40
熱線反射ガラス … 41
熱損失 … 49, 51, 53, 61
熱損失係数 … 49, 52
熱帯夜 … 100
熱中症 … 100
熱抵抗 … 17
熱の快適 … 29, 75
熱の不快 … 29
熱伝達 … 47, 48
熱伝達率 … 48
熱伝導 … 48
熱伝導率 … 47
熱負荷 … 50
熱平衡 … 14, 15, 18, 20
熱放射 … 13, 47, 52
熱容量 … 51, 52, 114
年間熱負荷係数 … 50
粘性 … 58

■の

能動汗腺 … 122, 124
軒 … 38, 119

■は

ハートビル法 … 123
ハーフミラーガラス … 41
バイオマスエネルギー … 51
排気 … 60, 61, 62, 87
配光特性 … 66
ハイサイドライト … 86
廃熱 … 10
排熱 … 51, 114
ハイブリッド換気システム … 62
白熱電球 … 65, 66
薄明視 … 24
曝露履歴 … 124
波長 … 24, 84
発汗 … 13, 14, 122
パッシブクーリング … 117
パッシブデザイン … 92, 112, 116, 121
パッシブヒーティング … 118
バリアフリー … 122, 123
バリュー … 69
ハロゲン電球 … 65
パワーレベル … 27
反射 … 43
反射音の回遊 … 84
反射光 … 42, 45
反射日射 … 45
反射率 … 39, 67
反対色 … 70

■ひ

ヒートアイランド … 94, 97, 100, 105, 108, 109, 121
ヒートアイランド強度 … 100
ビオトープ … 108
日影 … 33, 36, 95, 117
日影規制 … 95
日影曲線 … 33
日影時間 … 34, 36
日影図 … 34, 36
日影の輪郭線 … 34
光 … 24, 86, 91, 92
光ダクト … 45
光の色 … 68
微気象 … 106
ひさし … 39, 40, 118, 119
日差し … 12
比重量 … 58, 59
必要換気量 … 22, 23
美的価値 … 71
美度 … 70
比熱 … 51
日の出 … 34
皮膚温 … 13, 54
ヒュー … 69
標識 … 96
標準視感曲線 … 24
標準湿り作用温度 … 21
標準重量衝撃源 … 80
標準新有効温度 … 20
表色系 … 69
評定尺度 … 72, 76
表面温度 … 53, 105
表面結露 … 55, 56
日よけ … 40, 54
比率尺度 … 77
ビル風 … 107

■ふ

フィン … 39
風圧係数 … 59, 60, 63
風圧力 … 59, 63, 87
風速 … 60, 86, 94, 107
風土建築 … 9, 120
風量 … 61
風力換気 … 60
不快 … 21, 30
不快感 … 94
不快グレア … 26
深い軒 … 115
不均一 … 22, 44, 99
不均一環境 … 91
複合影響 … 28, 29, 30
複合的な日影 … 95
複層ガラス … 41
不調和領域 … 70
普通騒音計 … 78
物理刺激 … 72
不透水面 … 101
浮遊粒子状物質 … 102
ブリーズソレイユ … 39, 119
ふるえ熱産生 … 14
プルキンエ現象 … 24
雰囲気照明 … 24
文化財保護法 … 99
文化的景観 … 99, 112
分光特性 … 69
分光分布 … 65

■へ

平均太陽時 … 33
平均皮膚温 … 16, 17
平均放射温 … 16, 19, 20
べき乗則 … 73
壁面緑化 … 94, 95, 106, 117
ベクトル・スカラー比 … 25, 68
ベクトル照度 … 25
ベネシャンブラインド … 41
ペリメーターゾーン … 50
ベルラーゲの式 … 42
弁別閾 … 72

■ほ

防音 … 92
防寒 … 92
防湿材 … 48
防湿層 … 56, 89
放射 … 16, 20, 48
放射伝熱面積比 … 16
放射熱交換量 … 16
放射熱伝達 … 48
放射熱伝達率 … 17, 48
放射率 … 16, 17
放射冷却 … 57, 101
防振ゴム … 81
防振材 … 81
防振バネ … 82
膨張感 … 70
放熱 … 13, 18, 114
防風 … 92, 112
防風垣 … 11, 88, 112
防風林 … 98, 115, 119
飽和水蒸気 … 55, 56
ホルムアルデヒド … 22

■ま

まぶしさ … 26
マンセル色相環 … 70
マンセルの色立体 … 69
マンセル表色系 … 69

■み

ミスト … 117
水辺 … 100, 108, 109
緑 … 100, 106
緑と水のネットワーク … 101
南面信仰 … 86
未利用エネルギー … 51

■む

無効果 … 28, 29
蒸し暑さ … 114

■め

明視照明 … 24, 68
明視の条件 … 25
明順応 … 24
明所視 … 24
明度 … 69, 70
明瞭性 … 83

■も

網膜 … 23
木造 … 89, 116
モデリング … 25

■や

夜間換気 … 57, 86
夜間冷気流 … 103
屋敷林 … 11, 88, 112, 119
屋根 … 9, 59, 114
屋根散水 … 117
山谷風 … 101, 103, 106

■ゆ

有機溶剤 … 22
有効温度 … 18, 19
有効対流面積率 … 17
有効放射場 … 19
有効放射面積率 … 17
床衝撃音 … 80
床暖房 … 53, 90, 118
床冷房設備 … 54
雪 … 92
ユニバーサルデザイン … 123, 124

■よ

予測不満足者率 … 20
予測平均温冷感申告 … 20

■ら

ライトシェルフ … 45
ライフサイクル … 88
ライフスタイル … 101
落葉広葉樹 … 119
ラフネス … 101

■り

立体角投射法則 … 48
立体角投射率 … 43, 74, 75
流体 … 58
流量係数 … 58
緑化 … 94
緑化地域 … 94
緑地 … 101, 103, 104, 106
緑地保全地域 … 94
隣棟間隔 … 63, 95, 96, 107

■る

類似色 … 70
累積度数分布曲線 … 78
ルーバー … 39
ルーフポンド … 57
ルミネッセンス … 65

■れ

冷却効果 … 53
冷房 … 47, 49, 54
冷房病 … 54
冷房負荷 … 49
レベル … 27

■ろ

ロールスクリーン … 41
ロサンゼルス型 … 101
露点温度 … 20, 56
ロン・メイス … 123
ロンドン型 … 101

◆『建築環境工学』執筆者（*は執筆代表）

堀越哲美（ほりこし・てつみ）
1950年生まれ。北海道大学工学部衛生工学科卒業。東京工業大学大学院理工学研究科修了。工学博士。名古屋工業大学大学院産業戦略工学専攻教授を経て、現在、愛知産業大学学長。著書に『絵とき自然と住まいの環境』（彰国社）などがある。1993年日本建築学会賞受賞。
執筆担当：全体統括、第1章、2・2～2・4、4・1～4・5、4・7、4・8、第6章、第7章、12・4～12・6

石井 仁（いしい・じん）
1970年生まれ。名古屋工業大学大学院社会開発工学専攻修了。博士（工学）。呉工業高等専門学校、広島国際大学、岐阜大学を経て、現在、名城大学准教授。
執筆担当：第3章

宇野勇治（うの・ゆうじ）
1970年生まれ。名古屋工業大学大学院社会開発工学専攻博士後期課程修了。博士（工学）。名古屋工業大学ベンチャービジネスラボラトリー講師を経て、愛知産業大学造形学部建築学科准教授。宇野総合計画事務所主宰。
執筆担当：9・1、9・2、12・1～12・3

垣鍔 直（かきつば・なおし）
1952年生まれ。日本大学大学院理工学研究科建築学専攻修了。工学博士。学位取得後は、高圧生理学、温熱生理学などを中心に研究活動を続ける。2004年より、名城大学理工学部環境創造学科教授。おもな著書に『人間の許容限界辞典』（朝倉書店）がある。
執筆担当：第8章

兼子朋也（かねこ・ともや）
1972年生まれ。金沢大学工学部土木建設工学科卒業。建築設計事務所勤務を経て、名古屋工業大学大学院都市循環システム工学専攻修了。博士（工学）。一級建築士。国立米子工業高等専門学校建築学科、イェーテボリ大学アースサイエンスセンター在外研究員を経て、現在、関東学院大学人間共生学部共生デザイン学科准教授。
執筆担当：11・1節1-3、11・2、11・3

藏澄美仁（くらずみ・よしひと）
1961年生まれ。豊橋技術科学大学大学院工学研究科修了。博士（工学）。東洋曹達工業株式会社（現：東ソー株式会社）にてエンジニアリング業務に従事。雇用促進事業団設置福山職業訓練短期大学、琉球大学、京都府立大学、広島国際大学を経て2008年より椙山女学園大学教授。著書に『住まいの辞典』（朝倉書店）、『快適な温熱環境のメカニズム』（空気調和・衛生工学会）などがある。
執筆担当：2・1、4・6

長野和雄（ながの・かずお）
1971年生まれ。京都府立大学卒業、名古屋工業大学大学院社会開発工学専攻修了。博士（工学）。九州芸術工科大学助手、島根大学助教授、奈良女子大学大学院准教授等を経て、現在、京都府立大学大学院環境科学専攻准教授。2001年日本建築学会奨励賞、2002年日本生気象学会奨励賞、2008年および2015年人間一生活環境系学会論文賞受賞。
執筆担当：2・5

橋本 剛（はしもと・つよし）
1971年生まれ。名古屋工業大学大学院博士後期課程都市循環システム工学専攻修了。博士（工学）。筑波大学大学院人間総合科学研究科芸術専攻講師を経て、現在、筑波大学芸術系准教授。
執筆担当：11・1節4、11・4～11・6

山岸明浩（やまぎし・あきひろ）
1963年生まれ。信州大学大学院工学研究科建築工学専攻修了。博士（工学）。宮本忠長建築設計事務所・所員等を経て、信州大学教育学部生活科学教育講座准教授を経て、現在、同大教授。おもな著書に『都市・建築空間の科学―環境心理生理からのアプローチ―』（技報堂出版）がある。
執筆担当：第5章、9・3、9・4

渡邊慎一（わたなべ・しんいち）
1969年生まれ。名古屋工業大学社会開発工学科卒業。建設会社勤務を経て、名古屋工業大学大学院社会開発工学専攻修了。博士（工学）。一級建築士。現在、大同大学建築学科教授。
執筆担当：第10章

（五十音順）

◆〈建築学テキスト〉編集委員会

青山　良穂（元清水建設）
井戸田秀樹（名古屋工業大学）
片倉　健雄（元近畿大学）
坂田　弘安（東京工業大学）
武田　雄二（愛知産業大学）
堀越　哲美（名古屋工業大学）
本多　友常（和歌山大学）
吉村　英祐（大阪大学）

（上記所属は初版発行当時による）

〈建築学テキスト〉建築環境工学
環境のとらえ方とつくり方を学ぶ

2009年4月10日　第1版第1刷発行
2018年3月20日　第2版第1刷発行

著　者　堀越哲美（執筆代表）
　　　　石井　仁・宇野勇治・垣鍔　直・兼子朋也・藏澄美仁
　　　　長野和雄・橋本　剛・山岸明浩・渡邊慎一

発行者　前田裕資
発行所　株式会社 学芸出版社
　　　　京都市下京区木津屋橋通西洞院東入　〒600-8216
　　　　tel 075・343・0811　　fax 075・343・0810
　　　　http://www.gakugei-pub.jp/
　　　　イチダ写真製版／新生製本
　　　　カバーデザイン 上野かおる

　　　　　　　　　　　　　Ⓒ 堀越哲美ほか 2009
　　　　　　　Printed in Japan　ISBN 978-4-7615-3174-4

JCOPY　〈(社)出版者著作権管理機構委託出版物〉

本書の無断複写（電子化を含む）は著作権法上での例外を除き禁じられています。複写される場合は、そのつど事前に、(社)出版者著作権管理機構（電話03-3513-6969、FAX 03-3513-6979、e-mail: info@jcopy.or.jp）の許諾を得てください。
また本書を代行業者等の第三者に依頼してスキャンやデジタル化することは、たとえ個人や家庭内での利用でも著作権法違反です。